AMERICAN FOOTBALL

NFL 2020

riva

Inhalt

Vorwort

Eine neue Saison der NFL steht vor der Tür – und damit auch dieses Buch: NFL 2020. Das Werk, das ihr jetzt in den Händen haltet, ist so facettenreich wie die NFL selbst. Egal, ob American-Football-Neuling oder -Fan, der sich seit Jahren mit diesem Sport beschäftigt – jeder findet sich und seine Interessen auf den nächsten Seiten wieder: Ein buntes Lexikon mit allem, was in »unserem« Sport wichtig ist und war. Ein Ausblick auf das, was uns in der kommenden Saison erwarten wird. Ein Einblick in das Leben der Athleten, die uns jeden Sonntag begeistern. Die Vorstellung der einzelnen Teams und eine Sammlung an historischen Fakten und Zahlen – es wurde alles zusammengetragen, was das Fan-Herz begehrt und die Faszination NFL ausmacht.

Die Begeisterung für unseren Sport hierzulande wächst und wächst. Das ist auch gut so, denn Football ist einfach der geilste Sport der Welt – seit nun mehr als drei Jahrzehnten bin ich ihm als Fan, Spieler, Trainer und seit ein paar Jahren auch als Kommentator verfallen. Die Gründe, warum sich immer mehr Fans – ebenso wie ich damals als 16-Jähriger – in Deutschland, Österreich und der Schweiz in den Kampf um das Lederei verlieben, sind stets dieselben:

American Football ist ein Spektakel, ein Schauspiel, das durch seine perfekte Anpassung an das Fernsehen rund um den Globus funktioniert und jeden in den Bann zieht. Die NFL geht dieses Jahr in ihre einhundertste Saison und hat es im Laufe der Jahre perfekt geschafft, sich immer neu zu erfinden. Sie baut ihre Stars und Aushängeschilder – nicht nur in den USA – weltweit zu Helden auf. Jeder Zuschauer findet in der Ansammlung von Stars genau den Spieler, mit dem er sich identifizieren kann und für den er mitfiebern will.

Die Inszenierungen kann man getrost als moderne Gladiatorenkämpfe bezeichnen. Egal, ob ein junges Team wie die Panthers aus Carolina oder eines der geschichtsträchtigen, wie die Bears oder die Packers – jedes Team hat nur ein Ziel vor Augen: Die Teilnahme am Super Bowl. Dem großen Endspiel, von dem jeder Coach und jeder Spieler träumt, seit er ein kleines Kind war.

Doch der Weg dorthin ist steinig. Vor jeder Saison gibt es immer eine Handvoll an Favoriten, aber die NFL ist stets für Überraschungen gut. So stehen immer wieder Teams im Finale, die sich ihr Ticket erkämpft haben, indem sie regelrecht über sich hinausgewachsen sind. Eben diese Geschichten machen die NFL und ihre Faszination aus. Egal, ob Jungstars wie Patrick Mahomes oder etablierte Legenden wie Brady und Rodgers – für alle gilt das Gleiche: Ab dem Kickoff in eine neue Saison sind alle Rekorde und Leistungen des vergangenen Jahres unwichtig, denn von diesem Moment heißt es für alle an jedem Spieltag alles zu geben.

In 17 Wochen stehen 16 Spiele pro Team auf dem Programm: Egal ob live vor Ort oder auf der heimischen Couch – wir werden mitfiebern, jubeln, feiern und garantiert eine spannende und packende Saison erleben, bis dann Anfang Februar in Miami der Super Bowl ansteht und wir alle gemeinsam mit knapp einer Milliarde Menschen vor dem Fernseher sitzen werden, um das größte Sportspektakel der Welt zu verfolgen.

Verfolgen wir es gemeinsam.
Euer Carsten Spengemann

Carsten Spengemann ist Kommentator der Sportsendung »ran« und dort Experte für American Football

NFL: Die Liga der Rekorde

Die National Football League ist mit mehr als zwölf Milliarden US-Dollar im Jahr die umsatzstärkste Liga der Welt. Keine andere Profiliga auf dem Planeten hat mit knapp 70.000 Zuschauern pro Partie einen höheren Besucherschnitt. Der Super Bowl wird jedes Jahr von über 150 Millionen US-Amerikanern live im Fernsehen verfolgt, weltweit schauen sich das Endspiel bis zu eine Milliarde Menschen an. Das heißt: Mehr als jeder zehnte Erdenbürger sitzt jedes Jahr zum Spiel der Spiele vor einem Fernseher.

Und die Welle des Erfolgs ist längst von Übersee nach Europa übergeschwappt. Den Kickoff des Super Bowls bei der Liveübertragung im Februar 2019 sahen hierzulande etwa 1,8 Millionen Begeisterte, bis zum Schluss in den frühen Morgenstunden blieb durchweg mehr als eine Million Zuschauer vor der Mattscheibe sitzen. Was wenig klingt, ist in der Spitze ein Marktanteil von über 40 Prozent.

Doch in Deutschland wollen die Menschen auch immer häufiger selbst an das Ei, sich Helm und Schulter-Pads überstreifen und sich wie moderne Gladiatoren unverwundbar fühlen. So verzeichnet der Deutsche American Football Verband (AFVD) in den vergangenen Jahren immer wieder neue Rekord-Mitgliederzahlen – aktuell über 60.000. Ebenso gibt es immer mehr Vereine und Mannschaften in Deutschland. American Football, nicht zuletzt das Flaggschiff NFL, ist eine einzige Erfolgsgeschichte. Doch woran liegt das?

Vielleicht gibt folgender Fakt einen Hinweis: Die Dallas Cowboys gelten Sportarten-übergreifend als wertvollstes Team der Welt. Obwohl sie ihre letzte Meisterschaft 1995 feierten. Es muss also mehr sein, als nur ein oder zwei hervorstechende Teams, die jährlich den Titelgewinn ihres Wettbewerbs unter sich ausmachen. Und genau darauf setzt die NFL: Das komplette System ist auf einen spannenden Wettbewerb ausgerichtet. Alle 32 Teams bekommen die gleichen Mittel zur Verfügung und müssen sich an den Salary Cap (Gehaltsobergrenze für ein ganzes Team) halten. In der Saison 2019 sind das 188,2 Millionen US-Dollar. So wird ausgeschlossen, dass ein Team einen Großteil der Stars bei sich vereinen kann.

Natürlich schließt dieses System Dynastien und Ären nicht aus. Der richtige Quarterback zur gleichen Zeit am gleichen Ort mit dem richtigen Head Coach kann eine Zeitspanne von ein bis zwei Dekaden einläuten, in denen ein Team durchgehend zu den Favoriten gehört. Die Green Bay Packers in den Sechzigern, die Pittsburgh Steelers (70er), San Francisco 49ers (80er), die Dallas Cowboys (90er) und die New England Patriots seit der Jahrtausendwende beweisen das. Genauso ergeht es anderen Teams im negativen Sinne: Sie finden einfach nicht den Quarterback, der langfristig Erfolg bringt, und liegen bei der Trainersuche immer wieder daneben. Die Cleveland Browns sind das aktuelle Beispiel an Erfolglosigkeit. Und dennoch: Jedes Jahr haben auch die Browns die Chance, sukzessive ihren Kader zu verbessern und in absehbarer Zeit Erfolge zu feiern.

Dabei werden diese schwächeren Teams von den Regularien sogar unterstützt. Je schlechter ein Team im Vorjahr, desto besser ist seine Position zur Auswahl der besten Nachwuchstalente beim jährlichen Draft. Und auch der Spielplan ist durch zwei Partien gegen ebenfalls schwächere Teams der Vorsaison einfacher als der der Top-Teams, die stattdessen zwei Spiele gegen andere Top-Teams austragen müssen im Rennen um die Playoffs-Tickets.

Den allergrößten Anteil an der Erfolgsgeschichte des American Football hat aber der Sport selbst, der einfach formuliert häufig »Schach mit Kühlschränken« genannt wird. Der American Football vereint so viele Aspekte, der seine Fans auf verschiedenste Art anspricht. Es gibt wohl keinen anderen Sport, dem so eine tiefgreifende Taktik zugrunde liegt. Es gibt nur wenige Sportarten, die körperlich härter ausgetragen werden. Die Spiele selbst bieten in den allermeisten Fällen Spannung bis zum Ende, inklusive wahnsinniger Tacklings und spektakulärer Spielzüge mit häufigen Spielverlaufswendungen.

STARS, FANS & EMOTIONEN

In unzähligen Video-Stunden bereiten sich die Coaches der Teams detailliert auf den kommenden Gegner vor, analysieren Stärken und Schwächen und basteln einen speziell auf diesen Gegner zugeschnittenen Gameplan. Noch während des Spiels nehmen die Trainer Anpassungen (Adjustments) vor, wenn der Gameplan nicht aufzugehen droht. Nach der Halbzeitpause, wenn die meiste Zeit für Veränderungen am Gameplan war, entwickelt sich häufig ein vollkommen neues Spiel.

Die Begegnungen sind allein deswegen häufig bis in die Schlusssekunden spannend, weil eben Sekunden ausreichen können, um noch bis zu 16 Punkte Rückstand aufzuholen: Ein tiefer Touchdown-Pass mit Two-Point-Conversion, ein gelungener Onside-Kick und erneut ein schneller Touchdown mit zwei Extrapunkten. Diese Möglichkeit veranlasst in Führung liegende Teams häufig dazu, sich mehr als es ihnen gut tut mit der Spieluhr anstatt mit dem Gegner zu befassen. Nach einem Laufspielzug läuft im Normalfall die Uhr unerbittlich für den Gegner herunter. Bis zu 40 Sekunden kann sich die angreifende Mannschaft bis zum Start des folgenden Spielzugs Zeit lassen – und kostet diese dann gänzlich aus. Allerdings ist der Lauf auch die weniger erfolgversprechende Spielzugauswahl, um ein neues First Down zu erreichen. Wenn es schlecht läuft, hat man zwar über zwei Minuten von der Uhr genommen, ist das Angriffsrecht aber gleich wieder los. Zumal der Gegner seine Timeouts meist genau zum Zwecke des Stoppens der Uhr einsetzt. Hingegen die Uhr mit jedem nicht gefangenen Pass sowieso stehenbleibt.

So kann ein Team mit einem erfolgreichen Drive über das gesamte Spielfeld, First Down für First Down, etliche Minuten von der Uhr nehmen – der Rekord datiert mutmaßlich von 1935 mit 14 Minuten und drei Sekunden –, allerdings kann auch nach wenigen Sekunden, durch drei unvollständige Pässe in Folge, das Angriffsrecht wechseln. Ein Turnover, also ein Fumble oder eine Interception, kann jeglichen Versuch, die Begegnung sicher herunterspielen zu wollen, im Keim ersticken.

Übrigens: In der NFL funktioniert sogar der Videobeweis. Er wird in bestimmten Situationen automatisch von den Schiedsrichtern eingesetzt, kann aber auch von jedem Team zweimal pro Spiel angefordert werden. Nach Ansicht der Bilder entscheidet der Hauptschiedsrichter dann zwischen drei Möglichkeiten: »The ruling on the field is confirmed« (Die Entscheidung des Schiedsrichters auf dem Feld ist bestätigt), »The ruling on the field is overturned« (Das Gegenteil der Entscheidung des Schiedsrichters auf dem Feld ist bewiesen) oder »The ruling on the field stands« (Es konnte weder das eine noch das andere bewiesen werden, es bleibt bei der Entscheidung auf dem Feld).

Und nicht zuletzt: Fast jedes Kind, egal mit welchen körperlichen Voraussetzungen, kann davon träumen und darauf hinarbeiten, Football-Profi zu werden. Die Schwergewichte werden in der Offensive Line gebraucht, die Leichtgewichte als Defensive Back oder Wide Receiver. Athleten können Runningback oder Linebacker werden und normal gebaute Strategen neigen zum Quarterback. Natürlich schaffen es nur die Wenigsten. Und dennoch: Der Traum, ein Teil dieses Spektakels sein zu können, ist allgegenwärtig und mit ein Grund für die Erfolgsgeschichte.

Mercedes-Benz Stadium

Super Bowl: Echtes Spektakel

▲ Und ein bisschen Patriotismus gehört auch dazu: Vorm Super Bowl LIII zwischen den New England Patriots und den Los Angeles Rams, ausgetragen am 3. Februar 2019, fliegen Militärjets über das Mercedes-Benz Stadium in Atlanta

▲ Quarterback Tom Brady (rechts) wird im ersten Quarter von Super Bowl LIII attackiert und verliert den Ball, aber »seine« New England Patriots können in dieser Situation den Ball zurückerobern. Und das Spiel am 3. Februar 2019 im Mercedes-Benz Stadium in Atlanta gewinnen die Patriots gegen die Los Angeles Rams dann auch – 13:3

Flug-Einlagen beim Super Bowl

▼ Tiefflug-Attacke: Linebacker Kyle Van Noy (rechts) von den New England Patriots attackiert im zweiten Quarter des Super Bowls LIII im Mercedes-Benz Stadium den Quarterback der Los Angeles Rams, Jared Goff

◂ Geiches Spiel, ähnliche (Flug-)Szene, aber dieses Mal ist es der Patriots-Spieler, Wide Receiver Cordarrelle Patterson (rechts), der bei seinem Lauf von einer Defensivkraft, Rams-Cornerback Marcus Peters, empfindlich gestört wird

»A lot of stuff's going to happen in a football career that you don't like.«

Jared Goff

Frei übersetzt: »Während einer Football-Karriere passiert vieles, was dir überhaupt nicht gefällt.«

»I like to have fun all the time, even if I'm working.« Tom Brady

Frei übersetzt: »Ich möchte immer Spaß haben, auch wenn ich arbeite.«

◂ Und, Action! Gut abgeschirmt von seines Mitspielern kommt Jared Goff, Quarterback der Los Angeles Rams, hier nahezu unbedrängt zum Wurf

▴ Selbst-Motivation per Urschrei vor Super Bowl LIII: Patriots-Quarterback Tom Brady (Nummer 12) begrüßt beim Betreten des Spielfelds auf ganz eigene Art die Zuschauer

PATRIOTS
11

▲ Die beiden Stars der New England Patriots, Wide Receiver Julian Edelman (links) und Quarterback Tom Brady, feiern ausgelassen im Mercedes-Benz Stadium in Atlanta den soeben errungenen Super-Bowl-Triumph. Die Patriots hatten die Los Angeles Rams mit 13:3 besiegt

Favoritensieg

»Wir sind noch immer da«, brüllte Tom Brady wenige Tage vor Super Bowl LIII den Fans der New England Patriots entgegen. Immer und immer wieder, bis die Masse sich dem rhythmischen Ausruf anschloss.

Brady, der Superstar, wollte damit zum Ausdruck bringen, dass in der vergangenen Saison so manches Team – die Kansas City Chiefs oder die Los Angeles Chargers – in den Super Bowl geschrieben worden waren, die Patriots aber, nach einer für ihre Verhältnisse durchschnittlichen Regular Season, am Ende erneut das Endspiel erreicht hatten. Zum vierten Mal in den vergangenen fünf Spielzeiten.

So viele Schwächen die Patriots zuvor gezeigt hatten, so eindrucksvoll war die Mannschaft von Head Coach Bill Belichick dann durch die Playoffs marschiert und hatte zunächst eben jene Chargers und dann die Chiefs ausgeschaltet. Im Super Bowl traf New England auf die Los Angeles Rams, die ihrerseits eine eindrucksvolle Saison gespielt hatten, ehe sie sich dann mehr oder minder durch die Playoffs quälten. Nachdem die Mannschaft von Head Coach Sean McVay, dem Shooting-Star der Trainerszene, zunächst die Dallas Cowboys aus dem Weg geräumt hatte, benötigten sie im NFC-Finale schon eine mittelschwere Fehlentscheidung der Schiedsrichter, um sich gegen die New Orleans Saints durchzusetzen.

So unterschiedlich der Weg der beiden Kontrahenten bis zum Saisonhöhepunkt auch war, am Ende sollte er sie am 3. Februar 2019 im Mercedes-Benz Stadium in Atlanta im US-Bundesstaat Georgia zusammenführen. Und es sollte ein ungewöhnliches Spiel werden. Nachdem die Super Bowls der beiden Vorjahre jeweils ein Offensivspektakel zu bieten hatten und die reguläre Saison 2018 von vollkommen neuem Angriffsgeist geprägt war, entwickelte sich zwischen den Patriots und Rams an jenem Sonntagabend eine regelrechte Abwehrschlacht.

Dabei war es vor allem die Defense der Patriots, die die beste Offense der Saison nicht zur Entfaltung kommen ließ. Die ersten acht Angriffsserien der Rams endeten jeweils mit einem Punt. Zwar hatten die Patriots bis zur Halbzeitpause, in der sich die Pop-Rock-Band Maroon 5 eine der schlechtesten Halbzeitshows der letzten Jahre leistete, auch nur drei Punkte auf die Anzeigetafel gebracht, doch wirkte die Offense um Quarterback Brady bei weitem nicht so konsterniert, wie die von Jared Goff auf der Gegenseite. Patriots-Kicker Stephen Gostkowski hatte bis tief ins dritte Viertel

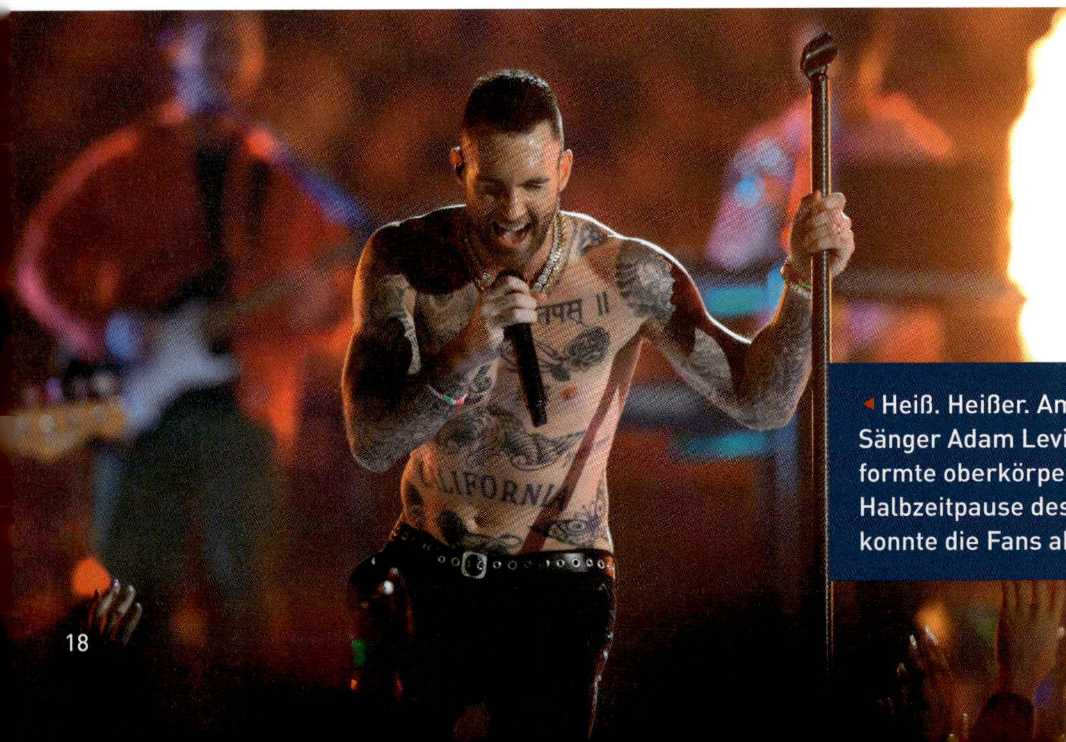

◂ Heiß. Heißer. Am heißesten – zumindest optisch. Sänger Adam Levine von der Band Maroon 5 performte oberkörperfrei. Die Bühnenshow in der Halbzeitpause des Super Bowls am 3. Februar 2019 konnte die Fans aber nicht wirklich begeistern

▲ Freundschaftliche Übergabe: Patriots-Runningback Sony Michel (links) bekommt von Tom Brady den Ball, Michels Lauf endet erst in der Endzone – Touchdown im vierten Quarter von Super Bowl LIII. Das Endergebnis zwischen den New England Patriots und den Los Angeles Rams lautet 13:3

zwar die einzigen Punkte des Spiels erzielt, doch hatte er auch eine weitere Chance zu einem Fieldgoal vergeben.

Und dann schlugen die Rams zurück. Kicker Greg Zuerlein glich mit einem Fieldgoal aus 53 Yards aus und brachte sein Team zurück ins Spiel. Es musste also einer jener Momente her, der so viele Super Bowls so unvergesslich macht. Und so war es ein Drive, in dem Brady gleich zweimal die sicheren Hände seines Tight Ends Rob Gronkowski suchte und fand, der die Patriots bis kurz vor die Endzone der Rams kommen ließ. Ausgerechnet Gronkowski, der vielleicht beste Tight End der Liga-Geschichte, der aufgrund vieler Verletzungen auf eine Saison zurückblickte, in der er nur selten als Passempfänger eingesetzt worden war, avancierte im entscheidenden Moment zum entscheidenden Spieler. Runningback Sony Michel, ein Rookie, besorgte den Rest und erzielte den einzigen Touchdown des Spiels.

In Erinnerung bleiben werden aber die Fänge von Gronkowski, der wenige Wochen nach der Partie seine Karriere beendete. Diese Erinnerung überstrahlt mit etwas Abstand noch die herausragende Leistung von Wide Receiver Julian Edelman, der zum MVP gewählt wurde. Gostkowski traf kurz darauf mit einem weiteren Fieldgoal zum Endstand von 13:3 – nie waren in einem Super Bowl weniger Punkte erzielt worden. Für die Patriots war es der sechste Titel ihrer Historie, wodurch sie zu Rekordmeister Pittsburgh Steelers aufschlossen.

TOM BRADY

Die Quarterback-Legende

Er gilt als der G.O.A.T. – als der »Greatest of all time«. Tom Brady hat sich am 5. Februar 2017 im wahrsten Sinne des Wortes unsterblich gemacht. Bei ihrer siebten Teilnahme am Super Bowl holte die aktive Quarterback-Legende ihren fünften Titel. In der vergangenen Saison folgte gar Titel Nummer sechs. Kein Spieler der NFL-Geschichte hat öfter den Super Bowl gewonnen.

An jenem Februar-Abend von Super Bowl 51 stellte Brady, »TB12« in Anlehnung an seine Initialen und seine Trikotnummer genannt, in einer unfassbaren Aufholjagd gegen die Atlanta Falcons gleich mehrere Super-Bowl-Rekorde auf.

Niemals warf ein Quarterback in einem Super Bowl mehr Pässe (62), niemals wurden mehr Pässe eines Spielmachers im Spiel der Spiele gefangen (43). Die 466 Yards Raumgewinn durch die Luft waren ebenfalls ein neuer Rekordwert (den er ein Jahr später mit 505 selbst brach). Gemeinsam mit seiner Offense, insbesondere mit Hilfe von Runningback James White, der 14 Pässe fing, ebenfalls Bestwert eines Super Bowls, holte Brady einen Rückstand von 25 Punkten auf – der alte Rekord lag bei einer Aufholjagd von zehn Punkten. Erstmals wurde dabei ein NFL-Endspiel erst in der Overtime entschieden. Nur wenige von insgesamt 31 Rekorden an diesem geschichtsträchtigen Abend.

Brady, damals 39 Jahre alt, ließ die große Chance aber liegen, auf dem größten seiner vielen Karriere-Höhepunkte abzutreten – und auch zwei Jahre später nach dem sechsten Triumph war noch nicht Schluss. Nein, Brady, der seit 2009 mit dem berühmten Top-Model Gisele Bündchen verheiratet ist und mit ihr zwei Kinder hat, kündigte bereits mehrfach an, bis »Mitte 40« spielen zu wollen. Ausreichend Zeit also noch, um seinen Status als G.O.A.T. zu zementieren. Denn

es gibt immer wieder NFL-Experten, die der Meinung sind, Montana wäre der G.O.A.T. Zwar habe Montana zwei Titel weniger gewonnen, doch habe er eben alle seine vier Super-Bowl-Teilnahmen siegreich gestaltet. Nach der Final-Niederlage in der vorvergangenen Saison, im Februar 2018, hat Brady eben auch dreimal einen Super Bowl verloren.

Brady ist ein Quarterback der alten Schule. Ein reiner »Pocket Passer«, der im Schutz seiner Offensive Line eine schnelle Entscheidung trifft und den Ball zu seinen Mitspielern wirft. Der moderne Quarterback ist mobiler, löst sich aus der Schutzzone seiner schweren Teamkollegen und generiert so mehr Zeit für einen Pass – oder nimmt die Beine gleich selbst in die Hand und erobert so eigenen Raumgewinn. Brady aber wird den Ball meist zu schnell für die gegnerischen Verteidiger los, die trotzdem alles daran setzen müssen, den Ballverteiler unter Druck zu setzen. Denn gibt man Brady auch noch Zeit, dann filetiert er jede Defense der NFL.

Eine weitere Stärke Bradys liegt in seinem Nervenkostüm. Kein aktiver Quarterback hat mehr Spiele mit dem letzten Angriffsrecht noch gedreht. Die Liga führt dazu eine Statistik mit dem Namen »Game Winning Drives«. 44 Mal gelang Brady dieses Kunststück bislang, eine Zahl, die wohl noch größer ausfallen würde, würden die Patriots nicht so häufig zu diesem Zeitpunkt eines Spiels bereits in Führung liegen.

Im Profil

Name: Thomas Edward Patrick »Tom« Brady, Jr.
Position: Quarterback
Geburtsdatum/-ort: 3. August 1977 in San Mateo/Kalifornien
Teams: New England Patriots (seit 2000)
Erfolge: Super-Bowl-Champion 2001, 2003, 2004, 2014, 2016 und 2018, vier Mal Super-Bowl-MVP, neun Mal AFC-Meister, 14 Mal im Pro Bowl

Besonderes: Hält unzählige NFL-Rekorde, darunter meiste Karriere-Siege eines Quarterbacks (237 Spiele), meiste Playoff-Spiele eines NFL-Spielers (40) – dabei meiste Playoff-Siege (30). Kein Quarterback warf bei seinen Super-Bowl-Teilnahmen mehr Passing Yards (2.838) und mehr Touchdown-Pässe (18).

Bradys Karriere ist umso bemerkenswerter, weil er beim Übergang von seiner College-Zeit in den Profi-Football trotz Passrekorden an der University of Michigan nicht hoch gehandelt wurde. Bilder von Brady in unvorteilhafter Unterwäsche beim NFL-Combine sind noch heute im Internet zu finden. So wurde der größte Spieler aller Zeiten erst in Runde sechs des Drafts im Jahr 2000 ausgewählt – an Position 199.

Wie lange der Workaholic, der äußerst diszipliniert trainiert und sich ebenso ernährt, noch spielen wird, ist völlig offen. Sebastian Vollmer, sein früherer deutscher Teamkollege, berichtete einmal, dass egal wie früh am Morgen man die Kabine betreten würde, Brady wäre schon da und würde einen mit »Guten Abend« begrüßen.

▸ Es ist geschafft: Tom Brady von den New England Patriots freut sich am 20. Januar 2019 über das siegreich gestaltete AFC-Championship-Spiel bei den Kansas City Chiefs

PATRICK MAHOMES

Rekorde im Wochenrhythmus

Vielleicht lag es an der Defense der Texas Tech University, dass Patrick Mahomes beim NFL Draft von 2017 unter dem Radar vieler Experten flog. Sein College-Team hatte nur 13 von 29 Spielen mit dem Quarterback als Starter gewonnen.

Dabei hatte Mahomes mit individuellen Leistungen geglänzt, 115 Touchdowns geworfen und mit 11.252 aus seinen Pässen resultierenden Yards die drittmeisten der Schulgeschichte erzielt.

Dennoch galt Mahomes nicht als Top-Kandidat auf eine frühe Auswahl. Das sahen die Kansas City Chiefs mit Head Coach Andy Reid aber offenbar anders. Um an die Künste des damals 22-Jährigen zu kommen, tauschten sich die Chiefs innerhalb des Draftes in eine bessere und frühere Auswahlposition. Die Wahl von Mahomes, der als zehnter Spieler der Veranstaltung vom Board ging, war auch deshalb bemerkenswert, weil die Chiefs zur damaligen Zeit in Alex Smith einen starken, wenn auch wenig spektakulären, Quarterback hatten. So musste sich Mahomes dann auch eine ganze Saison gedulden, ehe er den Posten von Smith erhielt, obwohl dieser in ausgerechnet dieser Spielzeit als statistisch bester Quarterback der NFL hervorging.

Doch Mahomes wischte jeden Zweifel daran, ob die Chiefs mit der Ausbootung Smiths die richtige Entscheidung getroffen hatten, schnell weg. Denn im Wochenrhythmus stellte Mahomes NFL-Rekorde auf. Zwei Spiele nur brauchte er, um zehn Touchdown-Pässe zu werfen – Rekord. Eine Woche später waren es schon 13 – ebenfalls Rekord. Am zweiten Spieltag warf er gegen die Pittsburgh Steelers sechs Touchdown-Pässe und wurde mit 22 Jahren und 364 Tagen der jüngste Spieler der Liga-Geschichte, dem dies gelang.

Und diese Leistungen sollte Mahomes bestätigen. Nach acht Spielen waren es 22 Touchdowns und nach zehn Spielen 31 – niemals hatte ein Quarterback zu diesem Saisonzeitpunkt mehr Punkte-bringende Pässe auf seine Mitspieler platziert. Am Saisonende sollten es letztendlich 50 Touchdown-Pässe sein, lediglich Peyton Manning hatte 2013 mit 55 mehr geschafft. Seine 5.097 erworfenen Yards waren die zweitmeisten der Saison – nur Ben Roethlisberger hatte 2018 noch einige Yards mehr herausgeholt. Zur Belohnung wurde Mahomes zum Liga-MVP gewählt.

Es war schon eine kleine Gewitztheit der Geschichte, dass Mahomes aber-

Im Profil

Name: Patrick Lavon Mahomes II
Geburtsdatum/-ort: 17. September 1995 in Tyler/Texas
Position: Quarterback
Teams: Kansas City Chiefs (seit 2017)
Erfolge: NFL-MVP 2018, in den Pro Bowl 2018 gewählt und Offensive Player of the Year 2018.

Besonderes: Stellte in seinem ersten Jahr als Starter (2018) gleich mehrere Pass-Rekorde auf.

▼ Und jetzt: Passwurf üben! Der junge Chiefs-Quarterback Patrick Mahomes beim Warmmachen am 23. Dezember 2018 vor einem Spiel gegen die Seattle Seahawks

mals ein Team anführte, das gleichzeitig die schlechteste Defense der Liga stellte. Doch das alles sollte diesmal nicht ins Gewicht fallen, Mahomes und seine Chiefs dominierten Division und Conference und scheiterten erst im AFC-Finale an den New England Patriots. Noch einmal hatte Mahomes all sein Können gezeigt und sein Team zu 31 Punkten in der zweiten Halbzeit geführt – doch es sollte nicht reichen, da die Patriots Mahomes in Halbzeit eins schachmatt gesetzt hatten und Kansas City mit einem 0:14-Rückstand in die Pause ging.

Seinen starken Arm hatte Mahomes bereits zu Zeiten an seiner High School in einer anderen Sportart unter Beweis gestellt. Für das Baseball-Team der Whitehouse High School sorgte er für einen seltenen No-Hitter mit 16 Strikeouts. Ein No-Hitter bedeutet, dass Mahomes den gegnerischen Spielern im gesamten Spiel keinen Treffer erlaubte. Seine Fähigkeiten mit dem kleinen, runden Ball hatten zur Folge, dass Mahomes beim MLB-Draft 2014 von den Detroit Tigers gepickt wurde. Zu einem Vertrag kam es indes nie, da Mahomes sich frühzeitig auf eine Football-Karriere festlegte.

In der kommenden Saison wird Mahomes mehr denn je gefragt sein. Denn mit Tyreek Hill wird ihm vermutlich sein Lieblings-Receiver nicht mehr zur Verfügung stehen. Von Seiten der NFL droht Hill nach dem Vorwurf von häuslicher Gewalt eine Sperre, auch wenn die Staatsanwaltschaft die Ermittlungen Anfang Juni 2019 eingestellt hat.

Ein eigenes Reich erschaffen

Alles hört auf sein Kommando. Bill Belichick ist der Despot unter den Head Coaches der NFL und mit Sicherheit der aktuell erfolgreichste. Der nach Pete Carroll von den Seattle Seahawks zweitälteste Cheftrainer der Liga hat sich in New England sein eigenes Reich aufgebaut. Während die meisten anderen NFL-Teams auf eine sportliche Leitung mit Head Coach und General Manager setzen, vereinnahmt Belichick beide Aufgaben für sich.

Das Prinzip ist dabei einfach: Alles wird dem Erfolg untergeordnet, jeder ist austauschbar. Stimmen Gehalt, Leistung, Perspektive nach seiner Einschätzung nicht überein, werden auch Top-Spieler aussortiert.

Mit dieser Art der Teamführung machte Belichick die New England Patriots zum erfolgreichsten Team dieses Jahrtausends. Seit dem Jahr 2000, als Belichick die sportlichen Geschicke des Teams aus Foxborough im US-Bundesstaat Massachusetts übernahm, gewannen die Patriots sage und schreibe 16 Mal die AFC East, zogen neunmal in den Super Bowl ein und gewannen sechsmal die Vince Lombardi Trophäe.

Stets an seiner Seite: Quarterback Tom Brady, der gleich im ersten Jahr gedraftet wurde und der in der gleichen Erfolgsspur wandelt. Nicht zuletzt deswegen wird immer wieder die Frage gestellt, welcher der beiden Protagonisten der wichtigere für den Erfolg der Franchise ist? Robert Kraft, der Besitzer des Teams, fand darauf im Herbst 2017 seine eigene Antwort. Belichick wollte dem Vernehmen nach den damals bereits 40 Jahre alten Spielmacher nach der Saison in Rente schicken und mit dessen Backup Jimmy Garoppolo weitermachen.

Brady aber dachte nicht an ein Karriereende – und Kraft setzte sich durch. Garoppolo wurde zu den San Francisco 49ers transferiert. Darauf galt das Verhältnis des vorherigen Erfolgs-Trios aus Besitzer und Spieler auf der einen Seite sowie dem Trainer auf der anderen Seite als schwer belastet. Aber schon wenige Monate später war davon nichts mehr spürbar.

Belichick hat auch vor seinem Engagement bei den Patriots Erfolge vorzuweisen. Als Defensive Coordinator gewann er in den Spielzeiten 1986 und 1990 mit den New York Giants den Super Bowl. Insbesondere der zweite Titelgewinn gegen die Buffalo Bills wird dabei dem Defensiv-Konzept von Belichick zugeschrieben. Das Defensive-Playbook zu diesem Spiel ist in der Pro Football Hall of Fame ausgestellt. Es verhinderte tiefe Pässe der gegnerischen Offense und bestrafte kurze Pässe mit harten Tackles von den aus der Tiefe startenden Verteidigern.

Nach dem Triumph übernahm er bei den Cleveland Browns seinen ersten Cheftrainer-Posten und führte das strauchelnde Team sukzessive zurück in die Erfolgsspur. 1994 qualifizierten sich die Browns erstmals wieder für

▲ ▶ Zweimal Patriots-Headcoach Bill Belichick: Oben beim Coachen seines Teams am 28. August 2009 im Spiel gegen die Washington Redskins. Rechts ist Belichick auf einem aktuellen Foto zu sehen

die Playoffs, doch schon ein Jahr später zeigte sich auch Belichicks spezieller Charakter.

Nachdem der damalige Browns-Besitzer Art Modell einen Umzug des Teams nach Baltimore forcierte und für viel Unruhe in und um die Organisation sorgte, gab Belichick seinen Job auf und rückte zurück ins zweite Glied, wo er unter seinem alten Lehrmeister Bill Parcells als Assistenztrainer zunächst bei den Patriots aufschlug und dann mit Parcells zu den New York Jets weiterzog. Dort sollte Belichick 2000 die Nachfolge von Parcells antreten und sorgte für einen Eklat: Nur einen Tag nachdem er als neuer Head Coach der Jets vorgestellt worden war, verkündete er in einer bizarren Pressekonferenz, in der er die Worte »Ich trete als HC der NYJ zurück« auf ein loses Blatt Papier kritzelte, seinen Rücktritt und übernahm die Aufgabe als Cheftrainer bei den Patriots. Immerhin erklärte er der versammelten und verdutzten Presse in einer halbstündigen Rede seine Gründe. Denn Belichick, der häufig wegen seiner grimmigen Art mit »Grumpy Cat« verglichen wird, ist auch für seine kurzen und genervt wirkenden Antworten auf den Pflicht-Pressekonferenzen der NFL bekannt. So antwortete er beispielsweise vor dem Super Bowl der Saison 2017 gegen die Philadelphia Eagles auf die Frage, was bei diesem Super Bowl anders wäre, als bei den sieben Teilnahmen mit den Patriots zuvor, knapp mit: »Dieser hier ist in Minnesota.«

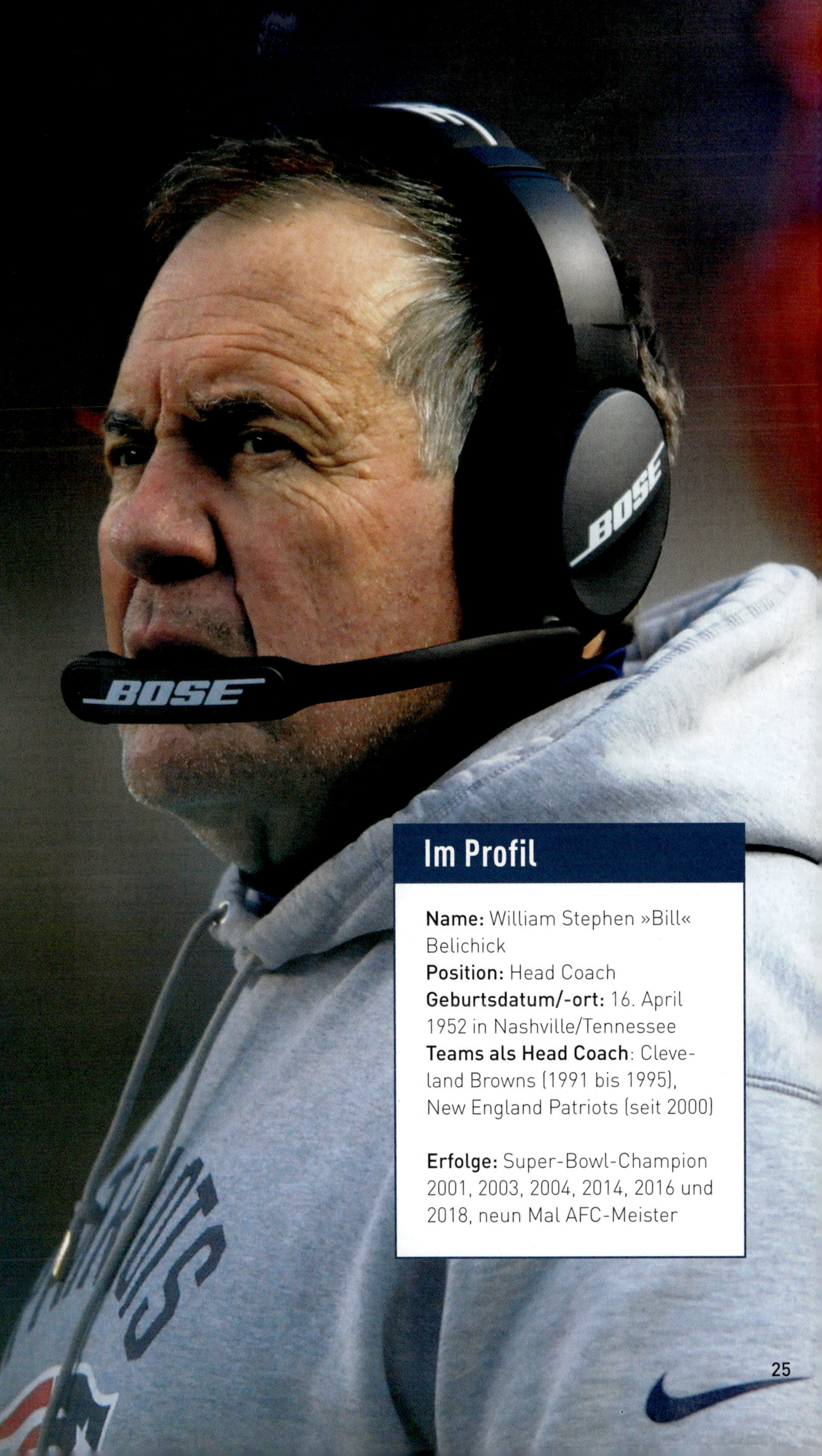

Im Profil

Name: William Stephen »Bill« Belichick
Position: Head Coach
Geburtsdatum/-ort: 16. April 1952 in Nashville/Tennessee
Teams als Head Coach: Cleveland Browns (1991 bis 1995), New England Patriots (seit 2000)

Erfolge: Super-Bowl-Champion 2001, 2003, 2004, 2014, 2016 und 2018, neun Mal AFC-Meister

ZACH ERTZ

Eine »Football-Fußball-Ehe«

»Er will einfach der Beste sein, das ist sein Antrieb und es steckt in seinen Genen«, sagte Justin Peele 2018 über Zach Ertz.

Der Tight-End-Trainer der Philadelphia Eagles beschrieb damit seinen Schützling, der spätestens nach dem Karriereende von Rob Gronkowski bei den New England Patriots, der aktuell kompletteste Tight End der NFL ist.

In der vergangenen Saison, der sechsten seit seinem Zweitrunden-draft 2013, stellte Ertz im Trikot des später entthronten Super-Bowl-Champions einen persönlichen Rekord auf. Der 28-Jährige fing insgesamt 116 Pässe für 1.163 Yards sowie acht Touchdowns und harmonierte dabei mit den Quarterbacks Nick Foles und Carson Wentz gleichermaßen. Seine 116 Catches bedeuteten überdies hinaus noch einen NFL-Rekord für Tight Ends. Allerdings wird ein Spieler seiner Position auch nach seinen Block-Fähigkeiten bewertet, einst eine Schwäche von Ertz. »Das Blocking ist ein Teil des Spiels, von dem er wusste, dass er daran arbeiten muss. Und er ist es angegangen«, berichtete Peele weiter und unterstrich damit, warum Ertz noch vor Travis Kelce von den Kansas City Chiefs als bester Aktiver seines Faches gilt – er ist mittlerweile auch ein ausgezeichneter Blocker.

2017 hatte der gläubige Christ mit seinen Eagles den Football-Olymp erklommen und mit gefangenen Pässen für 67 Yards und einem Touchdown seinen Anteil zum Super-Bowl-Sieg über die Patriots beigetragen. Verheiratet ist Ertz mit der US-Fußball-Nationalspielerin Julie Ertz, die er 2012 bei einem Baseball-Spiel seines früheren Colleges, der Stanford University, kennengelernt hatte.

▲ Nach Balleroberung geht es über in den »Landeanflug«: Zach Ertz von den Philadelphia Eagles am 23. Dezember 2018 im Spiel gegen die Houston Texans mit einer für ihn typischen Aktion

Im Profil

Name: Zachary Adam Ertz
Position: Tight End
Geburtsdatum/-ort: 10. November 1990 in Orange/Kalifornien
Teams: Philadelphia Eagles (seit 2013)
Erfolge: Super-Bowl-Champion 2017, zwei Mal in den Pro Bowl gewählt.

Besonderes: Aktueller NFL-Rekordhalter in Saison-Catches für Tight Ends (116).

CAM NEWTON

Laufstarker Quarterback

Wenn es um Touchdowns geht, nimmt Cam Newton, Star-Quarterback der Carolina Panthers, das Spielgerät gern selbst in die Hand. Nicht, um es in die Richtung seiner Passempfänger zu werfen, sondern um mit dem Ball selbst in die gegnerische Endzone zu laufen.

Gleich in seiner Rookie-Saison 2011 machte der Heisman-Trophy-Gewinner des Vorjahres das 14 Mal – und stellte damit alle laufstarken Quarterbacks der Liga, die vor seiner Zeit gespielt hatten, in den Schatten.

2016 brach er dann auch den Rekord von Steve Young. Der Ballverteiler der San Francisco 49ers aus den 1990er-Jahren hatte bis dahin mit einer Anzahl von 44 den Rekord für die meisten von einem Quarterback erzielten NFL-Touchdowns gehalten. Bis zum Saisonende 2018 baute Newton seinen eigenen Rekord noch auf 58 selbst erlaufene Touchdowns aus. Newtons Stärke im eigenen Laufspiel ist zugleich aber auch seine Schwäche im Passspiel.

Der extrovertierte Star mit einem Faible für ausgefallene Mode, der nach seinen Touchdowns gerne den Ball an ein Kind im Publikum verschenkt und diese Punkte-bringenden Läufe darüber hinaus mit dem »Dab«, einer aus der Hip-Hop-Szene seiner Heimatstadt Atlanta stammenden Tanzfigur, feiert, gehört nämlich nicht zu den größten Passgebern der Liga. So kam er nur in der Saison 2015 auf ein Spitzen-Rating 99,4 – ein von der NFL ermittelter Statistik-Wert, um die Passfertigkeiten eines Quarterbacks zu bemessen. Zeitgleich war es auch seine erfolgreichste Saison, in der er mit den Carolina Panthers den Super Bowl erreicht hatte, dort aber als klarer Favorit und Saison-MVP gegen die Denver Broncos unterlag.

Im Profil

Name: Cameron Jerrell Newton
Position: Quarterback
Geburtsdatum/-ort: 11. Mai 1989 in Atlanta/Georgia
Teams: Carolina Panthers (seit 2011)
Titel: NFC-Champion 2015, NFL-MVP 2015

Besonderes: Dreimal in den Pro Bowl gewählt. Erlief in der Saison 2011 als Quarterback 14 Touchdowns selbst (NFL-Rekord) und hält den Rekord für die meisten von einem Quarterback erlaufenen Karriere-Touchdowns mit einer Anzahl von 58 (Stand Sommer 2019).

▲ **Eine echte Nummer eins wenn es um die meisten von einem Quarterback erlaufenen Touchdowns geht: Cam Newton von den Carolina Panthers**

AARON RODGERS

Fast immer in der Hauptrolle

Jimmy Garoppolo, Kirk Cousins, Matt Ryan: All diese Quarterbacks hatten in der Offseason 2018 neue Rekordverträge unterschrieben. Der eine sollte den anderen stets um noch eine halbe oder ganze Million Salär pro Jahr überbieten.

Bis Ende August 2018 wartete nun die gesamte Football-Gemeinde auf einen weiteren Rekordvertrag. Aaron Rodgers, Star-Quarterback der Green Bay Packers und für viele Experten der beste Quarterback der NFL-Geschichte, stand schließlich vor seinem letzten Vertragsjahr und niemand ging davon aus, dass sich die Packers und Rodgers voneinander trennen würden.

Am 29. August war es dann soweit: »A-Rod«, wie Rodgers nur kurz genannt wird, unterschrieb einen neuen Vierjahresvertrag mit einer Gesamtdotierung von 134 Millionen US-Dollar: 33,5 Millionen für jede Saison, 3,5 Millionen mehr als Ryan bei den Atlanta Falcons im Jahr erhält, der vorherige Rekordhalter. Und Rodgers scheint – in Footballsphären gesprochen – jeden Cent wert zu sein.

Als Packers-Legende Brett Favre im März 2008 seinen Rücktritt verkündete, setzte Head Coach Mike McCarthy auf Rodgers, Erstrundenpick von 2005, der drei Jahre hinter Favre nur die Bank gedrückt hatte. Zwar verpassten die Packers in Rodgers' erster Saison die Playoffs, doch hatte McCarthy die richtige Entscheidung getroffen – selbst der Rücktritt vom Rücktritt Favres änderte nichts mehr an der Entscheidung des Trainers.

Von 2009 an führte Rodgers seine Packers acht Jahre in Folge in die Playoffs, dabei zu fünf Titeln in der NFC North und 2010 in den Super Bowl. Mit Pässen für 304 Yards Raumgewinn und drei Touchdowns wurde der Mann mit der Trikotnummer »12« zum Matchwinner seiner Packers gegen die Pittsburgh Steelers und zum wertvollsten Spieler des Spiels gewählt (MVP). Es ist fast schon bedauerlich, dass Rodgers seitdem mit seinem Team in keinem weiteren Super Bowl vertreten war. Nicht selten stellen sich NFL-Fans und -Experten die Frage, ob Rodgers als Quarterback der New England Patriots mehr Titel als Tom Brady gewonnen hätte, der »offiziell« als bester Quarterback aller Zeiten gilt.

Rodgers ist passsicher und wurfgewaltig, verfügt zudem über ein gutes eigenes Laufspiel. Rodgers hält verloren geglaubte Spielzüge am Leben und strotzt vor Selbstvertrauen. Als die Packers 2016 nach zehn Saisonspielen erst vier Siege auf dem Konto hatten, sagte Rodgers, dass er das »Gefühl habe«, dass die Packers »die nächsten sechs Spiele gewinnen« würden (»run the table«/ein Ausspruch aus dem Billard-Sport). Und: Der Quarterback behielt damit recht. Mit sechs Siegen in Folge zog Green Bay tatsächlich noch in die Playoffs ein und besiegte dort in einer dramatischen Schlacht die Dallas Cowboys, die als bestes Team der Regular Season in die Postseason gegangen waren.

Zu Rodgers' besonderen Momenten gehören immer wieder seine »Hail Mary«-Pässe. Jener letzte Wurf eines Spiels über das halbe Spielfeld bei auslaufender Uhr, wenn man zum Sieg des Spiels eben noch einen Touchdown benötigt. So zeichnete er sich mit einem dieser Pässe für das »Miracle in Motown« verantwortlich, als die Detroit Lions 2015 in letzter Sekunde noch besiegt wurden. In die kommende Saison startet Rodgers mit besonderem Ehrgeiz. Nachdem die Packers zweimal in Folge die Playoffs verpasst haben, auch weil Rodgers nach einem Schlüsselbeinbruch 2017 etliche Spiele verpasst hatte, will er gemeinsam mit dem neuen Head Coach, Matt LaFleur, nochmal den Titel angreifen.

Sein Privatleben hält Rodgers bestmöglich aus der Öffentlichkeit heraus – einen jahrelangen Streit mit seinen Eltern hat Rodgers im Dezember vergangenen Jahres beigelegt. Kürzlich war Rodgers dafür in einer Fernseh-Serie zu sehen. Der Spielmacher durfte bei seiner Lieblingsserie »Game of Thrones« in der letzten Staffel als Statist vor die Kamera. Eine ungewohnte Rolle für den 35-Jährigen, spielt er doch seit Jahren die Hauptrolle bei den Packers.

Im Profil

Name: Aaron Charles Rodgers
Geburtsdatum/-ort: 2. Dezember 1983 in Chico/Kalifornien
Position: Quarterback
Teams: Green Bay Packers (seit 2005)
Erfolge: Super-Bowl-Gewinner 2010, Super-Bowl-MVP 2010, sechs Mal in den Pro Bowl gewählt.

Besonderes: War 2018 bestbezahlter Spieler der NFL (Vierjahresvertrag/134 Millionen US-Dollar).

Aaron Rodgers am 7. Oktober 2018 im Spiel der Green Bay Packers bei den Detroit Lions. Obwohl er »nur« einen Super Bowl-Sieg vorzuweisen hat, gilt der Packers-Spielmacher vielen als einer der besten Quarterbacks aller Zeiten. Und in einer Rangliste liegt er ganz vorne – beim Verdienst-Ranking! Die Dotierung seines 2018 abgeschlossenen Vierjahresvertrags: 134 Millionen US-Dollar

J.J. WATT

Dr. Defensive End

Er ist das Vorzeige-Idol unter den Besten in der NFL: J.J. Watt von den Houston Texans ist nicht nur der beste Defensive End der Liga, er ist auch ein sozial engagiertes Vorbild abseits des Spielfeldes, intelligent und vollkommen skandalfrei. Bereits 2010, ein Jahr bevor die NFL-Karriere von Watt begann, gründete er die »Justin J. Watt Foundation« unter dem Motto »Dream Big, Work Hard« und sammelte zur Anschaffung von Schulequipment in bislang fünf US-Bundesstaaten bereits über eine Million US-Dollar.

Besonders das Wohlbefinden von Kindern steht dabei immer wieder im Fokus des 1,96 Meter großen Hünen, der an der High School auch in der Offense als Tight End eingesetzt wurde und sich während seiner College-Zeit als Pizzataxifahrer sein Taschengeld verdiente. So unternahm er im Sommer 2011 gemeinsame Freizeitaktivitäten mit drei Waisenkindern, die ihre Eltern bei einem Verkehrsunfall verloren hatten. Im Rahmen der Super-Bowl-Feierlichkeiten im Februar 2018 wurde Watt mit dem »Walter Payton NFL Man of the Year«-Award ausgezeichnet. Watt hatte eine Spendeninitiative ins Leben gerufen, die zum Ziel hatte, 200.000 US-Dollar zugunsten der Opfer von Hurrikan Harvey im Großraum Houstons zu sammeln. Der Wirbelsturm war Ende August 2017 auf die USA getroffen und hatte schwere Schäden angerichtet. Zum Ende der Spendenaktion, die Watt mit einer Einlage von 100.000 US-Dollar gestartet hatte, waren dann 37 Millionen US-Dollar zusammengekommen.

Als sich am 18. Mai 2018 an der texanischen Santa Fe High School ein Amoklauf ereignete, welcher zehn Todesopfer forderte, übernahm Watt kurzerhand sämtliche Begräbniskosten für die betroffenen Familien. Nicht zuletzt wegen seines großen sozialen Engagements gilt Watt als einer der beliebtesten NFL-Spieler überhaupt.

▲ Passiert auch den Besten: J.J. Watt (rechts) verpasst am 18. November 2018 den Sack gegen Colt McCoy von den Redskins

Und ebenso als einer der klügsten: Am 29. Mai 2018 erhielt Watt am Baylor College of Medicine den Grad des Doktors der Geisteswissenschaften.

Als einer der besten Spieler gilt er sowieso. Seine Bedeutung als Sportler symbolisiert auch, dass er in der Saison 2016 trotz eines Bandscheibenvorfalls und nur drei absolvierten Spielen auf Platz 35 der Top 100 NFL-Spieler gewählt wurde. Ein Schienbeinbruch sorgte kurz darauf dafür, dass er 2017 nur fünf Spiele bestreiten konnte, trotzdem wählte ihn die »Sports Illustrated« zum Sportler des Jahres – wegen erwähnter Spendenaktion.

In den ersten fünf Jahren seiner Karriere, vor seinen verletzungsbedingten Ausfällen, hatte er alle Spiele der Texans mitbestritten und die Franchise-Rekorde von 74,5 Sacks und 15 erzwungenen Fumbles aufgestellt– zwischenzeitlich baute er seinen Sack-Rekord auf 92 aus. In wenigen Spielzügen nutzen die Texans auch seine alten Fähigkeiten als Tight End. So fing Watt in seiner NFL-Zeit exakt drei Pässe – allesamt zu jeweils einem Touchdown. Die Ehre an einem Super Bowl teilzunehmen hatte Watt bislang nicht, doch fallen sämtliche fünf Playoff-Teilnahmen der Texans in die Zeit, in der Watt die Defensive Line Houstons verstärkt.

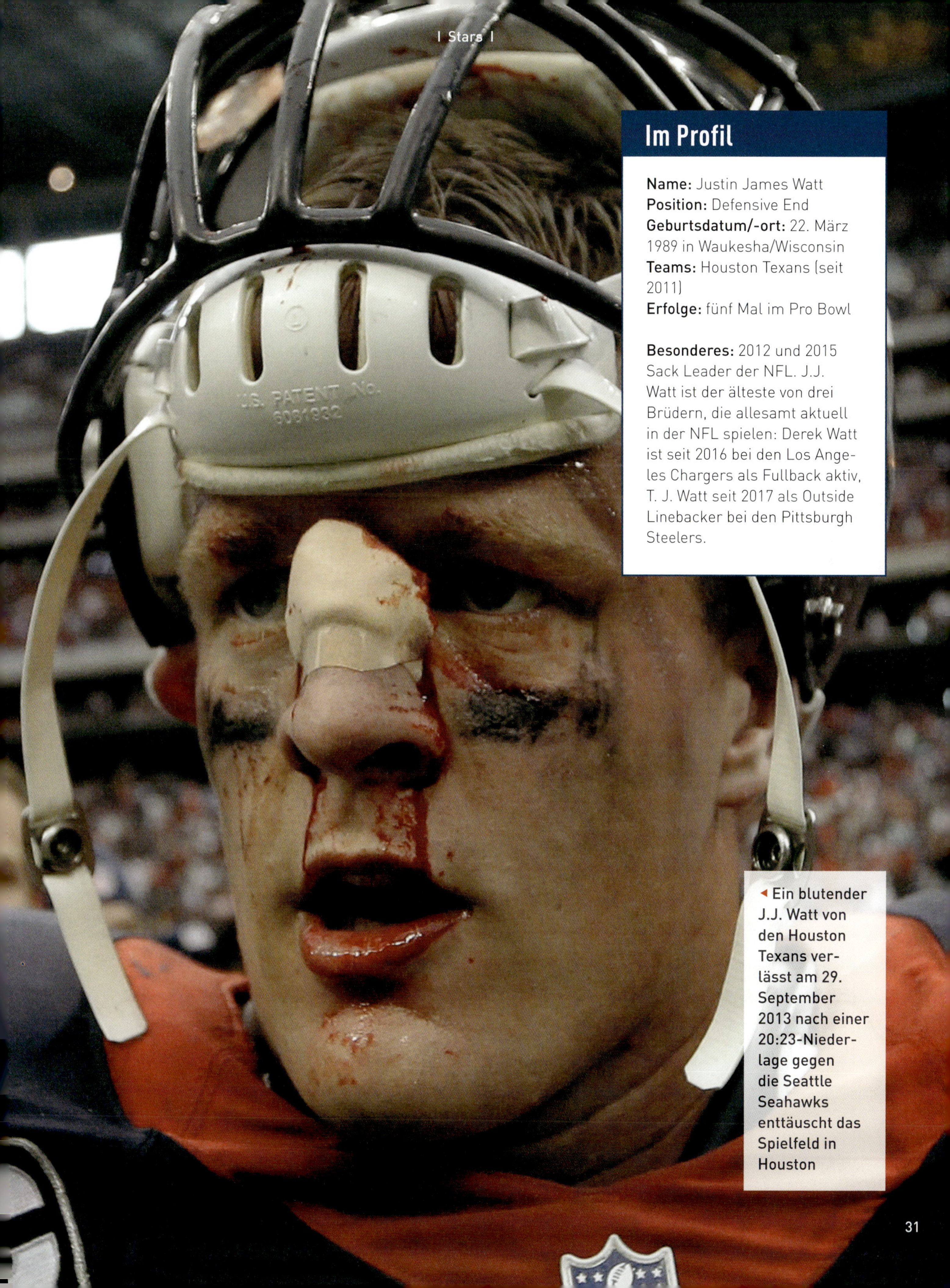

Im Profil

Name: Justin James Watt
Position: Defensive End
Geburtsdatum/-ort: 22. März 1989 in Waukesha/Wisconsin
Teams: Houston Texans (seit 2011)
Erfolge: fünf Mal im Pro Bowl

Besonderes: 2012 und 2015 Sack Leader der NFL. J.J. Watt ist der älteste von drei Brüdern, die allesamt aktuell in der NFL spielen: Derek Watt ist seit 2016 bei den Los Angeles Chargers als Fullback aktiv, T. J. Watt seit 2017 als Outside Linebacker bei den Pittsburgh Steelers.

◂ Ein blutender J.J. Watt von den Houston Texans verlässt am 29. September 2013 nach einer 20:23-Niederlage gegen die Seattle Seahawks enttäuscht das Spielfeld in Houston

ODELL BECKHAM JR.

Goldenes Händchen

Am 1. April 2018 erlaubte sich die National Football League einen Scherz. Über ihre Social-Media-Kanäle veröffentlichte die Liga den Transfer von Odell Beckham Jr. zu den Cleveland Browns.

Der größte aktive NFL-Popstar, dem auf Instagram über 13 Millionen Fans folgen, sollte sich also dem damals schlechtesten Team angeschlossen haben? April, April!

Ein knappes Jahr danach offenbarte sich der Aprilscherz eher zu einer Vorsehung, denn der Wide Receiver der New York Giants wechselte tatsächlich zu den Browns, die die dazwischen liegende Spielzeit immerhin besser abgeschnitten hatten, als Beckhams altes Team.

Berühmt wurde OBJ, so sein Kosename, gleich in seiner Rookie-Saison, als ihm am 23. November 2014 im Spiel gegen die Dallas Cowboys ein spektakulärer Fang mit nur einer Hand (One-handed Catch) gelang, der als bester Catch aller Zeiten gilt. Das Trikot, das er in jenem Spiel trug, ist in der Pro Football Hall of Fame ausgestellt.

Der One-handed Catch wurde zum Markenzeichen Beckhams. Am 29. Januar 2015 stellte er in einer Livesendung des amerikanischen Sportsenders ESPN einen neuen Weltrekord auf. Gemeinsam mit seinem Partner Drew Brees, Quarterback der New Orleans Saints, fing er insgesamt 33 Pässe innerhalb von einer Minute mit nur einer Hand und pulverisierte die vorherige Bestmarke von zehn. Zwischenzeitlich wurde der Rekord allerdings schon wieder gebrochen.

Einen Rückschlag in seiner jungen Karriere, in der er mehrere Bestmarken aufstellte, hatte Beckham 2017 zu verkraften, als er sich in Woche fünf im Spiel gegen die Los Angeles Chargers einen Knöchelbruch zuzog, der seine Spielzeit vorzeitig beendete. Doch davon ist er längst erholt und wird 2019 im neuen Trikot angreifen.

Im Profil

Name: Odell Cornelious Beckham Jr.
Position: Wide Receiver
Geburtsdatum/-ort: 5. November 1992 in Baton Rouge/Louisiana
Teams: New York Giants (2014 bis 2018), Cleveland Browns (seit 2019)
Erfolge: Offensive Rookie of the Year 2014, drei Mal in den Pro Bowl gewählt.

Besonderes: Beckham zierte mit einem One-handed Catch das Cover der 2016er-Ausgabe der beliebten Football-Spielserie »Madden«.

AARON DONALD

Der beste Defensive Tackle

◂ Aaron Donald (rechts) von den Los Angeles Rams am 3. Februar 2019 beim Super Bowl gegen die New England Patriots. Den Titel sicherten sich die Patriots – Donald hatte einige Monate zuvor immerhin die Weichen für eine finanziell gut abgesicherte Zukunft gestellt: Mit dem Ende August 2018 abgeschlossenen Vertrag mit den Rams ist Aaron Donald einer der bestbezahlten Defensive Lineman der NFL

20,5 Sacks verbuchte Aaron Donald in der zurückliegenden Spielzeit und untermauerte damit, dass er jeden einzelnen Cent seines erst kurz vor Saisonbeginn unterzeichneten Sechsjahresvertrags über 135 Millionen US-Dollar wert ist.

Donald war damit der beste Pass Rusher der zurückliegenden NFL-Saison. Wohlgemerkt durch die Mitte der gegnerischen Offensive Line – ein Fabelwert. Aber noch bevor Donald in der NFL landete, zeigte er seine herausragenden Fähigkeiten beim NFL-Combine, jener »Casting«-Veranstaltung, bei der Spieler, die beim folgenden Draft zur Auswahl stehen, sich den Scouts, General Managern und Trainern der Teams präsentieren.

Beim »40 Yard Dash«, einem Sprint über die Entfernung von 40 Yards, stellte Donald 2014 mit 4,68 Sekunden einen neuen Rekord für Spieler seiner Position auf. Dass der Defensive Tackle dann an Position 13 im Draft noch zur Verfügung stand, als die Los Angeles Rams an der Reihe waren, darf im Nachhinein als Glücksfall für die Franchise bezeichnet werden. Bereits in Woche sechs seiner Rookie-Saison eroberte er einen Starter-Posten und gab diesen seitdem nicht mehr her.

Am Ende seiner ersten Spielzeit wurde er nicht nur in den Pro Bowl gewählt, er wurde auch als NFL Defensive Rookie of the Year ausgezeichnet. Auch in den folgenden vier Spielzeiten, die seitdem stattgefunden haben, kam Donald zu Pro-Bowl-Ehren und erhielt 2017 die Auszeichnung NFL Defensive Player of the Year. Der 28-Jährige gilt anno 2019 als bester Defensive Tackle der Liga.

Im Profil

Name: Aaron Charles Donald
Geburtsdatum/-ort: 23. Mai 1991 in Pittsburgh/Pennsylvania
Position: Defensive Tackle
Teams: Los Angeles Rams (seit 2014)

Erfolge: Wurde in seinen ersten fünf Karriere-Jahren jeweils in den Pro Bowl gewählt.

LARRY FITZGERALD

Idol, auf und neben dem Platz

▼ ◂ Zwei Mal Larry Fitzgerald, zwei Fotos aus dem Jahr 2017: Ob im Trikot der Arizona Cardinals oder bei Feierlichkeiten auf dem Roten Teppich – der Wide Receiver gibt immer eine gute Figur ab

Es hätte das Spiel seines Lebens werden können. Damals, am 1. Februar 2009 war Larry Fitzgerald, Wide Receiver der Arizona Cardinals, gerade dabei, sich unsterblich zu machen.

Mit zwei Touchdowns hatte der Erstrundenpick des Drafts des Jahres 2004 im Schlussviertel des 43. Super Bowls das Ergebnis gegen die Pittsburgh Steelers gedreht.

Es wäre die Krönung einer herausragenden Saison gewesen, in der der damals 25-Jährige gleich mehrere NFL-Rekorde aufgestellt hatte. Nie zuvor oder danach hatte ein Spieler mehr Pässe innerhalb der Playoffs gefangen (30), mehr Yards Raumgewinn erobert (546) und mehr Touchdowns erzielt (8). Wäre da nicht Pittsburghs Santonio Holmes gewesen, der 37 Sekunden vor dem Ende des Spiels das Blatt zugunsten der Steelers wendete.

So nah wie damals war Fitzgerald dem Gewinn des Super Bowls nie wieder. Und trotzdem nutzte er seine lange – und noch immer aktive – Karriere dazu, sich in die Geschichtsbücher der NFL zu schreiben. Nie gab es einen jüngeren Spieler, der 700, 800, 900 oder 1.000 Karriere-Pässe gefangen hat. Kurz vor Beginn seiner eindrucksvollen Laufbahn hatte Fitzgerald einen schweren Verlust zu verkraften. 2003 verstarb seine Mutter Carol an den Folgen einer Gehirnblutung während einer Brustkrebsbehandlung. Er gründete daraufhin den »Carol Fitzgerald Memorial Fund«, der Jugendliche über die Gefahren von HIV sowie Krebserkrankungen aufklärt. Zudem leistet er jedes Jahr eine Spende an eine Brustkrebsorganisationen, abhängig von der Anzahl seiner Passfänge und Touchdowns im Monat Oktober. Über den »Larry Fitzgerald First Down Fund« bietet er zudem Jugend-Footballcamps an.

Fitzgerald ist nicht nur durch Leistung auf dem Platz ein Idol, auch neben dem Platz ist sein soziales Engagement vorbildlich.

Im Profil

Name: Larry Darnell Fitzgerald Jr.
Position: Wide Receiver
Geburtsdatum/-ort: 31. August 1983 in Minneapolis/Minnesota
Teams: Arizona Cardinals (seit 2004)
Erfolge: NFC Champion 2008, elf Mal im Pro Bowl

Besonderes:
Hält zwölf NFL- und 40 Cardinals-Rekorde – unter anderem »jüngster Spieler mit 1.000 Passfängen« oder »jüngster Spieler, der Pässe für 11.000 Yards Raumgewinn« gefangen hat.

ANTONIO BROWN

Aller Anfang ist schwer

»Es ist eine Sache des Respekts«, beklagte Antonio Brown zum Ende der vergangenen Spielzeit. Brown war damals noch als Star-Receiver in Diensten der Pittsburgh Steelers.

Doch Quarterback Ben Roethlisberger hatte seinen Teamkollegen in einer US-Radiosendung für sein Route-Running bei der Niederlage gegen die Denver Broncos kritisiert, ihm also vorgeworfen, vorbestimmte Laufwege nicht exakt eingehalten zu haben (was einem Quarterback erschwert, genaue Pässe zu spielen). Der Anfang vom Ende nach neun gemeinsamen Jahren bei den Steelers. Brown verweigerte das Training, seinen Einsatz in Woche 17 und wurde letztendlich für ein Dritt- und ein Fünftrundenpickrecht in der Offseason an die Oakland Raiders abgegeben, wo er ab dieser Saison sein neues Team zum Erfolg führen soll.

Obwohl Brown nie einen Super Bowl mit den Steelers gewann, gilt der nur 1,80 Meter große Wide Receiver als bester aktiver Spieler seiner Position. Doch Browns Weg in die NFL war beschwerlich, kaum jemand glaubte daran, dass Brown eine große NFL-Karriere würde hinlegen können.

Während seines Abschlussjahres auf der High School riss er nach Konflikten mit seinem Stiefvater aus und kam immer wieder bei verschiedenen Freunden unter, auf deren Sofas er nächtigte. Entsprechend schwer hatte es das junge Football-Talent, bei einem College unterzukommen. Ein Stipendium erhielt er schließlich an der Central Michigan University, an der er für die dortigen Chippewas 31 Touchdowns in drei Spielzeiten fing.

Doch die NFL-Teams scheuten sich in der jüngeren Vergangenheit auch hochtalentierten Spielern Verträge zu geben, wenn Fragezeichen in deren Vita zu finden waren. So musste der junge Brown beim Draft 2010 lange warten, ehe er in Runde sechs an Position 195 endlich von den Steelers ausgewählt wurde. Der Beginn einer Traum-Verbindung – bis eben zu jenem Radio-Interview.

Im Profil

Name: Antonio Tavaris Brown Sr.
Position: Wide Receiver
Geburtsdatum/-ort: 10. Juli 1988 in Miami/Florida
Teams: Pittsburgh Steelers (2010 bis 2018), Oakland Raiders (seit 2019)
Erfolge: AFC Champion 2010

Besonderes:
Hält etliche NFL- und Steelers-Rekorde, wie meiste gefangene Pässe und damit eroberte Yards über einen Zeitraum von fünf aufeinanderfolgenden Spielzeiten. Oder: Mit 284 Yards der größte Raumgewinn in einem einzigen Steelers-Spiel (8. November 2015 gegen die Oakland Raiders) durch einen Einzelspieler.

◄ »Aufwärmübungen sind wohl überall gleich«, mag sich Antonio Brown denken. Der gerade zu den Oakland Raiders gewechselte Wide Receiver ist hier am 28. Mai 2019 im Trainingscamp seines neuen Teams in Alameda, Kalifornien zu sehen

VON MILLER

Tackles, Hühner, Tanzeinlagen

◂ Von Miller (rechts) von den Denver Broncos am 24. August 2018 im Spiel gegen die Washington Redskins

Im Profil

Name: Vonnie B'Vsean Miller Jr.
Position: Outside Linebacker
Geburtsdatum/-ort: 26. März 1989 in Dallas/Texas
Teams: Denver Broncos (seit 2011)
Erfolge: Super-Bowl-Champion 2015, Super-Bowl-MVP 2015, sieben Mal im Pro Bowl

Besonderes: Miller hält die Franchise-Rekorde für »Meiste Sacks in einer Saison« (18,5/2012), »Meiste Sacks in Playoffs insgesamt« (6,5), »Meiste Sacks in einer Playoff-Saison« (5/2015) und »Meiste Sacks in einem Playoff-Spiel« (zweimal 2,5/2015 gegen die New England Patriots sowie die Carolina Panthers).

Die große Stunde des Von Miller schlug am 7. Februar 2016. Im Super Bowl 50 gegen die favorisierten Carolina Panthers machte der passionierte Brillenträger das Spiel seines Lebens und riss Cam Newton, den Star-Quarterback auf der Gegenseite, dreimal zu Boden (2,5 Sacks).

Außerdem war er für zwei gegnerische Fumbles verantwortlich, die einen maßgeblichen Anteil am 24:10 seiner Denver Broncos hatten. Belohnt wurde seine Leistung mit dem Titel des Most Valuable Players (MVP).

Seit 2011 geht Miller auf Quarterback-Jagd in der NFL und ist seitdem für 443 Tackles und 98 Sacks verantwortlich (Stand Sommer 2019).

Dass Miller eine große NFL-Karriere bevorstehen würde, zeichnete sich bereits während seiner College-Zeit an der Texas A&M ab. In der Saison 2009 gelangen dem damals 20-Jährigen 17 Sacks und 21 Tackles, die für gegnerischen Raumverlust sorgten. Dafür wurde er von den Sport-Magazinen »Sporting News« sowie der »Sports Illustrated« ausgezeichnet. Für 2019 hofft Miller, dass die Broncos mit ihrem neuen Quarterback Joe Flacco endlich wieder die Playoffs erreichen. Diese hat das Team seit dem Titelgewinn zuletzt dreimal in Folge verpasst.

Miller, der seinen Abschluss in »Geflügelzucht« machte und Besitzer einer Hühnerfarm ist, ist zudem sozial stark engagiert und gründete 2012 das Projekt »Von's Vision«, welches sich im Großraum Denver bei den »Von's Vision Days« um Augenuntersuchungen und Sehhilfen für Kinder kümmert. 2016 tanzte er an der Seite von Witney Carson in der TV-Show »Dancing with the Stars«.

EZEKIEL ELLIOTT

Rekord-Rookie

Als die Dallas Cowboys beim Draft 2016 Ezekiel »Zeke« Elliott an Position vier auswählten, lag die Franchise aus dem US-Bundesstaat Texas am Boden. Dass ausgerechnet ein Runningback die Lösung für den fünfmaligen Champion sein sollte, dessen letzter Titel aber bereits knappe zwei Dekaden zurücklag, durfte damals stark angezweifelt werden.

Doch es kam anders: Im Zusammenspiel mit Quarterback Dak Prescott, der ebenfalls in seinem ersten NFL-Jahr war und dabei das Erbe von Cowboys-Legende Tony Romo anzutreten hatte, bildete Elliott ein kongeniales Duo.

Elliott erlief 1.631 Yards Raumgewinn, ein Franchise-Rekord für einen Rookie, erzielte insgesamt 16 Touchdowns in der regulären Saison und führte das Team gemeinsam mit Prescott zum Sieg in der NFC East. Auch wenn dort gleich in der Divisional-Runde (Viertelfinale) gegen die Green Bay Packers Schluss war, war ein neuer Star geboren. Er wurde sofort in den Pro Bowl, an dem die besten Spieler der Saison teilnehmen, gewählt und in die Auswahlmannschaft »First Team All Pro«.

Doch wenige Monate später legten sich Schatten auf seine noch junge Karriere. Von einer Ex-Freundin wurde Elliott der häuslichen Gewalt beschuldigt – und obwohl der Vorwurf nie bewiesen wurde, sperrte ihn die NFL für sechs Spiele der Saison 2017. Nicht zuletzt aus diesem Grund verpasste Dallas die zweite Playoff-Teilnahme in Folge – auch wenn Elliott in den restlichen Spielen sein Können bestätigte. Klar ist: Von Elliott wird in den nächsten Jahren noch viel zu sehen sein.

Im Profil

Name: Ezekiel Elijah Elliott
Geburtsdatum/-ort: 22. Juli 1995 in Alton/Illinois
Position: Runningback
Teams: Dallas Cowboys (seit 2016)
Erfolge: Sugar-Bowl-Sieger 2014, Fiesta-Bowl-Sieger 2015 (beide College)

Besonderes: CFP National Champion 2014, Archie Griffin Award 2014, Big Ten Offensive Player of the Year 2015 (alle auf dem College), Pro Bowl 2016 und 2018, First Team All-Pro 2016 (NFL).

▸ Runningback Ezekiel Elliott (Nummer 21) neben seinen Mitspielern Travis Frederick und Richard Ash (von links) während eines Spiels der Dallas Cowboys am 29. Oktober 2017

JULIAN EDELMAN

Edel! Ein Mann, ein Wort

»Ich werde die Reha mit der einzigen Einstellung angehen, die ich kenne. Mit all der Kraft, die ich habe, um sicherzustellen, dass ich stärker denn je zurückkommen werde«, sagte Julian Edelman Ende August 2017.

Der Wide Receiver der New England Patriots hatte sich zuvor in der Saisonvorbereitung einen Kreuzbandriss zugezogen und verpasste in der Folge die komplette Saison des Titelverteidigers. Dieser Satz beschreibt aber genau, warum Edelman es in der NFL zu einem der wertvollsten Passempfänger gebracht hat.

Gedraftet wurde der gebürtige Kalifornier 2009 erst in der siebten Runde – als Quarterback. Doch Head Coach Bill Belichick schulte den nur 1,78 Meter großen Edelman sofort zum Wide Receiver um. Einen Pass durfte er trotzdem werfen – bei einem Trickspielzug 2015 in den Playoffs. Der Pass über 51 Yards auf Danny Amendola gegen die Baltimore Ravens wurde dann auch gleich ein Touchdown. Den spektakulärsten Passfang seiner Karriere hatte Edelman zwei Jahre später in Super Bowl LI, als er in Dreifachdeckung einen abgefälschten Pass im Nachfassen nur wenige Zentimeter über dem Boden fing und so seinen Teil zur Aufholjagd der Patriots beisteuerte.

Sein größtes Spiel machte Edelman, der 2016 auch ein Kinderbuch schrieb, aber im zurückliegenden Februar. In Super Bowl LIII hielt Edelmann Wort und zeigte, wie stark er nach seiner Verletzung wirklich den Weg zurückgefunden hatte. Gegen die Los Angeles Rams fing er zehn Pässe für 141 Yards und wurde MVP.

Überhaupt, in den Playoff-Spielen zuvor, hatte Edelman bereits 16 Pässe gefangen und so 246 Yards generiert. Damit liegt er in der Ewigen Bestenliste der Receiving Yards in den Playoffs auf Platz zwei – nur noch 49ers-Legende Jerry Rice steht vor ihm.

◂ Patriots-Wide Receiver Julian Edelman während des 53. Super Bowl (LIII) am 3. Februar 2019

Im Profil

Name: Julian Francis Edelman
Position: Wide Receiver
Geburtsdatum/-ort: 22. Mai 1986 in Redwood City/Kalifornien
Teams: New England Patriots (seit 2009)
Titel: Super-Bowl-Champion 2014, 2016 und 2018, Super-Bowl-MVP 2018

Besonderes: Wurde 2009 als Quarterback gedraftet und zu einem der erfolgreichsten Wide Receiver der NFL-Geschichte umgeschult. Sein Spitzname lautet »Eichhörnchen«.

KHALIL MACK

Der teuerste Verteidiger

Es war ein Spiel, wie eine Verheißung. Als Khalil Mack am 9. September 2018 sein erstes Spiel im Trikot der Chicago Bears absolvierte, explodierte seine Leistung förmlich.

Gegen die Green Bay Packers gelangen dem Verteidiger ein Quarterback-Sack, eine Interception, ein forciertes Fumble, eine Fumble-Eroberung und ein Touchdown – alles in Halbzeit eins. Erstmals seit 1982 hatte ein Spieler in nur einer Halbzeit diese Statistiken gesammelt. Der damals 27-Jährige verhalf seiner Mannschaft damit zu einer 17:0-Pausenführung. Dass die Packers am Ende 24:23 gewannen, gehört zu den Eigenarten dieser Sportart.

Mack war kurz zuvor als Blockbuster-Trade von den Oakland Raiders in die Windy City gekommen. In Oakland hatte der Outside Linebacker mit einem Streik gedroht, sollte er keinen Top-Vertrag angeboten bekommen. Jon Gruden, Oaklands Head Coach, zögerte nicht lange und suchte umgehend nach einem Partner für einen Spielertausch. Dieser fand sich mit den Bears, die für Mack mehrere Draftpicks, darunter zwei Pickrechte der ersten Runde, hergaben.

Im Profil

Name: Khalil Delshon Mack
Position: Outside Linebacker
Geburtsdatum/-ort: 22. Februar 1991 in Fort Pierce/Florida
Teams: Oakland Raiders (2014 bis 2017), Chicago Bears (seit 2018)
Titel: Pro Bowl 2015, 2016, 2017 und 2018, Defensive Player of the Year 2016

Besonderes: Wurde 2018 zum bestbezahlten NFL-Verteidiger aller Zeiten.

◂ Läuft! Khalil Mack von den Chicago Bears besiegt am 9. Dezember 2018 mit seinem Team die Los Angeles Rams 15:6

Mack indes wurde mit einem Vertrag über sechs Jahre und 141 Millionen US-Dollar in Chicago empfangen – und wurde so zum teuersten Verteidiger der NFL-Geschichte.

Schon vor seiner Profikarriere hatte Mack, der als Sohn einer Lehrerin und eines Programmierers gemeinsam mit zwei Brüdern in Florida aufwuchs, auf sich aufmerksam gemacht. In der High School spielte er zunächst gar Quarterback, wurde später aber zum Linebacker »umfunktioniert«.

Für das Football-Team der State University in Buffalo wurde er dreimal ins Auswahlteam seiner Division berufen und landete 2013 im First Team All American. Seine Einberufung in die NFL als Erstrundenpick war nur die logische Folge.

Hier sind die Teams zu Hause

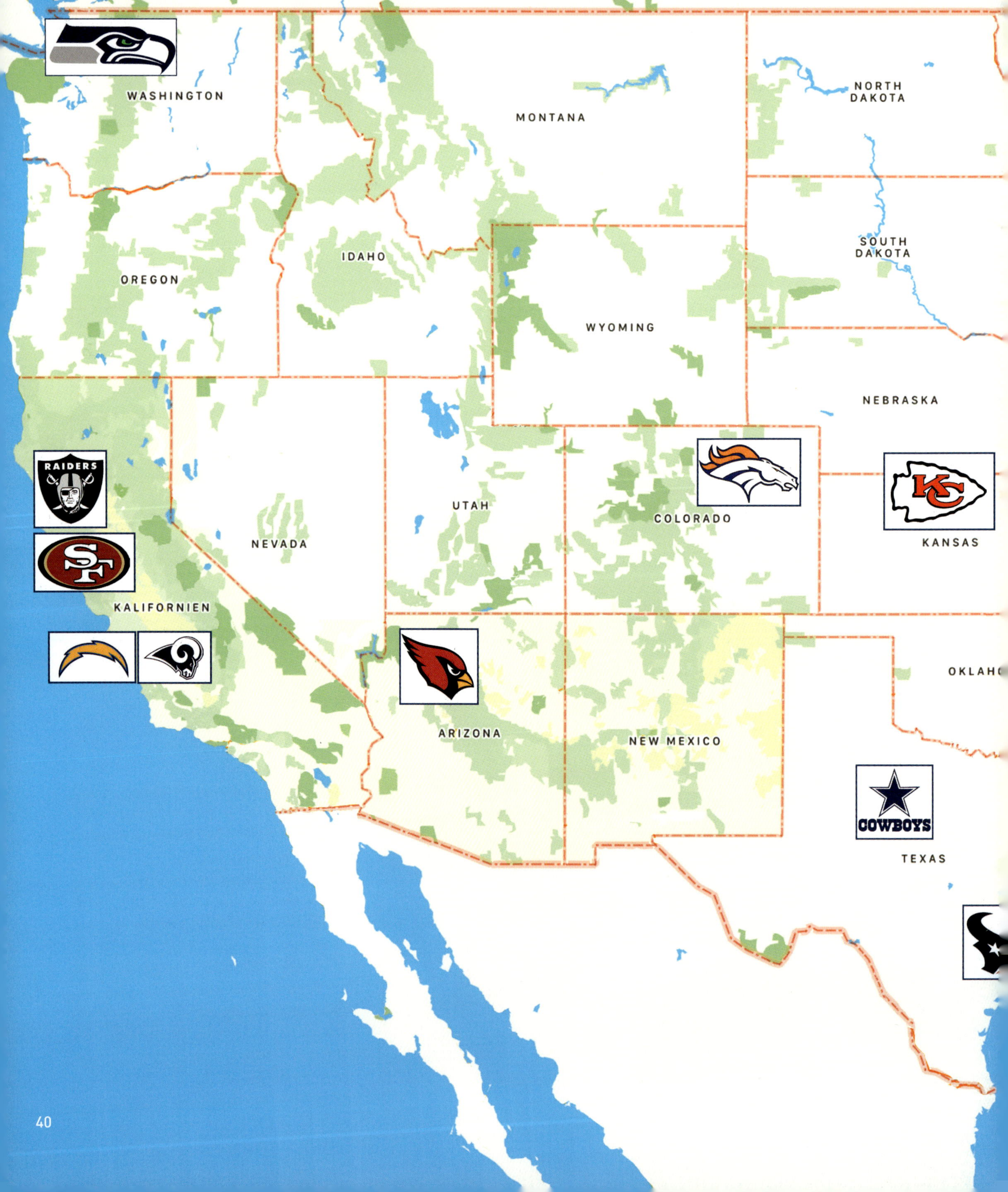

NNESOTA
WISCONSIN
MICHIGAN
MAINE
VERMONT
NEW HAMPS
NEW YORK
MASSACHUS
IOWA
PENNSYLVANIA
ILLINOIS
INDIANA
OHIO
MARY
WEST VIRGINIA
MISSOURI
KENTUCKY
VIRGI
TENNESSEE
NORTH CAROLINA
ARKANSAS
SOUTH CAROLINA
MISSISSIPPI
ALABAMA
GEORGIA
LOUISIANA
FLORIDA
Golf von Mexiko

DRAFT

Super Bowl der Offseason

Ein jedes Jahr, sobald der Super Bowl gespielt und in den Geschichtsbüchern ist, befällt die NFL und ihre Fans der sogenannte Offseason-Blues. Sieben Monate liegen gemeinhin zwischen dem Ende einer Saison und dem Beginn der Folgespielzeit – die sogenannte Offseason. Doch mittendrin findet eine Veranstaltung statt, die als Super Bowl eben jener Offseason gilt und für Ende April terminiert ist: der Draft. Denn das Interesse der Medien und Fans an diesem Event ist nicht wesentlich geringer als an den Spielen der National Football League während der Saison. Der Draft ist schlichtweg der Höhepunkt der Offseason.

In sieben Auswahlrunden können die 32 Teams der Liga ihre Kader mit den besten Nachwuchstalenten verstärken. Dabei darf in jeder Runde das schlechteste Team der Vorsaison seine Auswahl zuerst treffen, der mutmaßlich beste Collegespieler landet also beim schlechtesten Team. Und umgekehrt ist der amtierende Super-Bowl-Champion stets als letztes Team in jeder Runde dran. Es ist ein Mittel der Liga, um die Mannschaften möglichst gleichstark zu halten.

Ein spannendes Element sind aber auch die Trades, also die Tauschmöglichkeiten der Teams. Es gibt Teams, deren Kader so viele Schwachstellen aufweisen, dass gar kein großes Interesse an einer einzigen frühen Draftmöglichkeit besteht und man diese gerne gegen mehrere spätere Picks eintauscht. Andere Teams wiederum verfügen über einen starken Kader und meinen, nur die eine Lücke schließen zu müssen und sind bereit für einen früheren Pick, als er ihnen eigentlich zusteht, viele andere Auswahlrechte abzugeben.

Ein gutes Beispiel dafür ist die Auswahl von Jared Goff. Die Los Angeles Rams gaben 2016 für die allererste Pickmöglichkeit im Draft insgesamt ihre Erstrundenwahlrechte von 2016 und 2017, zwei Zweitrundenwahlrechte 2016 sowie die Rechte der dritten Runden von 2016 und 2017 an die Tennessee Titans ab. Mit der »Freien Auswahl« des Jahres 2016 wählten die Rams dann Quarterback Goff aus, der das Team in den folgenden drei Jahren immerhin zweimal in die Playoffs und einmal gar in den Super Bowl führte.

Zumeist sind es auch Quarterbacks, die zur Ehre des allerersten Picks eines jeden Jahres kommen. Seit der Jahrtausendwende wurden in 20 Drafts 14 Mal Quarterbacks an Position eins der ersten Runde gewählt. Darunter Spieler wie Carson Palmer, Eli Manning, Cam Newton oder Andrew Luck, die die Geschicke ihrer Teams über Jahre dominieren sollten. Auch in diesem Jahr wurde es mit Kyler Murray erneut ein Quarterback – er soll die Arizona Cardinals anführen.

Allerdings muss nicht jedes Top-Talent aus dem College auch in der NFL einschlagen: JaMarcus Russell, 2007 von den Oakland Raiders ausgewählt, warf in drei Jahren mehr Interceptions als Touchdowns und fand fortan kein Team mehr in der Liga, das ihm das Vertrauen nochmal schenken wollte.

Sure, luck means a lot in football. Not having a good quarterback is bad luck.
Don Shula*

Frei übersetzt:

Klar, Glück bedeutet eine Menge im Football. Keinen guten Quarterback zu haben ist jedenfalls kein Glück.

*Don Shula ist mit 526 Spielen als Trainer NFL-Rekordhalter.

Fast jedes Jahr schreibt der Draft dabei seine eigenen Schlagzeilen. Welcher NFL-Fan erinnert sich nicht daran, als die Cleveland Browns 2014 an Position 22 Johnny Manziel wählten? Der Quarterback glänzte neben dem Feld durch Alkohol- und Drogen-Eskapaden allerdings mehr als auf dem Spielfeld. Oder Laremy Tunsil: Der Offensive Tackle galt 2016 als First-Overall-Kandidat, ehe wenige Minuten vor dem Draft ein Video von ihm auftauchte, wie er offensichtlich an einer Bong zog. Das Video hatte sein Stiefvater veröffentlicht, um seinem angeheirateten Sprössling zu schaden. Verunsichert über seinen möglichen Lebensstil fiel Tunsil im Draft dann bis auf Position 13. Besondere Beachtung wird auch dem letzten Spieler zuteil, der in jedem Jahr gewählt wird. Er trägt den Kosenamen »Mr. Irrelevant« und wird danach mit jeder Menge Trostpreisen versorgt. Dazu gehören Kino- und Restaurantgutscheine, Golf- oder Surfkurse mit Bikinischönheiten.

▲ NFL-Draft: Ein Spektakel wie der Super Bowl – und nicht umsonst »Super Bowl der Offseason« genannt: Am 26. April 2019 verfolgen in Nashville, Tennessee, zahlreiche Fans den Verlauf der Drafts

Pittsburgh Steelers

Ein Pass von Ben Roethlisberger (Big Ben) auf Santonio Holmes 35 Sekunden vor dem Ende des Super Bowls am 1. Februar 2009 gegen die Arizona Cardinals machte den sechsten Titelgewinn der Pittsburgh Steelers perfekt.

Damit krönte sich das Team aus der Stadt der Stahlarbeiter zum alleinigen Rekord-Champion vor den Dallas Cowboys und San Francisco 49ers, mit denen man zuvor – mit jeweils fünf Triumphen – auf Platz eins gestanden hatte. Es war der zweite Titelgewinn unter Quarterback Roethlisberger, auch unter dem Namen »Big Ben« bekannt. Seit 2019 müssen sich die Steelers den Titel als Rekord-Champion allerdings mit den New England Patriots teilen.

Den Grundstein zu ihrer Titelsammlung legten die Steelers bereits in den 1970er-Jahren, als Spielgestalter Terry Bradshaw sein Team gemeinsam mit Runningback Franco Harris zu insgesamt vier Meisterschaften innerhalb von sechs Jahren führte. Noch imposanter als die damalige Offense war allerdings der defensive Mannschaftsteil, der sich in dieser Zeit den Namen »Steel Curtain« erarbeitete und zu den legendären Reihen der NFL-Historie gehört.

Die Steelers blieben auch nach ihrer Titel-Dynastie eines der konstantesten NFL-Teams in der Ligaspitze. Doch es sollte mehr als ein Vierteljahrhundert vergehen, ehe Big Ben die Schwarz-Gelben zu zwei weiteren Titeln führen konnte. Auch in der jüngsten Vergangenheit gab es kaum einen Favoritenkreis, bei dem Pittsburgh nicht dazu gehörten. Das hat sich für die kommende Spielzeit geändert, nachdem die Topstars Le`Veon Bell (Runningback) und Antonio Brown (Wide Receiver) Pittsburgh verlassen haben. Nicht ganz unbeteiligt daran war Star-Quarterback Roethlisberger, der Brown zuvor in einer Radiosendung kritisiert hatte. Auch Bell hat Probleme mit den Führungsmethoden Roethlisbergers gehabt.

Name: Pittsburgh Steelers
Stadt/State: Pittsburgh/ Pennsylvania
Liga: AFC North
Stadion: Heinz Field (68.400 Plätze)
Größte Erfolge: Super-Bowl-Champion 1974, 1975, 1978, 1979, 2005, 2008
Bekannteste Spieler: Terry Bradshaw (Quarterback, 1970 bis 1983), Joe Greene (Defensive Tackle, 1969 bis 1981), Franco Harris (Runningback, 1972 bis 1984), Ben Roethlisberger (Quarterback, seit 2004), Ernie Stautner (Defensive Tackle, 1950 bis 1963)
Eigentümer: Familie Rooney
Trainer (Stand Sommer 2019): Mike Tomlin
Website: www.steelers.com

◂ Ben Roethlisberger (links), Quarterback der Pittsburgh Steelers, am 12. September 2016 vor einem Spiel gegen die Washington Redskins beim Abklatschen mit einem Schiedsrichter

Cincinnati Bengals

Eine Spielzugfolge, die als »The Drive« in die NFL-Geschichte einging, beendete am 22. Januar 1989 die Träume der Bengals auf ihren ersten Super-Bowl-Sieg.

Damals führte Joe Montana, der Quarterback der San Francisco 49ers, sein Team noch zu einem späten Erfolg über Cincinnati – es war gleichzeitig die letzte Teilnahme am großen Finale. Schon der erste Super Bowl sieben Jahre zuvor war, ebenfalls gegen San Francisco, verloren gegangen.

Es folgte zwei Jahre später noch ein weiterer Auftritt in den Playoffs, ehe die Franchise eine Durststrecke von 14 Jahren zu überstehen hatte. Erst als Marvin Lewis 2003 den Posten des Head Coaches übernahm, stellte sich wieder Erfolg ein – Erfolg mit Abstrichen! So gelang es, sich ab 2011 fünf Jahre in Folge für die Playoffs zu qualifizieren, doch schied man bei allen fünf Teilnahmen sofort wieder aus. Seit 1990 warten die Bengals so nun auf einen Sieg in den Playoffs – NFL-Rekord.

So überschaubar der Erfolg der Bengals in der NFL-Historie auch ist, so sehr hat sich das Team mit Innovationen in die Geschichtsbücher eingeschrieben. Die »West Coast Offense«, ein auf viele Kurzpässe ausgelegtes Angriffssystem, wurde in den Siebziger Jahren ebenso von den Bengals entworfen, wie 1988 die »Attack Offense« – eine Version der »No Huddle Offense«, in der viele Angriffsspielzüge schnell aufeinander folgen, um der gegnerischen Defense wenig Zeit zur Formation zu geben.

Gegründet wurde das Team 1967 und profitierte dabei von der Forderung der früheren American Football League (AFL), ein weiteres Team aus der Taufe zu heben, damit die Anzahl der teilnehmenden Mannschaften einer geraden Zahl – von neun auf zehn – entsprach.

Der Name »Bengals« wurde in Anlehnung an ein bereits von 1937 bis 1941 existierendes, gleichnamiges Team gewählt.

Name: Cincinnati Bengals
Stadt/State: Cincinnati/Ohio
Liga: AFC North
Stadion: Paul Brown Stadium (65.515 Plätze)
Größte Erfolge: AFC-Sieger 1981 und 1988 und damit zwei Mal im Super Bowl
Bekannteste Spieler: Ken Anderson (Quarterback, 1971 bis 1986), Boomer Esiason (Quarterback, 1984 bis 1992 und 1997), A.J. Green (Wide Receiver, seit 2011), Chad Johnson (ehem. Ochocinco/Wide Receiver, 2001 bis 2011), Anthony Muñoz (Offensive Tackle, 1980 bis 1992)
Eigentümer: Mike Brown
Trainer (Stand Sommer 2019): Zac Taylor
Website: www.bengals.com

▲ Cincinnati Bengals-Quarterback Andy Dalton (Foto vom 27. August 2017)

Cleveland Browns

Am 4. Juni dieses Jahres feierten die Cleveland Browns doppeltes Jubiläum. Die Franchise aus dem US-Bundesstaat Ohio beging den 75. Jahrestag ihrer Gründung und durfte das 20. Jubiläum ihrer Wiedergeburt feiern, wenngleich letzteres Ereignis nicht auf ein Datum festgeschrieben ist.

Die Browns wurden 1944 vom Geschäftsmann Arthur McBride gegründet und stiegen zwei Jahre später in den Spielbetrieb der AAFC ein. Während die jüngeren Fans die Browns eher als erfolgloses Team kennen, gehörte das Team mit dem orangefarbenen Helm in seinen Anfangsjahren zu den besten, die der American Football zu bieten hatte. In den vier Spielzeiten des Bestehens der AAFC von 1946 bis einschließlich 1949 ging nur ein Champion aus ihr hervor, der gleich alle vier Titel einsammelte: die Cleveland Browns mit Head Coach Paul Brown und Quarterback-Star Otto Graham. Auch nach dem Ende der AAFC und dem Anschluss an die NFL gingen die Browns meist als Sieger vom Platz. Bis zum Karriereende von Graham folgten noch drei weitere Meistertitel und drei Teilnahmen am Endspiel, das damals noch nicht den Namen »Super Bowl« trug. Die Browns hatten also in den ersten zehn Jahren ihres Bestehens zehnmal das Finale ihrer Liga erreicht und sieben Mal gewonnen.

Das Kontrastprogramm mussten die Fans dann ab 1999 ertragen. Dabei gehört der »Dawg Pound«, wie der harte Kern der Fans genannt wird, zu einem äußert treuen Publikum. Nachdem Art Modell, der frühere Besitzer, 1996 mit den Browns nach Baltimore umgezogen war, schafften es der »Dawg Pound« gemeinsam mit der Stadt Cleveland und einer Klagewelle, die NFL davon zu überzeugen, die Browns in Cleveland zu belassen. Modell ging mit seinem Team dennoch nach Baltimore, musste es aber umbenennen und die Browns gingen ab 1999 wieder an den Start. Doch an den Erfolg der Gründerzeit konnten die »neuen« Browns nicht anknüpfen. 2002 sprang die einzige Playoff-Teilnahme heraus, von 2011 bis 2017 wurde das Team sieben Mal in Folge Letzter in der AFC North und die Saison 2017 schlossen die Browns mit einer Bilanz von null Siegen und 16 Niederlagen erst als zweites NFL-Team der Geschichte nach den Detroit Lions 2008 sieglos

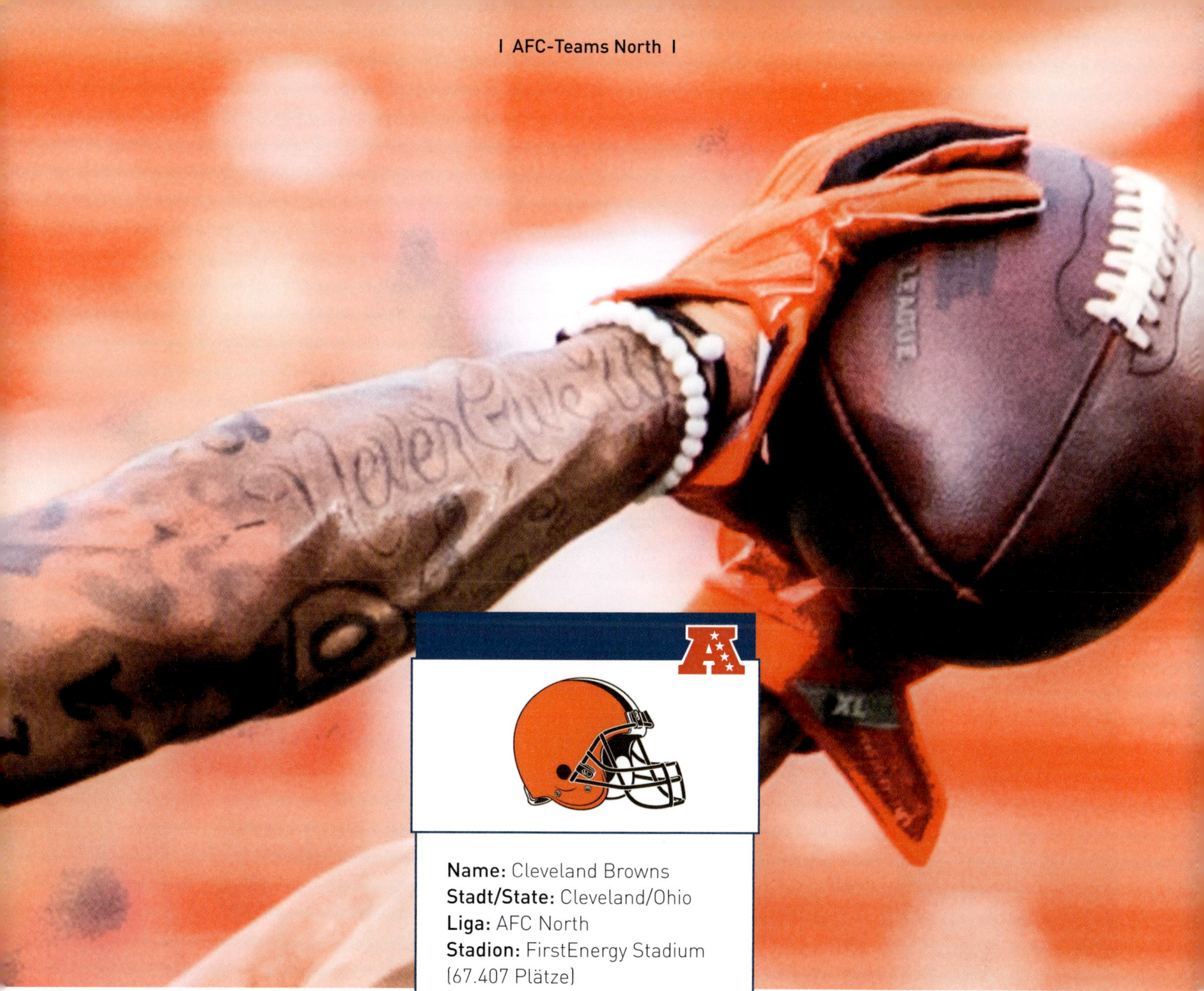

ab. Zu allem Überfluss wurde aus den Baltimore Ravens, wie die ursprünglichen Browns seit ihrem Umzug heißen, ein erfolgreiches Team, das seitdem zweimal den Super Bowl gewann, während die Browns zum Quartett der Teams gehören (Detroit Lions, Jacksonville Jaguars und Houston Texans ebenfalls noch ohne Finalteilnahme), die noch nie am großen Endspiel teilgenommen haben. Das könnte sich in der kommenden Spielzeit aber ändern. General Manager John Dorsey hat über Draft und Free Agency mit Spielern wie Quarterback Baker Mayfield oder Wide Receiver Odell Beckham Jr. ein talentiertes Team zusammengestellt, dem die Playoffs durchaus zugetraut werden. Benannt wurden die Browns »offiziell« nach dem Boxer Joe Louis, der den Spitznamen »Brown Bomber« trug.

Eigentlich aber heißen die Browns Browns, weil Paul Brown, erster General Manager und Head Coach des Teams, schnell eine hohe Popularität gewann. Er selbst hielt allerdings wenig davon, dass das Team gleich seinen Namen tragen sollte, weswegen nach einer Umfrage zunächst der Name Cleveland Panthers gewählt wurde. Da aber bereits zuvor ein anderes Team diesen Namen getragen hatte, musste der »Brown Bomber« offiziell als Namenspatron herhalten.

Name: Cleveland Browns
Stadt/State: Cleveland/Ohio
Liga: AFC North
Stadion: FirstEnergy Stadium (67.407 Plätze)
Größte Erfolge: AAFC-Meister 1946, 1947, 1948, 1949, NFL-Meister (vor dem Super-Bowl-Zeitalter), 1950, 1954, 1955, 1964
Bekannteste Spieler: Jim Brown (Runningback, 1957 bis 1965), Otto Graham (Quarterback, 1946 bis 1955), Clay Matthews Jr. (Linebacker, 1978 bis 1993), Ozzie Newsome (Tight End, 1978 bis 1990), Joe Thomas (Offensive Tackle, 2007 bis 2017)
Eigentümer: Jimmy und Dee Haslam
Trainer (Stand Sommer 2019): Freddie Kitchens
Website: www.clevelandbrowns.com

Baltimore Ravens

Die Geschichte der Baltimore Ravens ist kurz und erfolgreich – doch auch nicht ganz einfach. Denn offiziell gibt es die Ravens erst seit 1996, doch gingen sie aus den Cleveland Browns hervor, die sich bereits mehr als 50 Jahre zuvor gegründet hatten.

▲ Quarterback Lamar Jackson von den Baltimore Ravens behauptet am 6. Januar 2019 im M&T Bank Stadium in Baltimore beim AFC-Playoff-Spiel den Ball gegen die Los Angeles Chargers

Art Modell, Mitte der Neunziger Jahre Besitzer der damaligen Browns, erklärte im November 1995, von Cleveland nach Baltimore umziehen zu wollen. Dieses Vorhaben setzte er am 9. Februar des Folgejahres in die Tat um, bekam von der NFL aber als Vorgabe, den Franchise-Namen zu ändern.

Der Wunsch Modells, den Namen »Colts« wählen zu dürfen, wurde allerdings abgelehnt, da die Indianapolis Colts vor ihrem Umzug weg von Baltimore in den 80er-Jahren bereits diesen Namen getragen hatten. Schließlich wurden die Namen Americans, Marauders und Ravens vorgeschlagen.

Die Zeitung »The Baltimore Sun« führte daraufhin eine Abstimmung durch: Mit 22.463 von 33.748 Stimmen setzte sich der Name »Ravens« durch – in Anlehnung an das Gedicht »The Raven«, geschrieben von dem amerikanischen Schriftsteller Edgar Allan Poe, der 1849 in Baltimore verstorben war. Die (Rechte der) Browns blieben derweil offiziell in Cleveland und setzten bis 1999 mit dem Spielbetrieb aus.

Dass die Verantwortlichen um General Manager Ozzie Newsome bei den Ravens genau wussten, was sie taten, bewiesen sie gleich im ersten Draft der neuen Franchise-Historie. Jonathan Ogden hieß die erste Auswahl – und er setzte gleich Maßstäbe. Elfmal wurde der Tackle später in den Pro Bowl gewählt und gehört so zu den besten Offensive Linern der Liga-Geschichte. Und auch der zweite Erstrundenpick erwies sich als absoluter Glücksgriff: Ray Lewis, Linebacker, der 17 Spielzeiten lang das Gesicht des Teams war.

Für sportliches Aufsehen sorgten die Ravens dann in der Saison 2000, in der sie sich erstmals für die Playoffs qualifizierten und dabei gleich einen NFL-Rekord aufstellten. Angeführt vom legendären Lewis sowie Free Safety Rod Woodson ließ die Defense der Ravens in 16 Spielen der regulären Saison insgesamt nur 165 gegnerische Punkte zu – in den folgenden vier Spielen während der K-o.-Phase kamen nur 23 weitere Punkte hinzu. Kein Wunder, dass Baltimore gleich mit der ersten Teilnahme an den Playoffs auch den Super Bowl (gegen die New York Giants) gewann.

Auch wenn diese beeindruckenden Zahlen der Defensive nicht mehr erreicht wurden, haben sich die Ravens bis in die jüngere Vergangenheit den Ruf einer Abwehr-starken Mannschaft erhalten. Bis zuletzt qualifizierte man sich zudem regelmäßig für die Playoffs und ließ 2012 den zweiten Titelgewinn der Franchise-Geschichte folgen. Pünktlich zur letzten Saison in der Karriere von Ray Lewis besiegten die Ravens im 47. Super Bowl die San Francisco 49ers.

Held dieses Abends in New Orleans war Joe Flacco. Der Quarterback, der im Draft 2008 in der ersten Runde ausgewählt worden war, warf im Spielverlauf beim knappen 34:31 drei Touchdown-Pässe und wurde zum MVP gewählt. Doch Flacco war Fluch und Segen seines Teams zugleich: Mit ihm holten die Ravens zwar einen Super Bowl, doch seit seinem Kreuzbandriss in der Saison 2015 hat der Ballverteiler, der in der zurückliegenden Offseason zu den Denver Broncos gewechselt ist, nicht mehr an seine vorherigen Leistungen anknüpfen können. Schon in der Saison 2018 hatte ihm der junge Lamar Jackson den Rang als Starting-Quarterback abgelaufen.

Name: Baltimore Ravens
Stadt/State: Baltimore/ Maryland
Liga: AFC North
Stadion: M&T Bank Stadium (71.008 Plätze)
Größte Erfolge: Super-Bowl-Champion 2000 und 2012
Bekannteste Spieler: Joe Flacco (Quarterback, seit 2008-2018), Jamal Lewis (Runningback, 2000 bis 2006), Ray Lewis (Linebacker, 1996 bis 2012), Jonathan Ogden (Offensive Tackle, 1996 bis 2007), Terrell Suggs (Linebacker, 2003-2018)

Eigentümer: Steve Bisciotti (Foto rechts)
Trainer (Stand Sommer 2019): John Harbaugh
Website: www.baltimoreravens.com

Oakland Raiders

Die Schocknachricht für die Raider-Nation, wie die wohl größte und treueste Fan-Schar der gesamten NFL heißt, verbreitete sich am 27. März 2017: 31 der 32 Teambesitzer hatten dem Antrag der Raiders auf einen Umzug zugestimmt – die untragbare Situation mit der veralteten Heimstätte, dem Oakland-Alameda County Coliseum, hatte Raiders-Eigentümer Mark Davis dazu bewogen, mitsamt seines Teams eine neue Heimat zu suchen.

Ab 2020 sollen die Raiders dann im Spielerparadies Las Vegas beheimatet sein. Jetzt wird sehr hart an der Zukunft des einst ruhmreichen Teams gearbeitet, will man doch pünktlich zum Umzug wieder zu den besseren Adressen in der National Football League gehören. Der Grundstein wurde mit der Verpflichtung von Jon Gruden als Head Coach 2018 gelegt. Gruden ist Oaklands Erfolgstrainer von 1998 bis 2001 und wurde mit einem Zehnjahresvertrag, dotiert mit 100 Millionen US-Dollar, aus der Trainer-Rente und seinem Job als TV-Experte geholt.

Im Jahr 2000 hatte Gruden die Raiders aus einem Jahrzehnt des Misserfolgs zurück in die NFL-Spitze geführt, war mit seinem Team erst im AFC-Finale an den Baltimore Ravens gescheitert und verlor 2001 in einem umstrittenen Spiel, dem sogenannten »Tuck Rule Game« gegen die New England Patriots erneut erst in den Playoffs. Zwar erreichten die Raiders ausgerechnet im Jahr eins nach Gruden den Super Bowl, verloren diesen aber in der Saison 2002 gegen die Tampa Bay Buccaneers – dem neuen Team von Gruden. Danach folgten knappe eineinhalb Jahrzehnte, ehe Quarterback Derek Carr sein Team 2016 wieder in die Playoffs führte.

Eine lange Zeit der Erfolglosigkeit für ein Team, das in der späten Frühphase der Liga zu den erfolgreichsten Mannschaften überhaupt gehört hatte. 1967 gewannen die Raiders die AFL, zogen so in das AFL-NFL World Championship Game ein, später in Super Bowl II umbenannt, verloren dort dann aber gegen die Green Bay Packers. Neun Jahre später war es dann aber soweit: Mit Head Coach John Madden sowie Quarterback Ken Stabler, einem der Pass-stärksten Spielmacher seiner Zeit, und Wide Receiver Fred Biletnikoff wurde die Saison 1976 mit dem Gewinn des Super Bowls gegen die Minnesota Vikings abgeschlossen. Es folgten noch zwei weitere Titel: 1980, beim Endspiel-Sieg gegen die Philadelphia Eagles, führte ein gewisser Jim Plunkett sein Team als Quarterback auf den Platz. Plunkett war erst in der Saison zum Starter aufgestiegen, nachdem sich Dan Pastorini, der erst zu Saisonbeginn als Heilsbringer von den Houston Oilers im Tausch gegen Stabler verpflichtet worden war, die eigentliche Nummer eins im Kader, verletzt hatte. Drei Jahre später war dann ein Runningback der Final-Star: Marcus Allen, 1982 in der ersten Runde gedraftet, trug den Ball während des Sieges gegen die Washington Redskins 20 Mal, eroberte dabei 191 Yards und erzielte zwei Touchdowns.

Der neue Star und Hoffnungsträger, damit die Raiders spätestens mit ihrem Umzug in den Wüstenstaat Nevada wieder im Konzert der Großen in der NFL mitspielen, heißt Antonio Brown. Der mutmaßlich aktuell beste Wide Receiver der National Football League wechselte in der zurückliegenden Offseason von den Pittsburgh Steelers, wo er sich mit Star-Quarterback Ben Roethlisberger verkracht hatte, nach Oakland. Er bringt neben seinen sportlichen Fähigkeiten auch den nötigen Glamour-Faktor mit, der die Fans später auch in Las Vegas ins Stadion locken soll. Ein echter Transfercoup von General Manager Mike Mayock, der – wie Gruden ein Jahr zuvor – vom TV-Expertensessel im Frühjahr 2019 zu den Raiders gewechselt war.

▲ So kleiden sich die Raiders, die Fans aus Oakland, ...

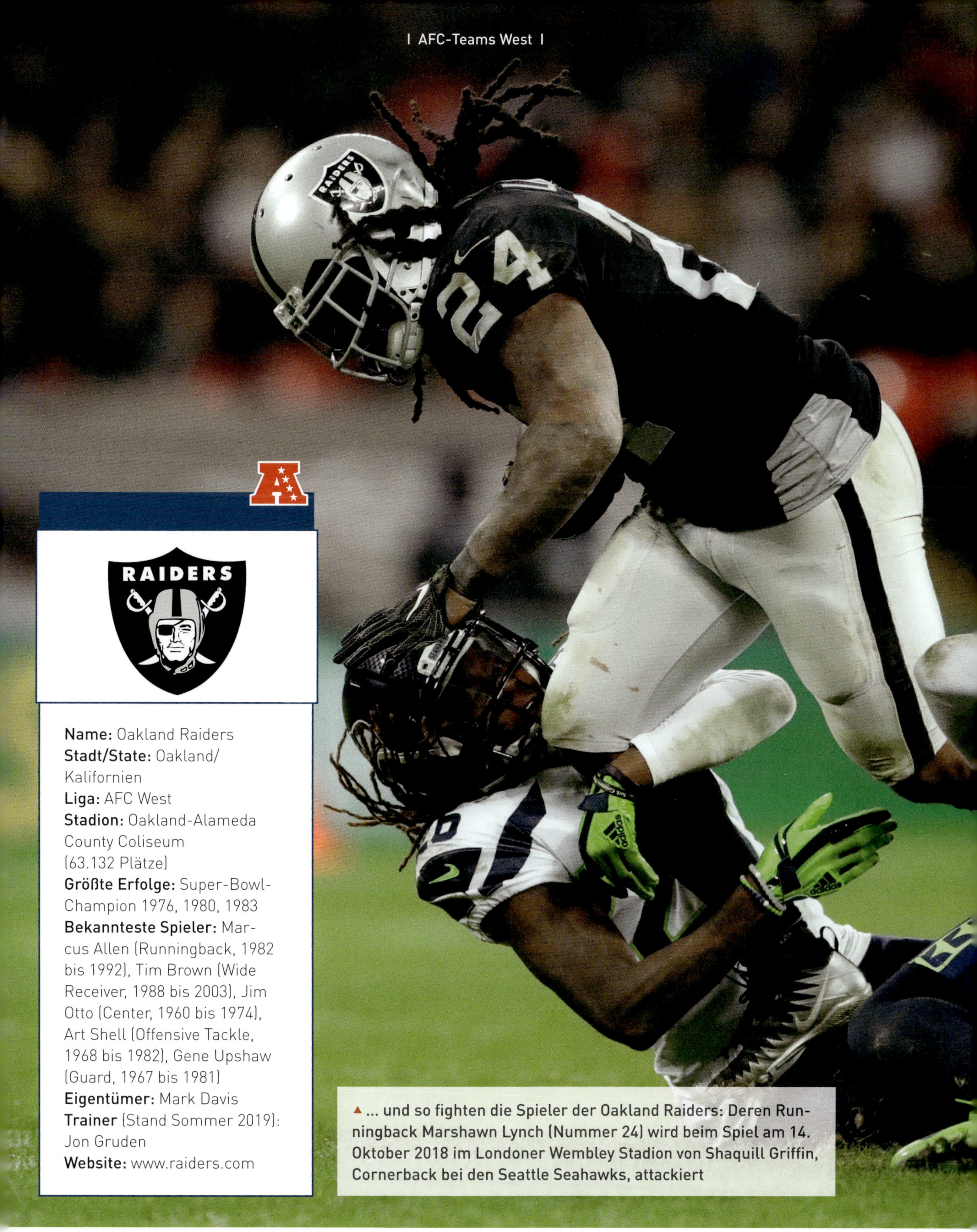

Name: Oakland Raiders
Stadt/State: Oakland/ Kalifornien
Liga: AFC West
Stadion: Oakland-Alameda County Coliseum (63.132 Plätze)
Größte Erfolge: Super-Bowl-Champion 1976, 1980, 1983
Bekannteste Spieler: Marcus Allen (Runningback, 1982 bis 1992), Tim Brown (Wide Receiver, 1988 bis 2003), Jim Otto (Center, 1960 bis 1974), Art Shell (Offensive Tackle, 1968 bis 1982), Gene Upshaw (Guard, 1967 bis 1981)
Eigentümer: Mark Davis
Trainer (Stand Sommer 2019): Jon Gruden
Website: www.raiders.com

▲ ... und so fighten die Spieler der Oakland Raiders: Deren Runningback Marshawn Lynch (Nummer 24) wird beim Spiel am 14. Oktober 2018 im Londoner Wembley Stadion von Shaquill Griffin, Cornerback bei den Seattle Seahawks, attackiert

Denver Broncos

1977 beendeten die Denver Broncos unter ihrem neuen Head Coach Red Miller eine der dunkelsten Serien der NFL-Geschichte.

Name: Denver Broncos
Stadt/State: Denver/Colorado
Liga: AFC West
Stadion: Sports Authority Field at Mile High (76.125 Plätze)
Größte Erfolge: Super-Bowl-Champion 1997, 1998, 2015
Bekannteste Spieler: Terrell Davis (Runningback, 1995 bis 2002), John Elway (Quarterback, 1983 bis 1998), Von Miller (Outside Linebacker, seit 2011, Shannon Sharpe (Tight End, 1990 bis 1999), Rod Smith (Wide Receiver, 1995 bis 2007)
Eigentümer: Erben von Pat Bowlen (Nachlassverwalter Joe Ellis) und John Elway (Minderheitseigner)
Trainer (Stand Sommer 2019): Vic Fangio
Website: www.denverbroncos.com

Nachdem die Franchise am 9. September 1960 noch das allererste Spiel in der American Football League gegen die Boston Patriots (später New England Patriots) gewonnen hatte, dauerte es bis 1973, ehe die Broncos eine Saison mit mehr Siegen als Niederlagen beendeten.

Weitere vier Jahre später, ebenfalls unter Miller, gelang der erste Einzug in die Playoffs – und gleich der Durchmarsch in den Super Bowl, der allerdings gegen die Dallas Cowboys verloren ging. Es war zudem das erste NFL-Endspiel, das in einer Halle, in New Orleans, ausgetragen wurde.

Garant für den damaligen Erfolg war eine unfassbar starke Defense, die in Anlehnung an die Trikotfarbe Denvers den Namen »Orange Crush« erhielt.

▲ Peyton Manning am 26. August 2012 im Denver Broncos-Trikot

Knappe 40 Jahre später, die Broncos hatten sich zwischenzeitlich zu einem Team mit vielen Höhen (aber auch noch einigen Tiefen ...) gemausert, sollte es erneut eine herausragende Defense sein, die den Broncos den Weg in den prestigeträchtigen Super Bowl 50 ebnete. Die beiden starken Outside Linebacker Von Miller und DaMarcus Ware gingen gemeinsam auf Jagd nach dem gegnerischen Quarterback und brachten nacheinander Ben Roethlisberger von den Pittsburgh Steelers, Tom Brady von den New England Patriots und im Finale dann Cam Newton von den Carolina Panthers mit unzähligen Sacks um den Verstand. Das Duo erwischte Newton alleine im Super Bowl 4,5 Mal und ermöglichte so auch Quarterback-Legende Peyton Manning mit einem weiteren Titel auf dem Karriere-Höhepunkt abzutreten.

Die größte Zeit hatte die Franchise aus dem am höchsten in den USA gelegenen NFL-Stadion in direkter Nähe zu den Rocky Mountains aber ab 1983 bis zur Jahrtausendwende. Und diese Zeit hatte wenig mit dominanter Verteidigungsarbeit zu tun, vielmehr war es ein Quarterback, der die Liga mit seinem Spiel aufmischte. John Elway, First Overall Pick 1983 (von den Baltimore Colts, dann aber direkt getauscht), führte Denver in den folgenden 16 Spielzeiten zehnmal in die Playoffs.

Und trotzdem bestätigten die Broncos zunächst den Ruf, ein Verliererteam zu sein. Nachdem am 28. Januar 1990 die dritte Teilnahme am Super Bowl innerhalb von vier Jahren ebenfalls verloren wurde, standen insgesamt vier Endspiel-Niederlagen in der Franchise-Chronik. Zu allem Überfluss setzte es an jenem Januar-Abend beim 10:55 gegen die San Francisco 49ers die bis heute höchste Pleite in einem Super Bowl überhaupt. Der schlechte Ruf des Teams führte sogar zu einem »Auftritt« in der Comicserie »Die Simpsons«, in der die Broncos als Versager dargestellt wurden. Der damalige Head Coach Dan Reeves verlor den Glauben an seinen Quarterback, aber auch den Machtkampf mit diesem – und wurde 1992 entlassen. Als sich die Karriere von Elway dem Ende zuneigte und kaum noch je-

▸ Quarterback John Elway, Star der Denver Broncos, geht am 31. Januar 1999 nach Spielende freudestrahlend über das Spielfeld. Die Broncos hatten soeben im Pro Player Stadium von Miami den 33. Super Bowl, das Endspiel im American Football der nordamerikanischen Profiliga NFL, gegen die Atlanta Falcons mit 34:19 gewonnen. Elway, der als erster Quarterback in der NFL-Geschichte zum fünften Mal ein Endspiel bestritten hatte, wurde zum wertvollsten Spieler des Finales gewählt

mand an die Broncos glaubte, kam es zur Wende: Am 25. Januar 1998 stand Denver erneut im Super Bowl. Und diesmal nahm die Geschichte ein gutes Ende. Drei Touchdowns von Runningback Terrell Davis ebneten gegen die Green Bay Packers beim 31:24 den Weg zum ersten Titelgewinn. Und ein Jahr später, am 31. Januar 1999, war es dann Elway, der im letzten Spiel seiner Karriere nochmal zum ganz großen Wurf ausholte und den Titel so erfolgreich verteidigte. Beim 34:19 gegen die Atlanta Falcons überbrückte Elway mit seinen Pässen 336 Yards, warf dabei einen 80-Yards-Touchdown auf Wide Receiver Rod Smith und erlief einen weiteren Touchdown selbst. Noch heute gehört Elway als General Manager zu den wichtigsten Personen innerhalb der Organisation.

Los Angeles Chargers

Eli Manning hieß der an Position eins der ersten Draftrunde 2004 von den San Diego Chargers, so der Name des Teams von 1961 bis 2016, ausgewählte Spieler. Dabei hatte der Quarterback mehrfach betont, nicht für die Chargers spielen zu wollen.

Die Franchise versuchte dennoch ihr Glück, traf auf einen widerwilligen Manning und tauschte diesen dann mit den New York Giants gegen Philip Rivers, der wiederum von den Giants an Position vier der ersten Draftrunde ausgewählt worden war.

Ein Glücksgriff für die Chargers, wie sich in den folgenden Jahren herausstellen sollte. Historisch gehört das Team, das 1960 von Barry Hilton, Sohn des Hilton-Hotels-Gründers Conrad Hilton, aus der Taufe gehoben wurde, nicht zu den erfolgreichsten in der NFL. So gelangen bis 2003 lediglich sieben Playoff-Teilnahmen mit immerhin einem Besuch im Super Bowl – in der Saison 1994 gegen die San Francisco 49ers. Rivers führte das Team zusammen mit Runningback LaDainian Tomlinson dagegen in den folgenden sechs Spielzeiten gleich fünfmal in die Playoffs – und ohne Tomlinson 2013 und 2018 noch zwei weitere Male.

Für Aufsehen sorgten die Chargers noch einmal im Januar 2017, als sie bekanntgaben, dass sie noch in der gleichen Offseason (spielfreie Zeit zwischen zwei Saisons) von San Diego aus zurück nach Los Angeles ziehen würden, wo sie bereits das erste Jahr nach ihrer Gründung beheimatet gewesen waren. Bis zur Fertigstellung des Stadions in Inglewood (geplante Eröffnung im August 2020), welches sie dann gemeinsam mit den Los Angeles Rams beziehen werden, muss das ambitionierte Team noch mit dem kleinsten aller NFL-Stadien Vorlieb nehmen: Das StubHub Center bietet nur 27.000 Zuschauern Platz.

Name: Los Angeles Chargers
Stadt/State: Los Angeles/Kalifornien
Liga: AFC West
Stadion: StubHub Center (27.000 Plätze)
Größte Erfolge: AFL-Champion 1963, AFC-Champion 1994 und damit im Super Bowl
Bekannteste Spieler: Lance Alworth (Wide Receiver, 1962 bis 1970), Antonio Gates (Tight End, 2003 bis 2017), Philip Rivers (Quarterback, seit 2004, Foto rechts), Junior Seau (Linebacker, 1990 bis 2002), LaDainian Tomlinson (Runningback, 2001 bis 2009)

Eigentümer: Alex Spanos
Trainer (Stand Sommer 2019): Anthony Lynn
Website: www.chargers.com

LaDainian Tomlinson, Runningback bei den San Diego Chargers in der Zeit von 2001 bis 2009, ist in der NFL-Historie der 23. Spieler, der in seiner Karriere mehr als 10.000 Yards erlaufen hat

Kansas City Chiefs

◂ Chef der Chiefs: Andy Reid ist seit 2013 Head Coach bei den Kansas City Chiefs – mit ihm zeigt die sportliche Tendenz klar nach oben

Am 15. Januar 1967 waren die Kansas City Chiefs der erste Vertreter der American Football League (AFL), der sich für das neue, zusammenschließende Finale der Sieger der AFL und NFL qualifizierte.

Das Spiel, das erst zwei Jahre später nachträglich den Namen Super Bowl I erhalten sollte, wurde jedoch deutlich gegen die Green Bay Packers verloren. Und so musste das Team aus dem US-Bundesstaat Missouri noch drei Jahre warten, ehe es dann die vierte Austragung des Finales – gegen die Minnesota Vikings – gewann und den ersten und bis heute einzigen Endspiel-Triumph feiern durfte.

Dabei war es ausgerechnet die Tochter von Eigentümer Lamar Hunt (Foto im Kasten rechts), der das große Spiel der Spiele seinen Namen »Super Bowl« zu verdanken hat. Diese spielte 1967 vor den Augen ihres Vaters mit einem Spielzeug namens »Super Ball« – und ein Jahr später war das AFL-NFL World Championship Game sein Sprachungetüm los.

In der jüngeren Vergangenheit, seitdem Andy Reid 2013 den Posten des Head Coaches übernommen hat, geht es mit den Kansas City Chiefs, die von 1960 bis 1962 den Namen Dallas Texans getragen hatten, steil bergauf. Dabei setzt Reid auf ein homogenes Teamgefüge, sortiert extrovertierte Stars aus und beweist bei den jährlichen Drafts ein ausgezeichnetes Händchen für die richtigen Talente. Insbesondere der Pick von Quarterback Patrick Mahomes im Draft von 2017 darf als Glücksgriff bezeichnet werden. Dennoch waren die Chiefs in jüngster Vergangenheit eher negativ in den Schlagzeilen. Runningback Kareem Hunt wurde mitten in der Saison 2018 entlassen, nachdem ein Gewaltvideo von ihm aufgetaucht war. Zudem wird seit Sommer 2019 gegen Star-Receiver Tyreek Hill ermittelt. Der Vorwurf: Häusliche Gewalt gegen Verlobte und Sohn.

Name: Kansas City Chiefs
Stadt/State: Kansas City/Missouri
Liga: AFC West
Stadion: Arrowhead Stadium (76.416 Plätze)
Größte Erfolge: Super-Bowl-Champion 1969, AFL-Champion 1962, 1966, 1969
Bekannteste Spieler: Len Dawson (Quarterback, 1963 bis 1975), Tony Gonzalez (Tight End, 1997 bis 2008), Priest Holmes (Runningback, 2001 bis 2007), Derrick Thomas (Defensive End, 1989 bis 1999), Emmitt Thomas (Cornerback, 1966 bis 1978)
Eigentümer: Familie Hunt
Trainer (Stand Sommer 2019): Andy Reid
Website: www.chiefs.com

Miami Dolphins

Am 14. Januar 1973 schrieben die Miami Dolphins Geschichte. Mit Quarterback Bob Griese stand die Franchise aus dem US-Sonnenstaat Florida zum zweiten Mal in Folge im Super Bowl. Nachdem das Endspiel ein Jahr zuvor noch gegen die Dallas Cowboys verloren worden war, gab es nun etwas zu feiern: Miami schlug die Washington Redskins, Safety Jake Scott wurde MVP und die Dolphins hatten den ersten Titel ihrer Team-Geschichte.

Mit dem 14:7 gegen die Redskins vollendeten die Dolphins aber noch mehr. Sie waren die erste und sind bis heute einzige Mannschaft, der es gelang, eine komplette Saison lang alle Spiele zu gewinnen – eine »Perfect Season« zu spielen. Erst 35 Jahre später zogen die New England Patriots ebenfalls ungeschlagen in einen Super Bowl ein, doch mit einer Niederlage in Super Bowl XLII gegen die New York Giants verpassten die Patriots als zweites Team nachzuziehen. Nach dem Triumph gegen Washington legten die Dolphins eine – nicht ganz so perfekte (zwölf Siege, zwei Niederlagen) – Saison nach, in der direkt der zweite Titelgewinn gegen die Minnesota Vikings heraussprang.

Nachdem es in den folgenden Jahren ruhiger um die »Fins«, wie die Franchise in Kurzform genannt wird, geworden war, erreichten sie in der Saison 1982 erneut den Super Bowl – dieses Finale wurde aber gegen die Redskins verloren. Was die Dolphins damals noch nicht wussten, war, dass sie kurz vor dem Beginn einer neuen Ära standen. Ausgerechnet ein Rookie-Quarterback hob das Team seinerzeit in den Vordergrund: Dan Marino.

Und der aktuelle Quarterback Josh Rosen ist anno 2019 zwar kein Rookie mehr, kam aber in der Offseason von Arizona Cardinals und könnte die Dolphins in den kommenden Jahren zurück in bessere Zeiten führen – und somit in die Fußstapfen Marinos treten.

Name: Miami Dolphins
Stadt/State: Miami/Florida
Liga: AFC East
Stadion: Hard Rock Stadium (65.326 Plätze)
Größte Erfolge: Super-Bowl-Champion 1972 und 1973
Bekannteste Spieler: Larry Csonka (Fullback, 1968 bis 1974 und 1979), Bob Griese (Quarterback, 1967 bis 1980), Jim Langer (Center, 1970 bis 1979), Dan Marino (Quarterback, 1983 bis 1999), Jason Taylor (Defensive End, 1997 bis 2007 sowie 2009 und 2011)
Eigentümer: Stephen M. Ross, Wayne Huizenga und auf etliche Personen verteilte Minderheitsanteile
Trainer Brian Flores (Stand Sommer 2019)
Website: www.miamidolphins.com

▸ Szene aus dem von Miami ebenfalls erreichten 19. Super Bowl, ausgetragen am 20. Januar 1985 in Stanford, Kalifornien: Dolphins-Quarterback Dan Marino (rechts) wird von Jeff Fuller (San Francisco 49ers) attackiert. Die 49ers gewannen 38:16

Buffalo Bills

2017 war es endlich soweit. Die Stadt Buffalo im US-Bundesstaat New York war außer Rand und Band. 18 Jahre hatten die Fans der Buffalo Bills auf eine neue Teilnahme an den Playoffs warten müssen, bis Quarterback Tyrod Taylor mit seiner Mannschaft die längste Negativ-Serie aller großen US-amerikanischen Sportligen (NBA, NFL und MLB) beendete.

Zu verdanken hatten sie dies einem späten Touchdown in der Parallel-Partie der Cincinnati Bengals gegen die Baltimore Ravens. Dass die Play-off-Reise bereits eine Woche später gegen die Jacksonville Jaguars wieder beendet war, ist nur eine Randnotiz.

Die Bills hatten für einen kurzen Zeitraum ihr Verlierer-Image abgelegt, das ihnen seit den neunziger Jahren anhaftet, wie bei kaum an einem weiteren NFL-Team. Damals hatte Erfolgstrainer Marv Levy gemeinsam mit Quarterback Jim Kelly sein Team viermal hintereinander zum AFC-Meister gemacht und war entsprechend in den Super Bowl der Saisons 1990 bis 1993 eingezogen. Keiner anderen Franchise waren und sind vier aufeinanderfolgende Teilnahmen in der Super-Bowl-Geschichte je gelungen. Doch viermal verließ das Team mit dem Büffel auf dem Helm den Platz als Verlierer und gewann damit sein Image. In den USA stand der Name Bills in dieser Zeit für »Boy, I Love Losing Super Bowls«.

Der wohl bekannteste Spieler der Franchise-Geschichte gehört trotz seiner sportlichen Fähigkeiten und Rekorde auch eher zu den Verlierern: O. J. Simpson sorgte in den siebziger Jahren für Furore, nach seiner aktiven Zeit als Angeklagter in einem Mordprozess aber für weltweit bekannte Negativ-Schlagzeilen. Aktuell gehören die Bills eher zu den Außenseitern in der AFC, haben aber vor allem in der Defense einen talentierten Kader.

Josh Allen, Quarterback der Buffalo Bills, auf einer Aufnahme vom 17. August 2018

Name: Buffalo Bills
Stadt/State: Buffalo/New York
Liga: AFC East
Stadion: New Era Field (71.870 Plätze)
Größte Erfolge:
AFL Champion 1964 und 1965, vier Mal AFC-Champion und somit vier Super-Bowl-Teilnahmen in den Saisons 1990, 1991, 1992 und 1993
Bekannteste Spieler:
O. J. Simpson (Runningback, 1969 bis 1977), Jim Kelly (Quarterback, 1986 bis 1996), Thurman Thomas (Runningback, 1988 bis 1999), Bruce Smith (Defensive End, 1985 bis 1999), Andre Reed (Wide Receiver, 1985 bis 1999)
Eigentümer: Terrence Pegula
Trainer: Sean McDermott (Stand Sommer 2019)
Website: www.buffalobills.com

▲ Die New England Patriots machen sich am 3. Februar 2019 zum Super-Bowl-Sieger 2018. Das Finale wird zu Anfang des der Saison folgenden Jahres durchgeführt, der Super-Bowl-Sieger aber nach dem Vorjahr benannt. Patriots-Tight End Rob Gronkowski (vorne) erreicht hier einen 29 Yard Pass von Quarterback Tom Brady, die Los Angeles Rams-Defense kann das nicht verhindern. Die Patriots siegten 13:3

New England Patriots

Rekordchampion! Am Abend des 3. Februars 2019 hatten es die New England Patriots geschafft. Der sechste Triumph in einem Super Bowl wurde gegen die Los Angeles Rams eingefahren. Nach Titeln zog das Team von Besitzer Robert Kraft mit den Pittsburgh Steelers gleich, die ebenfalls sechsmal den Super Bowl in ihrer Geschichte gewannen. Doch so strahlend die Gegenwart, so viele Schatten liegen auch auf der Vergangenheit der Patrioten.

Snowplow Game, Tuckrule Game, Ineligible Receiver Rule, Spygate- und Deflategate-Skandal. Es gibt kaum ein Team in der NFL, das die Fans dieser Sportart so sehr in zwei Lager spaltet. Entweder man liebt die New England Patriots aufgrund der Art ihres Spiels und ihrer Erfolge seit dem Millenium, oder man hasst sie, weil das Team, auch kurz Pats genannt, in ihrer Historie kaum ein Mittel in der Grauzone des Regelwerks ausgelassen hat, um erfolgreich zu sein. Die Patriots sind auch die einzige Organisation innerhalb der National Football League, die gleich sechs US-Bundesstaaten für sich vereinnahmt. Während die meisten Teams einen Städtenamen tragen, einige auch einen Staat mit ihrem Namen vertreten, haben sich die in Foxborough beheimateten Patriots gleich ganz New England, zusammengesetzt aus Connecticut, New Hampshire, Maine, Massachusetts, Rhode Island und Vermont, zu eigen gemacht.

Das war aber nicht immer so, bis 1970 trug das zehn Jahre zuvor gegründete Team den Namen Boston Patriots. Auf ihre erfolgreiche Ära mussten sie allerdings noch einige Jahre warten. In den ersten 40 Jahren ihres Bestehens wurde gerade zweimal der Super Bowl erreicht – und in beiden Endspielen gingen die Patriots als Verlierer vom Platz. Erst mit Head Coach Bill Belichick, der seit dem Jahr 2000 das Pats-Zepter schwingt, sowie der Auswahl von Quarterback Tom Brady im Draft des gleichen Jahres, wendete sich das Blatt. Aus dem ehemalig mäßig erfolgreichen Team wurde das erfolgreichste seit der Jahrtausendwende. Neun Super-Bowl-Teilnahmen kamen hinzu, von denen sechs gewonnen wurden. Kaum ein Super Bowl mit Patriots-Beteiligung, der nicht bis zuletzt spannend war – und der keine Geschichte schrieb.

Zweimal, in der Saison 2001 gegen die St. Louis Rams und in der Spielzeit 2003 gegen die Carolina Panthers, gewannen die Patriots den Titel erst durch jeweils ein Fieldgoal von Kicker Adam Vinatieri bei auslaufender Uhr – also mit der letzten Aktion des Spiels. In der Saison 2014 sicherte Cornerback Malcolm Butler mit einer Interception in der eigenen Endzone den Sieg in der Schlussminute gegen die Seattle Seahawks. Die Spielzeit 2016 endete mit der größten Aufholjagd der NFL-Geschichte und der ersten Overtime in einem Super Bowl zulasten der Atlanta Falcons, die einen Vorsprung von 25 Punkten noch verspielten. Der zurückliegende Super Bowl war hingegen mit 13:3 eine Defensiv-Schlacht, nie gab es im großen Finale weniger Punkte.

Eine einzige Erfolgsstory, auch »Patriots-Dynastie« genannt – selbst wenn zwei Endspiele gegen die New York Giants und eins gegen die Philadelphia Eagles verloren gingen. Denn zudem wurde in der Ära von Belichick und Brady 16 Mal die Division gewonnen – Rekord! Es ist das strenge Regiment, das Belichick führt, bei dem alles dem Erfolg untergeordnet wird, was dem Team zu diesen Höhenflügen verhilft.

Name: New England Patriots
Stadt/State: Foxborough/ Massachusetts
Liga: AFC East
Stadion: Gillette Stadium, (65.878 Plätze)
Größte Erfolge: Super-Bowl-Champion 2001, 2003, 2004, 2014, 2016 und 2018
Bekannteste Spieler: Drew Bledsoe (Quarterback, 1993 bis 2001), Tom Brady (Quarterback, seit 2000), Julian Edelmann (Wide Receiver, seit 2009), Rob Gronkowski (Tight End, 2010 bis 2018), John Hannah (Guard, 1973 bis 1985)
Eigentümer: Robert Kraft (Foto rechts)
Chef-Trainer: Bill Belichick (Stand Sommer 2019)
Website: www.patriots.com

New York Jets

»Wir werden am Sonntag gewinnen. Ich garantiere es«, sagte Joe Namath im Miami Touchdown Club drei Tage vor Super Bowl III, der damals noch AFL-NFL-World-Championship-Game hieß.

Und der Quarterback, wegen seiner Vorliebe für das New Yorker Nachtleben auch »Broadway Joe« genannt, hielt Wort. Die New York Jets besiegten als klarer Außenseiter die damaligen Baltimore Colts am 12. Januar 1969 mit 16:7 – und läuteten damit eine Zeitenwende ein.

Zur damaligen Zeit galt die AFL, aus der die Jets stammten, als die schwächere Liga im Vergleich zur NFL. Erst zwei Jahre später sollten beide Ligen unter dem Dach der NFL fusionieren, ihre alte Rivalität in den Conferences AFC und NFC aber aufrecht erhalten.

Auch wenn später Gerüchte aufkamen, dass es an jenem Januar-Abend nicht mit rechten Dingen zugegangen sein soll und die Colts-Spieler aufgefordert waren, das Spiel absichtlich zu verlieren, ist den Jets der Triumph nicht mehr zu nehmen. Diese Vorwürfe hatte Bubba Smith geäußert, der zum damaligen Zeitpunkt das Trikot der Colts trug und später als »Hightower« in den »Police-Academy-Filmen« Berühmtheit erlangte. Die AFL sollte künstlich aufgewertet werden, um dem Zuschauer mehr Spannung vorzugaukeln.

Namath führte die Jets jedenfalls zum ersten Erfolg eines AFL-Teams. Die vorherigen beiden Austragungen hatte mit den Green Bay Packers beide Male das aus der NFL stammende Team deutlich gewonnen. Von diesem Moment an wurden endlich auch die AFL-Teams ernst genommen. Ein

Name: New York Jets
Stadt/State: East Rutherford/ New Jersey
Liga: AFC East
Stadion: MetLife Stadium (82.500 Plätze)
Größte Erfolge: Super-Bowl-Champion 1968
Bekannteste Spieler: Joe Namath (Quarterback, 1965 bis 1976), Nick Mangold (Center, 2006 bis 2016, Foto rechts), Curtis Martin (Runningback, 1998 bis 2005), Don Maynard (Wide Receiver, 1960 bis 1972), Mark Gastineau (Defensive End, 1979 bis 1988)

Eigentümer: Woody Johnson
Trainer: Adam Gase (Stand Sommer 2019)
Website: www.newyorkjets.com

◂ Eine echte Jets-Legende: Quarterback Joe Namath, »Mitglied« der Hall of Fame

Jahr später folgte mit den Kansas City Chiefs bereits ein AFL-Nachfolger auf dem Football-Thron – zuvor hatten die Chiefs den Titelverteidiger in den Playoffs aus dem Weg geräumt.

Obwohl Namath noch bis 1976 für die Jets spielte und obwohl es keine weiteren Playoff-Teilnahmen bis dahin mehr gab, gilt die Zeit mit »Broadway Joe« als Spielmacher noch immer als legendär.

Erst in der Saison 1981 verschlug es die Jets, auch in Anlehnung an ihre grüne Trikotfarbe »Gang Green« genannt, wieder in die Playoffs, in denen sie bis in die jüngere Vergangenheit hinein mit nur elf weiteren Teilnahmen allerdings eher sporadische Gäste blieben.

Doch in der anstehenden Saison machen sich die Jets berechtigte Hoffnungen, wieder in die Postseason einzuziehen. Zwar scheinen die New England Patriots in der AFC East noch immer übermächtig, aber dahinter könnte man sich als fünft- oder sechstbestes Team der AFC ein Ticket für die Wildcard-Runde sichern. Hoffnungsträger ist vor allem Quarterback Sam Darnold, der 2018 in der ersten Draftrunde ausgewählt worden war und dem eine große Zukunft vorausgesagt wird. Schon in seiner Rookie-Spielzeit überzeugte der damals 21-Jährige mit fortschreitendem Saisonverlauf immer mehr.

Und in dieser Saison haben ihm der mittlerweile entlassene General Manager Mike Maccagnan und der neue Head Coach Adam Gase einen ordentlich aufgerüsteten Kader zur Seite gestellt. Für Star-Runningback Le`Veon Bell, der von den Pittsburgh Steelers kam, und Middle Linebacker C. J. Mosley von den Baltimore Ravens haben die Verantwortlichen viel Geld in die Hand genommen. Hinzu kommt eine hochveranlagte Defense um den diesjährigen Erstrundenpick und Defensive Tackle Quinnen Williams sowie eine Secondary, in der die jungen Leistungsträger Jamal Adams und Marcus Maye noch Entwicklungspotenzial haben. Die Jets stellen für die kommende Spielzeit eine interessante Mischung dar und könnten zu den positiven Überraschungen der bevorstehenden Saison zählen.

Tennessee Titans

Ein Yard fehlte! Ein einziger Schritt zum Erhalt des großen Traumes. Damals, als die Tennessee Titans am 30. Januar 2000 an ihrem einzigen Super Bowl gegen die St. Louis Rams teilnahmen.

Name: Tennessee Titans
Stadt/State: Nashville/ Tennessee
Liga: AFC South
Stadion: Nissan Stadium (69.143 Plätze)
Größte Erfolge: AFL Champion 1960 und 1961, AFC Champion 1999 mit anschließender Teilnahme am Super Bowl
Bekannteste Spieler: Elvin Bethea (Defensive End, 1968 bis 1983), Earl Campbell (Runningback, 1978 bis 1984), Bruce Matthews (Offensive Line, 1983 bis 2001), Warren Moon (Quarterback, 1984 bis 1993), Steve McNair (Quarterback, 1995 bis 2005)
Eigentümer: KSA Industries (Amy Adams Strunk)
Trainer (Stand Sommer 2019): Mike Vrabel
Website: www.titansonline.com

Dabei hatte das Team unter der Führung von Quarterback Steve McNair ein geschichtsträchtiges Spiel abgeliefert, einen 0:16-Rückstand binnen kurzer Zeit aufgeholt und ausgeglichen, ehe man, nachdem man noch einmal in 16:23-Rückstand geraten war, mit noch 108 Sekunden Restspielzeit die letzte Angriffsserie startete. Mit Pässen und dank Strafen gegen St. Louis überbrückte McNair mit seiner Offense das Feld. Bei nur noch sechs Sekunden auf der Uhr standen die Titans an der Zehn-Yard-Linie und hatten noch genau einen Spielzug. McNair passte den Ball über fünf Yards auf Wide Receiver Kevin Dyson, der sogleich von Rams-Verteidiger Mike Jones getackelt wurde, aber mit seinem Körper auf dem Leib des Gegenspielers lag und so den Boden nicht berührte. Er streckte seinen Arm aus, doch es fehlte ein Yard zum Touchdown, der mit einem verwandelten Extrapunkt die Verlängerung bedeutet hätte. Es war der Höhepunkt der besten Phase einer Franchise, die sich 1959 unter dem Namen Houston Oilers gegründet hatte und zur Saison 1997 in die Musikstadt Nashville umgezogen war. Und ohne diesen Umzug würde auch ein anderer legendärer Spielzug heute einen anderen Namen tragen: Das Music City Miracle, bei dem ausgerechnet Dyson drei Wochen zuvor die Buffalo Bills in letzter Sekunde aus dem Spiel nahm.

40 Jahre hatten die Fans des Teams auf derartige Höhepunkte warten müssen, denn die Geschichte der Titans, und zuvor der Oilers, war doch eher grau.

▼ Quarterback Steve McNair von den Tennessee Titans wird am 20. November 2005 zwar von hinten von Linebacker Daryl Smith (Jacksonville Jaguars) bedrängt, kann den Ball dennoch platziert weiterleiten

Houston Texans

Name: Houston Texans
Stadt/State: Houston/Texas
Liga: AFC South
Stadion: NRG Stadium (72.220 Plätze)
Größte Erfolge: Playoff-Teilnahmen 2011, 2012, 2015, 2016 und 2018
Bekannteste Spieler: Arian Foster (Runningback, 2009 bis 2015), DeAndre Hopkins (Wide Receiver, seit 2013), Andre Johnson (Wide Receiver, 2003 bis 2014), J.J. Watt (Defensive End, seit 2011), Mario Williams (Defensive End, 2006 bis 2011)
Eigentümer: Janice McNair und D. Cal McNair
Trainer (Stand Sommer 2019): Bill O`Brien
Website: www.houstontexans.com

Es gilt Deshaun Watson besser zu beschützen. 2017 hatten die Houston Texans den talentierten Quarterback von der Clemson University in der ersten Draftrunde ausgewählt und damit einen Volltreffer gelandet.

Vorbei die Zeiten, in denen sich kurz zuvor noch eher unglücklich agierende Ballverteiler wie Brian Hoyer, Brock Osweiler oder Tom Savage die Klinke in die Hand gaben.

Gleich in seiner Rookie-Saison hatte Watson Hoffnungen auf höchste Ansprüche geweckt, seine Receiver DeAndre Hopkins und Will Fuller mit spektakulären Pässen gefüttert – bis ihn ein Kreuzbandriss im Training jäh stoppte. Dabei hatte der Quarterback wenige Tage zuvor das Spiel seines Lebens gemacht und bei der 38:41-Niederlage bei den Seattle Seahawks über 400 Pass-Yards sowie vier Touchdown-Pässe geworfen. Der damalige Seahawks-Star Richard Sherman adelte Watson nach dem Spiel als besten Quarterback, gegen den er jemals gespielt hätte. Dabei hatte der damals 22-Jährige gerade einmal sieben NFL-Spiele zu diesem Zeitpunkt absolviert gehabt – und Sherman in seiner langen Karriere schon gegen Superstars wie Tom Brady oder Aaron Rodgers gespielt. Tatsächlich gewann das Team ohne Watson nur noch ein Saisonspiel und verpasste die Playoffs deutlich.

In der vergangenen Saison stand er zwar wieder auf dem Platz, doch hinter der schwächsten Offensive Line der Liga hatte der Quarterback selten die Zeit, sein Spiel erfolgreich aufzuziehen. Trotzdem reichte es für die Playoffs und im zurückliegenden Draft wurde vor allem die Verbesserung der Offensive Line ins Visier genommen. Watson heißt das Versprechen für die Zukunft der jüngsten Franchise in der National Football League, die erst 2002 als letztes aller Teams den Spielbetrieb in der NFL aufnahm.

▸ **Auf ihm ruhen die Zukunftshoffnungen der Houston Texans: Quarterback Deshaun Watson, hier nach einem Spiel gegen die Washington Redskins am 18. November 2018**

Indianapolis Colts

Schwere Motorengeräusche an einem stillen Abend. Benzingeruch lag in der Luft, die Stimmen von Arbeitern hallten über das Gelände, auf dem das NFL-Team der Colts beheimatet war. Vorgänge, die in die Geschichte der National Football League eingehen sollten, ereigneten sich an jenem 28. März 1984 – die Baltimore Colts zogen heimlich, still und leise in Richtung Indianapolis um, um dort ihre neue Heimat zu finden.

Dabei sind Umzüge von Franchises im US-Sport an sich nicht ungewöhnlich. Was hierzulande befremdlich wirkt, kommt in der NFL in aller Regelmäßigkeit vor. So zogen zuletzt 2016 die St. Louis Rams ebenso nach Los Angeles um, wie ein Jahr später die San Diego Chargers. Mit den Oakland Raiders sitzt ein weiteres Team bereits auf gepackten Koffern und wartet nur auf die Fertigstellung des neuen Stadions in Las Vegas.

Beim Umzug der Colts von Baltimore nach Indianapolis ging es ebenfalls um ein Stadion. Dass die Ereignisse dieser Nacht aber in die Geschichte eingehen sollten, lag daran, dass es sich um eine von Colts-Besitzer Robert Irsay inszenierte Nacht-und-Nebel-Aktion handelte, von der die Öffentlichkeit bis zur Vollendung der Tatsachen nichts wusste. Doch Irsay hatte guten Grund eine regelrechte Flucht aus Baltimore zu betreiben, war doch extra für ihn – oder passender: gegen ihn – ein Gesetz erlassen worden. Irsay, dem ein cholerisches Gemüt nachgesagt wurde, hatte sich mit der Stadt Baltimore verkracht. Der Team-Besitzer hatte eine sofortige Modernisierung des Stadions gefordert, besser noch einen Neubau. Die Stadt selbst sah allerdings wenig Veranlassung dem Wunsch nachzukommen, war die ehemals erfolgsverwöhnte Franchise doch seit der Übernahme von Irsay 1972 stark im Abwärtstrend. Der Streit eskalierte, als Irsay per Gesetz vom 27. März 1984 die Enteignung des Teams drohte. Von Furcht getrieben, wurden parallele Gespräche mit der Stadt Indianapolis bereits einen Tag später zum Abschluss gebracht und in der Nacht auf den 29. März rollten bereits die Umzugswagen über die

◂ Zwei Spielszenen der Colts, beide vom 16. September 2018 von ihrem Aufeinandertreffen bei den Washington Redskins: Hier bejubelt das Team eine gelungene Aktion, ...

▲ ... und hier Wide Receiver Zach Pascal hochkonzentriert bei der »Arbeit« mit Ball

Name: Indianapolis Colts
Stadt/State: Indianapolis/Indiana
Liga: AFC South
Stadion: Lucas Oil Stadium (70.000 Plätze)
Größte Erfolge: Super-Bowl-Champion 1970 und 2006
Bekannteste Spieler: Art Donovan (Defensive Tackle, 1953 bis 1961), Marvin Harrison (Wide Receiver, 1996 bis 2008), Peyton Manning (Quarterback, 1998 bis 2012), Lenny Moore (Runningback, 1956 bis 1967), Johnny Unitas (Quarterback, 1956 bis 1972)
Eigentümer: Jim Irsay
Trainer (Stand Sommer 2019): Frank Reich
Website: www.colts.com

Interstate 70. In Baltimore blieb ein verdutzter Bürgermeister zurück, in Indianapolis rannten die zukünftigen Fans den Colts rasch die Bude ein und fragten innerhalb der ersten zwei Wochen 143.000 Tickets nach. Irsay behielt seine Colts, eine erfolgreiche Zeit sollte er allerdings nicht mehr erleben. Erst mit dem Draft 1998, bei dem der spätere Superstar Peyton Manning ausgewählt wurde, kehrten regelmäßige Siege zurück – ein Jahr nach dem Tod von Robert Irsay. Mit Manning und unter der Führung von Robert Irsays Sohn Jim avancierten die Colts zu einem der erfolgreichsten Teams des neuen Jahrtausends. Es begann eine Ära von 15 Jahren, in der die Colts 13 Mal in die Playoffs einzogen. Am 4. Februar 2007 dann der Höhepunkt der neuen Ära: Manning und sein Team dominierten Super Bowl 41 gegen die Chicago Bears und gewannen 29:17.

Es war der zweite Triumph für die Colts, nach ihrem ersten Titelgewinn 1970 unter Quarterback-Legende Johnny Unitas. Als Manning im Jahre 2012 von Emporkömmling Andrew Luck abgelöst wurde, schrieb dieser gleich Geschichte. Seine Pässe für 4.347 Yards Raumgewinn waren ein Rookie-Rekord – die Playoffs die Belohnung. Und auch in der bevorstehenden Spielzeit ist Luck noch der große Hoffnungsträger, hatte er sein Team doch nach auskurierter Schulterverletzung und drei Jahren Abstinenz in der vergangenen Spielzeit zurück in die Playoffs geführt.

Jacksonville Jaguars

Die Zeit des Blake Bortles bei den Jacksonville Jaguars ist vorbei. Nick Foles heißt der neue Hoffnungsträger auf der Quarterback-Position der Franchise aus dem sonnigen Florida.

2014 war Bortles in der ersten Draftrunde ausgewählt worden, hatte in der Offseason 2018 gar einen neuen Vertrag unterschrieben und dennoch nie die Ansprüche an einen Erstrundenpick erfüllen können.

Mitten in der zurückliegenden Spielzeit hatte Head Coach Doug Marrone dann genug gesehen und Bortles gegen seinen Ersatzmann Cody Kessler ausgetauscht, in Frühjahr folgte dann die Trennung von Bortles. Mit Foles steht ein NFL-Champion als Nachfolger bereit, der die Philadelphia Eagles in Super Bowl LII zum Sieg über die übermächtigen New England Patriots und Superstar Tom Brady geführt hatte. Unvergessen der »Philly Special«, ein Trickspielzug, bei dem Foles selbst zum Passfänger wurde und somit als erster Quarterback, der einen Receiving-Touchdown in einem Super Bowl erzielt hatte, in die NFL-Geschichte einging.

Beinahe wäre Foles in diesem Super Bowl am 4. Februar 2018 auf sein heutiges Team getroffen. Die Jaguars hat-

Name: Jacksonville Jaguars
Stadt/State: Jacksonville/Florida
Liga: AFC South
Stadion: TIAA Bank Field (67.164 Plätze)
Größte Erfolge: AFC-Halbfinal-Teilnahmen 1999 und 2017
Bekannteste Spieler: Mark Brunell (Quarterback, 1995 bis 2003), Maurice Jones-Drew (Runningback, 2006 bis 2014), Paul Posluszny (Linebacker, 2011 bis 2017), Jimmy Smith (Wide Receiver, 1995 bis 2005), Fred Taylor (Runningback, 1998 bis 2008)
Eigentümer: Shahid Khan
Trainer (Stand Sommer 2019): Doug Marrone
Website: www.jaguars.com

▲ Auf der Suche nach einem Passempfänger: Quarterback Nick Foles (Nummer 7) während einer Trainings-Session der Jacksonville Jaguars am 21. Mai 2019

▲ **Halt, hiergeblieben! Kansas City Chiefs Cornerback Ty Law (links) versucht am 7. Oktober 2007 Fred Taylor, Runningback der Jacksonville Jaguars, zu stoppen**

ten die beste Saison seit 1999 gespielt und waren im AFC-Finale erst spät gegen die Patriots ins Hintertreffen geraten. Trotzdem war es eine Saison in Jacksonville, in der das Team endlich seinem Geheimtipp-Image gerecht wurde. Über Jahre hatten die »Jags«, wie die Organisation kurz genannt wird, zu den schlechtesten Teams der Liga gehört – und hatten sich in aller Regelmäßigkeit mit frühen Draftpicks verstärken dürfen. Gespickt mit so viel Talent, hatten die Experten die Jaguars schon lange auf dem Zettel gehabt.

2017 klappte es dann endlich mit der Leistungsexplosion. Verantwortlich für den Aufschwung war eine herausragende Defense. Nach den Oakland Raiders 1967 und den Chicago Bears 1984 gelang es Jacksonville 2017 als drittem NFL-Team überhaupt zwei Spiele mit insgesamt jeweils zehn Sacks (Tackeln des gegnerischen Quarterbacks) in einer Saison zu erreichen. Diese Leistungen brachte dem Team den Beinamen »Sacksonville« ein, der mit einem Hashtag (#) versehen zum geflügelten Begriff in den sozialen Medien wurde. 2018 waren die Jaguars vor allem an den mangelnden Leistungen von Bortles und seiner Offense gescheitert.

In der Saison 1999 waren die Jaguars ebenfalls erst im AFC-Finale gescheitert – nach der dritten Saison-Niederlage gegen die Tennessee Titans, alle anderen Gegner hatte Jacksonville geschlagen.

Es war die erfolgreichste Spielzeit, der damals noch jungen Franchise-Geschichte der Jaguars, die erst seit 1995 in der NFL geführt werden.

Bereits im zweiten Jahr seines Bestehens qualifizierte sich das Team für die Playoffs, drei weitere Teilnahmen folgten in Serie. Nach einem 62:7 in der Divisional-Runde gegen die Miami Dolphins, dem zweithöchsten Playoff-Sieg der NFL-Geschichte und einem Touchdown-Lauf von Runningback Fred Taylor über 90 Yards (NFL-Playoff-Rekord) endete die Saison 1999 dann gegen die Titans abrupt.

Seit 2013 ist das Team zudem das einzige, das jährlich ein Heimspiel im Rahmen der »International Series« im Londoner Wembley-Stadion austrägt. Während alle anderen 31 Teams für die Spiele auf der britischen Insel durchwechseln, ist Jacksonville, in diesem Zusammenhang häufig auch »Union Jags« genannt, fester Bestandteil. Gerüchte, die Jaguars ziehen einen festen Umzug nach London potenziell in Erwägung, halten sich hartnäckig.

Chicago Bears

Am 26. Januar 1986 war es endlich soweit. Zum Jubiläum der 20. Austragung des Super Bowls gewannen die Chicago Bears gegen die New England Patriots zum ersten – und einzigen – Mal die Vince-Lombardi-Trophäe.

Zu verdanken hatten sie dies Defensive Coordinator Buddy Ryan, der die »46-Defense« erfand, mit der die Verteidigung der Bears die Offensive Line des Gegners regelrecht überrannte. Gleich acht Spieler positionierten sich damals an der Line of Scrimmage und sorgten dafür, dass der Gegner weder Lauf- noch Passspiel etablieren konnte. Benannt wurde diese Taktik nach der Trikotnummer von Strong Safety Doug Plank – die Defense der Bears von damals gilt noch immer als die stärkste, die je NFL-Boden betreten hat. Doch der Sieg kam drei Jahre zu spät, so dass George Halas, der Mann, der wie kein anderer für die Bears steht, den Triumph verpasste – er war am 31. Mai 1983 verstorben. Dennoch gilt: Mit dem Erfolg gegen die Patriots endete eine 22 Jahre lang andauernde Durststrecke des Teams, das in den 1930er- und 1940er-Jahren tatsächlich das Maß aller Dinge im US-amerikanischen Football-Sport war. Gleich sechs Meisterschaften hatten die Bears, die 1919 als Decatur Staleys gegründet worden waren, in dieser Zeit gefeiert.

Halas spielte zur damaligen Zeit als Defensive End für die Staleys und präsentierte dieses Team im September 1920 bei einem Treffen mehrerer Team-Besitzer. Bei diesem Meeting in einer Garage in Canton im US-Bundesstaat Ohio, wurde die American Pro-

▲ Walter Payton lächelnd während einer Trainings-Session am 21. Januar 1986. Als würde er schon etwas ahnen – wenige Tage später waren die Bears Super-Bowl-Sieger

Name: Chicago Bears
Stadt/State: Chicago/Illinois
Liga: NFC North
Stadion: Soldier Field (61.500 Plätze)
Größte Erfolge: Super-Bowl-Champion 1985, NFL-Meister 1921, 1932, 1933, 1940, 1941, 1943, 1946 und 1963
Bekannteste Spieler: George Halas (Defensive End, 1920 bis 1928, Foto rechts), Devin Hester (Return-Spezialist, 2006 bis 2013), Sidney Luckman (Quarterback, 1939 bis 1950), Walter Payton (Runningback, 1975 bis 1987), Gale Sayers (Runningback, 1965 bis 1971)

Eigentümer: Virginia Halas McCaskey
Trainer (Stand Sommer 2019): Matt Nagy
Website: www.chicagobears.com

▲ **Der Defensiv-Koordinator der Chicago Bears, Buddy Ryan, wird am 26. Januar 1986 nach dem 46:10-Erfolg gegen die New England Patriots im 20. Super Bowl in New Orleans vom Feld getragen. Buddy Ryan verstarb am 28. Juni 2016 im Alter von 82 Jahren**

fessional Football Association (APFA) gegründet, die 1922 nach Halas` Bestreben in National Football League umbenannt wurde. Er gilt somit als Vater der NFL. Zu diesem Zeitpunkt hatten Halas und die Staleys – nach ihrem Umzug nach Chicago im Jahr 1921 – bereits die erste Meisterschaft gewonnen. Nach diesem Triumph und dem Rückzug der Staleys-Besitzer erwarben Halas und Ed »Dutch« Sternaman gemeinsam die Anteile am Team und benannten die Franchise zur Saison 1922 in Chicago Bears um.

Halas blieb den Bears sein ganzes Leben lang als Spieler, Trainer und Besitzer treu. Insbesondere in den frühen Jahren der Team-Geschichte setzte Halas, auch »Papa Bear« genannt, auf anderswo aussortierte Spieler, die in Chicago zu einer eingeschworenen Mannschaft reiften.

Und die Bears sorgten für einige Einträge in die Geschichtsbücher. So gewannen sie 1932 das erste Playoff-Spiel der NFL-Historie mit 9:0 gegen die Portsmouth Spartans. 1940 zerlegten sie im Finale die Washington Redskins mit 73:0 – der höchste Sieg in der Liga bis heute. Als in den 1940er-Jahren drei weitere Meisterschaften folgten, adaptierten sie den Spitznamen des Footballteams der University of Chicago und nannten sich »Monsters of the Midway«.

Nach Halas` Tod wurde dessen älteste Tochter Virginia neue Besitzerin – und sah den Sieg im Super Bowl stellvertretend für ihren Vater. Zu dieser Zeit verfügten die Bears aber nicht nur über eine legendäre Defense, auch ein Runningback machte von 1975 bis 1987 auf sich aufmerksam: Walter Payton. In 13 Jahren erzielte Payton 110 Touchdowns und 16.726 Yards Raumgewinn – einzig Emmitt Smith, späterer Star der Dallas Cowboys, eroberte in der Historie mehr Raumgewinn mit seinen Beinen.

Doch seit dem Titelgewinn haben die Bears nur noch selten für sportliche Höhepunkte gesorgt. Lediglich in der Saison 2006 erreichten sie noch einmal den Super Bowl, verloren diesen aber gegen die Indianapolis Colts. Mit dem jungen Mitch Trubisky als Quarterback und einer talentierten Truppe gehört Chicago jedoch in der kommenden Saison zu den Playoff-Kandidaten.

Minnesota Vikings

Alan Page, Carl Eller, Jim Marshall und Gary Larsen gingen ab 1968 als Defensive Line gemeinsam auf Jagd nach dem gegnerischen Quarterback.

Und das tat das Quartett so erfolgreich, dass sie in Anlehnung an die Trikotfarbe der Minnesota Vikings bis heute unter dem Namen »Purple People Eaters« bekannt sind. Spätestens als Fran Tarkenton, einer der besten Quarterbacks der 1960er- und 1970er-Jahre, 1972 zu dem in Minneapolis beheimateten Team zurückkehrte, waren die Mannschaftsteile, Offense wie Defense, so stark besetzt, dass die Vikings zu einem der stärksten Teams der damaligen Zeit wurden.

Doch für den großen Titel sollte es nie reichen. Und das obwohl die Vikings zwischen 1973 und 1976 in vier Saisons dreimal das Finale erreicht hatten. Doch die Chancen auf einen Super-Bowl-Triumph wurden dabei ebenso liegen gelassen, wie bereits in der Saison 1969, als man zum ersten Mal im Spiel der Spiele gestanden hatte. Nie wieder danach erreichten die Wikinger, die 1961 gegründet wurden, den Super Bowl. Dabei hatte das traditionell mit einer starken Defense zusammengestellte Team in der jüngeren Vergangenheit einen echten Ausnahmespieler in seinen Reihen. Runningback und Enfant Terrible Adrian Peterson riss das Offensivspiel zwischen 2007 und 2016 an sich, vermochte es aber nie, seine Mannschaft alleine durch die Playoffs zu führen.

2009 scheiterten Peterson und Co. erst im NFC-Finale an den New Orleans Saints, 2017 war ebenfalls erst in der Vorschlussrunde Ende – dieses Mal gegen die Philadelphia Eagles. Die Wikinger wären das erste Team gewesen, das einen Super Bowl im eigenen Stadion hätte spielen können. Seit vergangener Saison soll Kirk Cousins die Vikings zum Erfolg führen. Der Quarterback kam mit einem vollständig garantierten Drei-Jahres-Vertrag über 84 Millionen US-Dollar von den Washington Redskins, wurde im ersten Jahr den Erwartungen aber nicht gerecht.

Name: Minnesota Vikings
Stadt/State: Minneapolis/Minnesota
Liga: NFC North
Stadion: U.S. Bank Stadium (66.655 Plätze)
Größte Erfolge: NFL-Meister 1969, Super-Bowl-Teilnahmen 1969, 1973, 1974 und 1976
Bekannteste Spieler: Randall McDaniel (Guard, 1988 bis 1999), Randy Moss (Wide Receiver, 1998 bis 2004 und 2010), Alan Page (Defensive Tackle, 1967 bis 1978), Adrian Peterson (Runningback, 2007 bis 2016), Fran Tarkenton (Quarterback, 1961 bis 1966 und 1972 bis 1978)

Eigentümer: Zygi Wilf (Foto links)
Trainer (Stand Sommer 2019): Mike Zimmer
Website: www.vikings.com

▲ Runningback Adrian Peterson prägte in den Jahren 2007 bis 2016 das Offensivspiel der Minnesota Vikings, zu einem ganz großen Erfolg sollte es aber nie reichen

Detroit Lions

Ein Touchdown von Donald Driver, Wide Receiver der Green Bay Packers, sorgte am 28. Dezember 2008 wenige Sekunden vor Ende des Spiels in Woche 17 der Regular Season endgültig dafür, dass die Detroit Lions Geschichte schrieben.

▲ Matthew Stafford (mit Ball), Quarterback der Lions, hat hier zwar freie Bahn, kann aber eine 20:30-Schlappe gegen die Green Bay Packers nicht verhindern

Name: Detroit Lions
Stadt/State: Detroit/Michigan
Liga: NFC North
Stadion: Ford Field (65.000 Plätze)
Größte Erfolge: NFL-Meister 1935, 1952, 1953, 1957
Bekannteste Spieler: Lem Barney (Cornerback, 1967 bis 1977), Calvin »Megatron« Johnson (Wide Receiver, 2007 bis 2015), Alex Karras (Defensive Tackle, 1958 bis 1970), Barry Sanders (Runningback, 1989 bis 1998), Matthew Stafford (Quarterback, seit 2009)
Eigentümer: Martha Ford
Trainer (Stand Sommer 2019): Matt Patricia
Website: www.detroitlions.com

Erstmals hatte es ein Team in der NFL geschafft, sich eine komplette Spielzeit über nur Niederlagen einzuhandeln. 16 Spiele, 16 Pleiten – so lautete die schlechteste Bilanz der NFL-Geschichte damals. Erst 2017 zogen die Cleveland Browns ebenfalls mit einer sieglosen Saison gleich.

Die Wende bei den Lions wurde allerdings schnell eingeleitet. Quarterback Matthew Stafford wurde als erster Spieler des Drafts 2009 ausgewählt und wirft seitdem die Pässe in der Stadt, die zu Anfang des 20. Jahrhunderts aufgrund der aufkommenden Autoindustrie regelrecht boomte und seit den 1950er-Jahren als Synonym des Niedergangs einer früheren US-Industriestadt steht. Stafford führte die Lions bereits im dritten Jahr nach dem sportlichen Offenbarungseid in die Playoffs, 2014 und 2016 war das Team, das parallel zur Regression der Stadt ab den besagten 1950ern kurioserweise drei NFL-Meisterschaften holte, erneut in den K.o.-Spielen vertreten.

Den ersten Erfolg gab es für die Lions aber bereits 1935 zu feiern. Ein Jahr zuvor war das Team erst von George A. Richards aufgekauft, von Portsmouth in Ohio nach Detroit in Michigan umgezogen und von Spartans in Lions umbenannt worden. 1932 war man hingegen noch an den Chicago Bears gescheitert. Damals hatten die Bears und die Spartans nach der Regular Season gemeinsam an der Tabellenspitze gestanden. Es musste also ein Entscheidungsspiel her, das

▲ Auch Lions-Wide Receiver Calvin Johnson war am 28.12.2014 beim 20:30 gegen die Packers mit dabei

im Nachhinein als erstes Playoff-Spiel der NFL-Geschichte bewertet wurde – und mit 0:9 verloren ging.

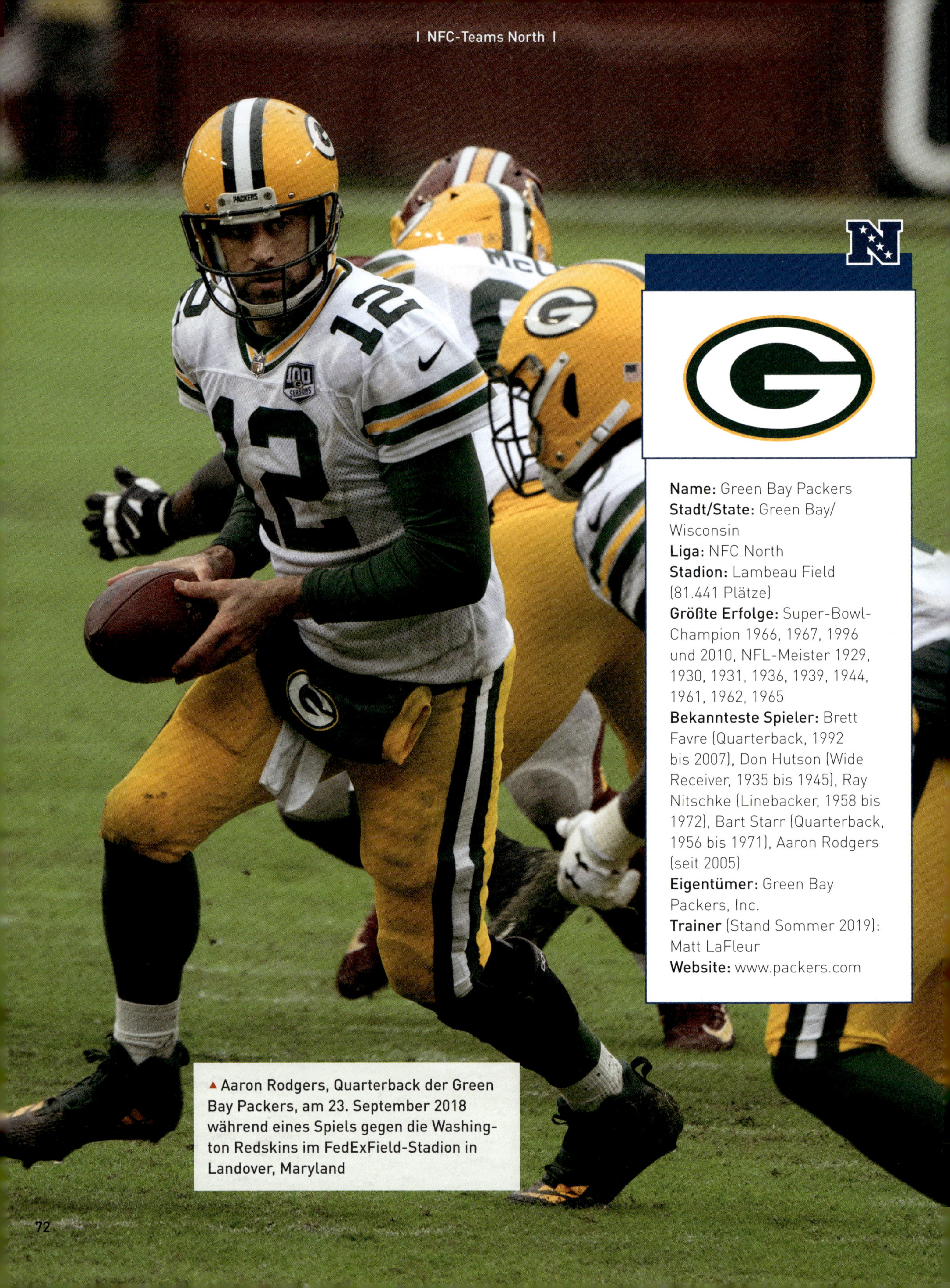

Name: Green Bay Packers
Stadt/State: Green Bay/ Wisconsin
Liga: NFC North
Stadion: Lambeau Field (81.441 Plätze)
Größte Erfolge: Super-Bowl-Champion 1966, 1967, 1996 und 2010, NFL-Meister 1929, 1930, 1931, 1936, 1939, 1944, 1961, 1962, 1965
Bekannteste Spieler: Brett Favre (Quarterback, 1992 bis 2007), Don Hutson (Wide Receiver, 1935 bis 1945), Ray Nitschke (Linebacker, 1958 bis 1972), Bart Starr (Quarterback, 1956 bis 1971), Aaron Rodgers (seit 2005)
Eigentümer: Green Bay Packers, Inc.
Trainer (Stand Sommer 2019): Matt LaFleur
Website: www.packers.com

▲ Aaron Rodgers, Quarterback der Green Bay Packers, am 23. September 2018 während eines Spiels gegen die Washington Redskins im FedExField-Stadion in Landover, Maryland

Green Bay Packers

Die National Football League rückte von ihrer Tradition ab. Die kommende Saison, die 100. der Liga-Geschichte, wird nicht vom amtierenden Super-Bowl-Champion eröffnet, sondern von den Green Bay Packers, die im Season Opener auf die Chicago Bears treffen.

Damit entschied sich die NFL dafür, die zwei wohl größten Rivalen der Liga aufeinander loszulassen – seit 1921 spielten beide Teams immer in der gleichen Division. Gleichwohl: Die Packers feierten einen Monat zuvor, am 11. August 2019, ihren eigenen 100. Geburtstag.

Eine lange Geschichte, die mit sechs frühen Meisterschaften anfing, ehe ab 1946 insgesamt 13 Mal in Folge die Playoffs verpasst wurden.

Nachdem die Saison 1958 mit nur einem Sieg abgeschlossen worden war, stand die Auflösung des Teams zur Debatte. Die Verantwortlichen sahen keine Zukunft mehr für die Packers aus dem Provinzort Green Bay mit seinen damals etwa 60.000 Einwohnern – der Erfolg hatte sich in die Großstädte der USA verlagert. Dass man sich damals nicht auflöste, war wohl auch in der Nachbetrachtung die beste Entscheidung der Team-Geschichte. Die Green Bay Packers? Mehr Tradition geht im US-Sport nicht! Vor 100 Jahren wurde das Team von Curly Lambeau gegründet und erhielt das Geld für seine Ausrüstung von der Indian Packing Company unter der Bedingung, dass das Team nach der Firma benannt werden sollte. Auf den Tag genau vier Jahre später wurde die öffentlich und gemeinnützig geführte Gesellschaft »Green Bay Packers, Inc.« als Non-Profit-Organisation gegründet, die seitdem der Besitzer des Football-Teams ist.

Das Besondere: Die Green Bay Packers befinden sich als einziges Team der NFL nicht in Besitz von Einzelpersonen oder einer Gesellschaft, sondern gehören der Öffentlichkeit mit mehr als 350.000 Anteilseignern, die sich die gut fünf Millionen Anteile am Team aufteilen. Die Übernahme einer Einzelperson durch Aktienmehrheit wird dadurch verhindert, dass niemand mehr als 200.000 Anteile halten darf und die Anteile nur an das Team zurück verkauft werden können. Da die meisten Einwohner von Green Bay eine Aktie innehaben, gibt es eine einzigartige Verbundenheit zwischen Stadt und Footballteam. Das führt auch dazu, dass die Packers das älteste NFL-Team sind, das noch an seinem Gründungsort spielt und dazu im ältesten Stadion der Liga seine Heimpartien austrägt. Das Lambeau Field wurde 1957 errichtet und ist bei den Gegnern aufgrund der eisigen Temperaturen in den Wintermonaten gefürchtet. Zwischen 1995 und 1998 feierte das Team so 25 Heimsiege in Serie.

Zu dieser Zeit warf Brett Favre die Bälle für das Team, das von den Cheeseheads, Spitzname der Packers-Fans, unterstützt wird. Der Quarterback, mit dem die Packers die Saison 1996 mit dem dritten Gewinn des Super Bowls abschlossen, steht stellvertretend für etliche herausragende Akteure, die im grün-goldenen Trikot gespielt oder es trainiert haben: Wide Receiver Don Hutson, der ab 1935 als erster Wide Receiver mit dem Fokus als Passempfänger (und nicht als Run-Blocker) eingesetzt wurde und so als erster Spieler der NFL-Geschichte mehr als 1.000 Yards Raumgewinn in einer Saison erzielte oder Vince Lombardi, der das Team 1959 als Head Coach und General Manager übernahm und bis 1967 zu fünf Meistertiteln führte, darunter Super Bowl I und II, und nach dem – nach seinem frühen Tod 1970 – die Meisterschaftstrophäe benannt wurde.

Zu den Packers-Legenden gehören auch Quarterback Bart Starr, Defensive End Reggie White oder Linebacker Ray Nitschke.

Packers-Quarterback-Legende Bart Starr (15) gibt am 31. Dezember 1967 die Zeichen für den nächsten Spielzug beim Sieg über die Dallas Cowboys

Philadelphia Eagles

Es war ein Pass von Tight End Trey Burton auf Quarterback Nick Foles, der sinnbildlich für den größten Erfolg der Eagles-Geschichte steht. Durch einen Trickspielzug mit dem Namen »Philly Special« hatte Head Coach Doug Pederson die Verteidigung der New England Patriots an jenem denkwürdigen Abend des 4. Februars 2018 an der Nase herumgeführt.

Das Zuspiel, das Foles fing, war der erste durch einen Passfang erzielte Touchdown eines Quarterbacks in einem Super Bowl und setzte dem Geschehen wie auch den Eagles die Krone auf. Nach einer Knie-Verletzung des aufstrebenden Quarterbacks Carson Wentz, der in der zurückliegenden Offseason seinen Vertrag mit 128 Millionen US-Dollar garniert bis 2024 verlängerte, war Foles in die Bresche gesprungen – und hatte sein Team durch die Playoffs und schließlich zum ersten Super Bowl der Team-Geschichte getragen. Obwohl die Eagles in der regulären Saison das beste Team der NFC gewesen waren, galten sie nach dem Wentz-Ausfall über die gesamte K.o.-Phase hinweg als »Underdog«, was das Team kreativ aufnahm und seine Siege mit Hundemasken feierte.

Doch nicht nur die Spieler der Eagles feierten – auch die Fans gaben sich ihrer Euphorie hin. Die Eagles gehören zu den beliebtesten Teams der NFL, haben enthusiastische und auch prominente Fans wie Schauspieler Will Smith, der mit der Fanschar zusammen lange auf diesen Erfolg hatte warten müssen, was diese dann auch zum Anlass nahm, um die Stadt der brüderlichen Liebe durch Ausschreitungen in Chaos zu versetzen.

Ob es daran lag, dass die Franchise so lange darauf warten musste und in der NFC East als einziges Team noch ohne Super-Bowl-Titel dagestanden hatte? Nach drei Meisterschaften vor der Zusammenlegung der NFL mit der

▲ Nach der Saison ist vor der Saison – gute Vorbereitung wichtig! Doug Pederson, Cheftrainer der Philadelphia Eagles, beobachtet am 13. Juni 2019 eine Trainingseinheit seines Teams

Name: Philadelphia Eagles
Stadt/State: Philadelphia/Pennsylvania
Liga: NFC East
Stadion: Lincoln Financial Field (69.176 Plätze)
Größte Erfolge: Super-Bowl-Champion 2017, NFL-Meister 1948, 1949, 1960
Bekannteste Spieler: Chuck Bednarik (Linebacker/Center, 1949 bis 1962), Brian Dawkins (Safety, 1996 bis 2011), Jason Peters (Offensive Tackle, seit 2009), Steve van Buren (Halfback, 1944 bis 1951), Reggie White (Defensive End, 1985 bis 1992)
Eigentümer: Jeffrey Lurie
Trainer (Stand Sommer 2019): Doug Pederson
Website: www.philadelphiaeagles.com

AFL erreichten die Eagles zwar 1980 den Super Bowl – nach der Niederlage gegen die Oakland Raiders dauerte es aber weitere zwei Dekaden, bis die Franchise über einen längeren Zeitraum Erfolge vorzuweisen hatte. Nach dem Millennium kam das Team mit Head Coach Andy Reid in neun von elf Spielzeiten in die Playoffs, verlor aber vier von fünf NFC-Endspielen und kam so nur 2004 in den Super Bowl, der gegen die Patriots verloren ging.

Gegründet wurden die Eagles 1933, als Bert Bell und Lud Wray für 2.500 US-Dollar die NFL-Lizenz erwarben, die die Frankford Yellow Jackets mit ihrem Rückzug 1931 freigemacht hatten. Ihre ersten beiden Meisterschaften gewann das Team aus dem US-Bundestaat Pennsylvania gegen die Chicago Cardinals und Los Angeles Rams jeweils ohne dem Gegner einen Punkt zu erlauben.

Anders als die meisten anderen Franchises der Liga wurden die Eagles durch etliche Verkäufe von Unternehmer zu Unternehmer weitergereicht. Leonard Tose kaufte das Team 1969 für die damalige Rekordsumme von gut 16,1 Millionen US-Dollar, um es 1985 für 65 Millionen an Norman Braman und Ed Leibowitz weiterzuverkaufen. Schließlich kaufte der heutige Besitzer Jeffrey Lurie die Franchise am 6. Mai 1994 für 195 Millionen Dollar. Ein gutes Geschäft, denn der aktuelle Wert wird auf mehr als 2,5 Milliarden US-Dollar geschätzt – womit sie im oberen Mittelfeld aller NFL-Teams liegen.

Dallas Cowboys

Es war ein Highlight-Film über die Saison 1978, die den Dallas Cowboys einen der berühmtesten Spitznamen der Sportgeschichte bescherte: America's Team. Damals hatte Bob Ryan von »NFL Films« ein Vorwort verfasst, das wie folgt begann: »Die Cowboys sind das Notre Dame des professionellen Footballs.«

Bob Ryan weiter: »Ihre Fans folgen ihnen überall hin. Jeder Fan im Land kennt ihre Gesichter. Die Summe ihrer Sterne ergibt eine Galaxie. Sie sind die Dallas Cowboys – America's Team.« Ein Mythos war geboren – noch heute gibt es kein Spiel der Cowboys, in dem der Spitzname keine Verwendung findet.

Und Ryan hatte recht. Keine Mannschaft der NFL verfügt über die gesamten Vereinigten Staaten hinweg über so eine weit verstreute Masse an Fans. Nicht zuletzt wies das »Forbes Magazine« die Dallas Cowboys vor den New York Yankees (Baseball) und Real Madrid (Fußball) als den wertvollsten »Verein« der Welt aus. Der Wert: Etwa vier Milliarden US-Dollar. Verantwortlich dafür zeichnet sich Besitzer Jerry Jones, der die Organisation nach seiner Übernahme 1989 auf wirtschaftlichen Erfolg trimmte und unpopuläre Entscheidungen nicht scheute.

So schloss er Deals mit Sponsoren und Partnern ab, die nicht zum offiziellen Pool der NFL gehörten und setzte diese Verträge notfalls vor Gericht durch. Jones polarisierte auch vom ersten Tag an Fans und Medien, indem er »Cowboys-Legende« Tom Landry umgehend entließ.

Landry war seit der Gründung des Teams im Jahr 1960 der einzige Head Coach gewesen und hatte den Grundstein zum Erfolg der Cowboys in den 1970er-Jahren bereits in der Anfangszeit des Teams gelegt. Als erste Mannschaft hatten die Cowboys Computer für ihr Scouting-System und auch zur Erstellung ihrer Spielzüge eingesetzt – auf den großen Erfolg mussten die Fans in Dallas allerdings noch ein paar Jahre warten.

Dieser kam dann aber umso gebündelter mit gleich fünf Teilnahmen am Super Bowl zwischen den Saisons 1970 und 1978, bei denen die Cowboys, mit 105 Siegen in 144 Spielen das siegreichste Team der Dekade, am 16. Januar 1972 die Miami Dolphins und am 15. Januar 1978 die Denver Broncos besiegten – und somit ihre ersten beiden Titel holten. Bis zum Erwerb der Franchise durch Jones, der die Cowboys für 140 Millionen US-Dollar kaufte, folgte ein aus sportlicher Sicht schwaches Jahrzehnt. Doch Jones schaffte die Wende: Nach Landry musste auch Star-Runningback Her-

▲ Die Dallas Cowboys vor einem Spiel gegen die Redskins beim Abspielen der Nationalhymne

▲ Quarterback Dak Prescott (mitte) von den Dallas Cowboys wird am 18. September 2018 im Spiel gegen die Washington Redskins von Teamkameraden zu einer gelungenen Aktion beglückwünscht

COWBOYS

Name: Dallas Cowboys
Stadt/State: Arlington/Texas
Liga: NFC East
Stadion: AT&T Stadium (103.219 Plätze)
Größte Erfolge: Super-Bowl-Champion 1971, 1977, 1992, 1993, 1995
Bekannteste Spieler: Troy Aikman (Quarterback, 1989 bis 2000), Michael Irvin (Wide Receiver, 1988 bis 1999), Emmitt Smith (Runningback, 1990 bis 2002), Roger Staubach (Quarterback, 1969 bis 1979), Jason Witten (Tight End, 2003 bis 2017 und seit 2019)
Eigentümer: Jerry Jones
Trainer (Stand Sommer 2019): Jason Garrett (Foto rechts)

Website: www.dallascowboys.com

schel Walker gehen, der Dallas vier Spieler und vier zusätzliche Draftpicks von den Minnesota Vikings einbrachte – ein Grundstein für den Erfolg, der sich in den folgenden Jahren mit drei weiteren Titeln unter Quarterback Troy Aikman, Runningback Emmitt Smith und Wide Receiver Michael Irvin bis zum bis heute letzten Triumph in Super Bowl 30 am 28. Januar 1996 wieder einstellte. Mit dem Ende von Aikman endete auch die zweite Erfolgsära in der Geschichte der Dallas Cowboys, die dann bis 2006 warten mussten, ehe sich in Tony Romo, der bereits seit 2003 unter Vertrag stand, wieder ein Spielmacher fand, der den Erfolg in Form von regelmäßigen-Playoff-Teilnahmen zurück nach Texas brachte. Nach dem verletzungsbedingten Karriereende von Romo liegen die Hoffnungen auf eine nächste erfolgreiche Ära auf dem Duo aus Quarterback Dak Prescott und Runningback Ezekiel Elliott, die hinter einer starken Offensive Line den alten Glanz zurückbringen sollen. Beide wurden 2016 gedraftet, spielten in ihrer Rookie-Saison groß auf und sollen – auf lange Sicht ausgelegt – die neuen Gesichter der Franchise werden. Zum Erfolg verdammt ist für die kommende Saison auch Jason Garrett – der häufig kritisierte Head Coach trainiert unter Bewährung und hat noch keinen Vertrag für 2020 erhalten.

Washington Redskins

Die Washington Redskins gehören zu den umstrittensten Teams der NFL. Der Grund: Der Name »Redskins« wird von vielen Native Americans als rassistisch empfunden.

Immer wieder klagen Nachfahren der Indianer gegen den Namen des Teams – bisher vergebens. Und die Geschichte der 1932 als Boston Braves gegründeten Franchise scheint dem Eindruck des Rassismus rechtzugeben. George Preston, dem das Team von der Gründung an bis 1969 gehörte, verpflichtete nur weiße Spieler, ehe der US-Kongress 1962 unter Androhung drastischer Strafen erwirkte, dass auch schwarze Spieler dazugeholt wurden.

Zu diesem Zeitpunkt, 1937 und 1942, hatten die Redskins schon zwei Meisterschaften gefeiert, ehe sie von 1945 bis 1971 warten mussten, bis die Playoffs wieder erreicht wurden. Dann aber war das Team aus der US-Hauptstadt wieder ein regelmäßiger Gast in den K.o.-Runden – mit den Höhepunkten von drei Super-Bowl-Erfolgen zwischen 1982 und 1991. Das Besondere: Die Redskins verfügten in dieser Phase nie über einen dominanten Quarterback, sondern holten ihre Titel mit drei verschiedenen Ballverteilern: Joe Theismann, Doug Williams und Mark Rypien.

In der kommenden Saison liegen die Hoffnungen auf Quarterback Dwayne Haskins, der den Redskins an Position 15 im zurückliegenden Draft nahezu in die Hände fiel.

Der 22-Jährige wirkt dabei als Vertreter von Alex Smith, der sich in der abgelaufenen Saison, zu einem Zeitpunkt als Washington auf Playoff-Kurs lag, einen komplizierten Beinbruch zugezogen hatte. Ohne Smith war die Postseason in der Folge noch deutlich verpasst worden.

Name: Washington Redskins
Stadt/State: Landover/Maryland bei Washington D.C.
Liga: NFC East
Stadion: FedEx Field (82.000 Plätze)
Größte Erfolge: Super-Bowl-Champion 1982, 1987, 1991, NFL-Champion 1937, 1942
Bekannteste Spieler: Sammy Baugh (Quarterback, 1937 bis 1952), Darrell Green (Cornerback, 1983 bis 2002), Art Monker (Wide Receiver, 1980 bis 1993), John Riggins (Runningback, 1976 bis 1985), Sean Taylor (Safety, 2004 bis 2007)

Eigentümer: Daniel Snyder
Trainer (Stand Sommer 2019): Jay Gruden (Foto oben)
Website: www.redskins.com

◂ Alex Smith, Quarterback der Redskins, bei einem Wurf im Spiel gegen die Atlanta Falcons am 4. November 2018

New York Giants

Name: New York Giants
Stadt/State: East Rutherford/ New Jersey
Liga: NFC East
Stadion: MetLife Stadium (82.500 Plätze)
Größte Erfolge: Super-Bowl-Champion 1986, 1990, 2007, 2011, NFL-Champion 1927, 1934, 1938, 1956
Bekannteste Spieler: Roosevelt Brown (Offensive Tackle, 1953 bis 1965), Harry Carson (Linebacker, 1976 bis 1988), Michael Strahan (Defensive End, 1993 bis 2007), Lawrence Taylor (Linebacker, 1981 bis 1993), Emlen Tunnell (Safety, 1948 bis 1958)
Eigentümer: John Mara und Steve Tisch (jeweils 50 Prozent)
Trainer (Stand Sommer 2019): Pat Shurmur (Foto rechts)
Website: www.giants.com

▲ Eli Manning, hier am 9. Dezember 2018 in einer Begegnung gegen die Redskins, prägt als Quarterback seit Jahren das Spiel der New York Giants

Am 3. Februar 2008 erwuchsen die New York Giants zu wahrhaften Giganten – und machten so ihrem Namen alle Ehre.

Es war der Tag des 42. Super Bowls und als Gegner standen den G-Men, so einer der vielen Spitznamen der 1925 gegründeten Franchise, die New England Patriots gegenüber, die ihrerseits mit dem Gewinn des Super Bowls eine »Perfect Season« anstrebten und alle 18 vorherigen Saisonspiele gewonnen hatten. Held in diesem Endspiel, in dem Giants-Quarterback Eli Manning zum MVP gewählt wurde, war David Tyree. Der Wide Receiver fing im letzten Angriff der Giants einen Pass, der als »Helmet Catch« in die Geschichte einging, indem er ihn zwischen seinen Fingern und seinem Helm einklemmte. New York gewann und vier Jahre später kam es in Super Bowl 46 zum erneuten Duell mit den Patriots. Und wieder waren die Giants, nach einer regulären Saison mit nur neun Siegen bei sieben Niederlagen, Außenseiter. Doch erneut gelang es Manning, das Duell gegen Superstar Tom Brady zu gewinnen. Der Titelgewinn am 5. Februar 2012 war bislang der letzte – zu wenig für ein Team, das traditionell hohe Ansprüche hat, seit dem besagten Triumph aber nur noch einmal die Playoffs erreichte.

Die Franchise wurde einst für einen Betrag von 500 US-Dollar von Tim Mara gegründet – und noch heute vom Nachkommen John Mara und Steve Tisch geführt. Seit 2018 soll ein junger Rookie »Big Blue« zurück zu altem Ruhm führen. Ruhm, der trotz der Niederlage im »Greatest Game Ever Played« 1958 gegen die Baltimore Colts, durch acht Titel in der Vita begründet ist. Runningback Saquon Barkley wurde im 2018er-Draft an zweiter Position gewählt und gilt als »Jahrhunderttalent«. Auf den 22-Jährigen wird es in der kommenden Saison mehr denn je ankommen, denn Star-Receiver Odell Beckham Jr. wurde in der Offseason nach Cleveland abgegeben.

Los Angeles Rams

Sean McVay ist der Shooting-Star der Trainerszene. Seine Los Angeles Rams führte er in zwei Jahren als Head Coach zweimal in die Playoffs, zuletzt gar bis in den Super Bowl.

Als der heute 33-Jährige 2017 die Rams übernommen hatte, lag das Team nach einer katastrophalen Saison am Boden – McVay, der als hochintelligent gilt, wurde jüngster Head Coach der NFL-Geschichte. Seit seinem ersten Arbeitstag in Los Angeles avancierte er zum Sinnbild des Aufschwungs.

Und dieser Aufschwung kam durchaus überraschend, galten die Rams, die 2016 nach Los Angeles zurückgekehrt waren, doch nach dem Draft des gleichen Jahres als auf Jahre sportlich abgeschlagen. Der Grund: Die Rams hatten etliche Draft-Picks abgegeben, um Quarterback Jared Goff zu verpflichten. Doch nach einer Saison unter Head Coach Jeff Fisher galt der junge Spielmacher als Flop. Dann aber übernahm McVay und formte binnen einer Saison ein Playoff-Team. Goff überzeugte dabei ebenso wie Runningback Todd Gurley und die Defense um Aaron Donald, den stärksten Defensive Tackle der Liga. Die Rams, die bis zur für August 2020 geplanten Eröffnung des Inglewood-Stadiums im altehrwürdigen Coliseum spielen, scheinen am Anfang einer neuen Erfolgsära zu stehen – die es zuletzt zur Jahrtausendwende gab.

»The Greatest Show on Turf« - so lautet der Spitzname für die Offense der Rams in den Jahren 1999 bis 2001. Damals war die Franchise noch in St. Louis beheimatet und die von Quarterback Kurt Warner angeführte Offensive, deren System von Mike Martz entworfen wurde, brach mit ihrem passlastigen Spiel mehrere Team-Rekorde. 1.569 erzielte Punkte über den Zeitraum von drei aufeinanderfolgenden Spielzeiten sind sogar NFL-Rekord. Der Titelgewinn 1999 gegen die Tennessee Titans stellt zudem den Höhepunkt der Franchise-Geschichte dar. Zwar erreichten die Rams den Super Bowl zwei Jahre später erneut, doch gegen die New England Patriots gab es dann eine Niederlage.

Die Saison 1999 begann dabei alles andere als verheißungsvoll. Der von den Washington Redskins verpflichtete Quarterback Trent Green hatte sich in der Preseason verletzt, so dass Warner als Spielmacher die Geschicke der Rams lenken musste. Dabei war

Name: Los Angeles Rams
Stadt/State: Los Angeles/Kalifornien
Liga: NFC West
Stadion: Los Angeles Memorial Coliseum (93.607 Plätze)
Größte Erfolge: Super-Bowl-Champion 1999, NFL-Meister 1945, 1951
Bekannteste Spieler: Isaac Bruce (Wide Receiver, 1994 bis 2007), Aaron Donald (Defensive Tackle, seit 2014), Marshall Faulk (Runningback, 1999 bis 2006), Deacon Jones (Defensive End, 1961 bis 1971), Kurt Warner (Quarterback, 1998 bis 2003)
Eigentümer: E. Stanley Kroenke
Trainer (Stand Sommer 2019): Sean McVay (Foto)
Website: www.therams.com

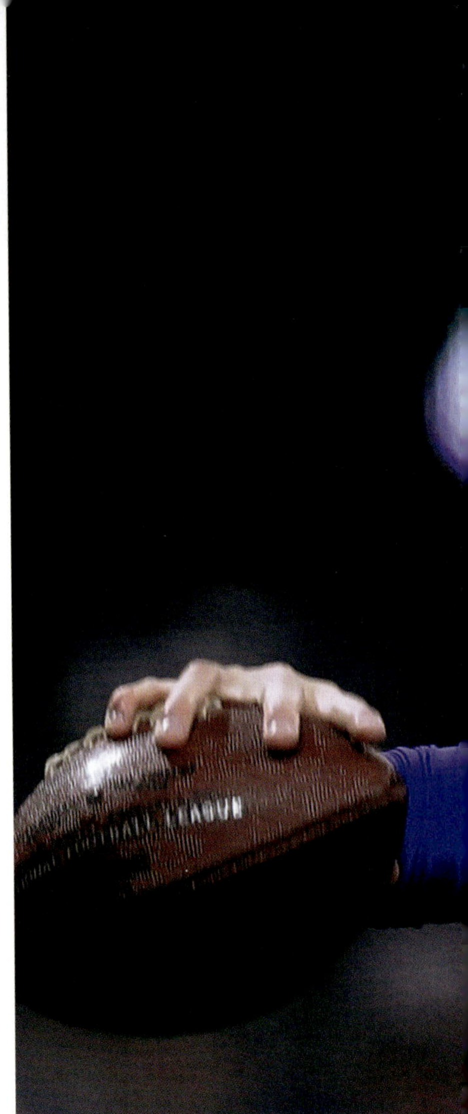

▲ Super Bowl-Nummer 53 (LIII), ausgetragen am 3. Februar 2019 in Atlanta, Georgia: Jared Goff, Quarterback der Los Angeles Rams, macht ein paar Schritte rückwärts, um Stand zu finden für einen Pass. Das Spiel gewannen die New England Patriots 13:3

Warner nur als Backup vorgesehen und hatte im gleichen Jahr erst über einen Abstecher in die NFL Europe bei den Amsterdam Admirals Spielpraxis gesammelt. Doch Warner überzeugte, warf 41 Touchdown-Pässe in der regulären Saison und legte acht weitere in den Playoffs nach – alleine fünf in der Divisional-Round gegen die Minnesota Vikings. Im Anschluss an den Triumph über die Titans wurde der MVP der Regular Season auch zum Super-Bowl-MVP gewählt. Nachdem die Rams 2003 und 2004 noch einmal die Playoffs erreichten, dauerte es eben bis zur Ankunft McVays, ehe wieder ein Playoff-Ticket heraussprang.

Vorreiter waren die Rams übrigens im Helm-Design. 1948 bemalte der damalige Spieler Fred Gehrke einen alten College-Helm mit Widderhörnern und präsentierte seinen Entwurf Teambesitzer Dan Reeves. Dieser war so beeindruckt, dass er sogleich die NFL kontaktierte und um Erlaubnis bat, dieses Helm-Design fortan verwenden zu dürfen. Die Antwort der Liga soll relativ knapp ausgefallen sein und soll gelautet haben: »Du bist der Besitzer, mach was du willst«. Gehrke verbrachte in der Folge den kompletten Sommer damit, 75 Helme für ein Dollar pro Stück zu bemalen. Bis heute verwenden die Rams Gehrkes Entwurf – wenngleich nicht mehr handbemalt.

Seattle Seahawks

»Hey Seattle, wir haben einen Deal«, sagte Russell Wilson in einem am 16. April 2019 über die Social-Media-Plattform Twitter veröffentlichten Video.

Damit gab der Quarterback seinen Seattle Seahawks auf ungewöhnliche Weise das Ja-Wort zu einer Vertragsverlängerung, die ihn zum bestbezahlten NFL-Spieler aller Zeiten machte. Vier Jahre, 140 Millionen US-Dollar. Nach einem personellen Aderlass in den vergangenen beiden Jahren ist Wilson einer der wenigen verbliebenen Spieler mit Star-Faktor.

Die »Legion of Boom«, die bekannteste Abwehr-Formation der jüngeren Vergangenheit, ist nach den Abgängen von Strong Safety Kam Chancellor, Free Safety Earl Thomas und Cornerback Richard Sherman ebenso Seahawks-Geschichte, wie Tight End Jimmy Graham, Pass Rusher Frank Clark oder Wide Receiver Doug Baldwin.

Schon im Vorjahr hatten viele Experten die sportliche Talfahrt für Seattle vorausgesagt, die Rechnung aber ohne Pete Carroll gemacht. Der Head Coach ist Erfolgsgarant seiner Franchise, seitdem er 2010 das Ruder übernahm und führte die Seahawks mit einem lauflastigen Offensivspiel einmal mehr in die Postseason.

▲ Seahawks-Cheftrainer Pete Carroll holte mit seinem Team den Super Bowl 2013

▲ Trainings-Session der Seattle Seahawks am 4. Juni 2019 in Renton, Washington: Linebacker K.J. Wright (links) wirkt eher entspannt, während Mitspieler Ugo Amadi (rechts) zu einem Sprint ansetzt

Name: Seattle Seahawks
Stadt/State: Seattle/Washington
Liga: NFC West
Stadion: CenturyLink Field (69.000 Plätze)
Größte Erfolge: Super-Bowl-Champion 2013
Bekannteste Spieler: Walter Jones (Left Tackle, 1997 bis 2009), Cortez Kennedy (Defensive Tackle, 1990 bis 2000), Steve Largent (Wide Receiver, 1976 bis 1989), Richard Sherman (Cornerback, 2011 bis 2017), Russell Wilson (Quarterback, seit 2012)
Eigentümer: Paul G. Allen Trust
Trainer (Stand Sommer 2019): Pete Carroll
Website: www.seahawks.com

Arizona Cardinals

Kliff Kingsbury heißt der neue Head Coach und Heilsbringer der Arizona Cardinals, die in der vergangenen Saison die schlechteste Bilanz aller NFL-Teams aufwiesen.

Und der neue starke Mann an der Seitenlinie, zuvor mehrere Jahre als Head Coach an der Texas Tech im College-Football tätig, hat auch gleich eine kontroverse Personalentscheidung getroffen: An Position eins des diesjährigen Draftes wählten die Cardinals auf Wunsch ihres Trainers Quarterback Kyler Murray aus – obwohl das Team mit Josh Rosen bereits über einen Quarterback aus einer ersten Draftrunde (2018) verfügte. Die Zukunft der Cardinals liegt nun also in den Händen eines Rookie-Quarterbacks.

Die Vergangenheit der Cardinals geht dabei bis in das Jahr 1898 zurück, als sie unter dem Namen Morgan Athletic Club von Chris O`Brien in Chicago gegründet wurden. Damit sind die Cardinals das älteste noch existierende American-Football-Team der Vereinigten Staaten – und hatten im Laufe ihrer Geschichte sogar Kontakte zur Unterwelt. So soll Charles Bidwill, der das Team 1933 gekauft hatte, Kontakte zum berüchtigten Verbrecherboss Al Capone gepflegt haben.

Überraschend kurz lesen sich hingegen die Erfolge des Teams, das im Laufe seiner Geschichte neun Namen an drei verschiedenen Standorten trug. Lediglich zwei Meisterschaften im Zeitalter vor dem Super Bowl und nur acht Playoff-Teilnahmen seitdem sorgen dafür, dass die Cardinals in den USA eher belächelt werden. Einzig 2008 war die Mannschaft mit Head Coach Ken Whisenhunt im Super Bowl vertreten, verlor dort aber ein dramatisches Spiel gegen die Pittsburgh Steelers.

Name: Arizona Cardinals
Stadt/State: Glendale/Arizona
Liga: NFC West
Stadion: University of Phoenix Stadium (63.400 Plätze)
Größte Erfolge: NFL-Meister 1925, 1947
Bekannteste Spieler: Larry Fitzgerald (Wide Receiver, seit 2004), Patrick Peterson (Cornerback, seit 2011), Pat Tillman (Safety, 1998 bis 2001), Kurt Warner (Quarterback, 2005 bis 2010), Aeneas Williams (Cornerback, 1991 bis 2000)
Eigentümer: Bill Bidwill
Trainer (Stand Sommer 2019): Kliff Kingsbury
Website: www.azcardinals.com

▲ Larry Fitzgerald (11), Wide Receiver der Arizona Cardinals erläuft einen Touch Down zur 23:20 Führung beim Super Bowl XLIII

San Francisco 49ers

▲ Jimmy Garoppolo, Quarterback der San Francisco 49ers, wird am 23. September 2018 beim Spiel in Kansas City von Chiefs-Spieler Allen Bailey attackiert, kann den Ball aber behaupten

Als Jimmy Garoppolo im Februar 2018 einen Fünfjahresvertrag über 137,5 Millionen US-Dollar bei den San Francisco 49ers unterzeichnete, war das Staunen unter den NFL-Experten groß.

Dass der Quarterback, der im Oktober 2017 von den New England Patriots in die Bay Area geholt worden war, langfristig bei den 49ers bleiben würde, war weniger überraschend als die Tatsache, dass es sich bei dem Salär um eine damalige Rekordsumme handelte und der damals 26-Jährige gerade einmal sieben NFL-Spiele als Starter auf dem Buckel hatte – und lediglich fünf im Trikot der 49ers.

Garoppolo, »Jimmy G« genannt, hatte in den letzten Wochen der 2017er-Spielzeit für Furore gesorgt und die Verantwortlichen und Fans von den Zeiten mit dem legendären Joe Montana träumen lassen. Garoppolo kam, sah und siegte und sorgte dafür, dass die bis dahin verkorkste Saison des Teams versöhnlich endete. Nie zuvor war San Francisco mit neun Niederlagen in eine Spielzeit gestartet – nur, um mit dem Wechsel von Brian Hoyer und C. J. Beathard auf Garoppolo die letzten fünf Saisonspiele allesamt zu gewinnen. Danach galt Garoppolo als so etwas wie ein Messias, der das Sieger-Gen von der Ost- an die Westküste, von New England nach Frisco, mitgebracht hat. Schließlich hatte er hinter keinem Geringeren als Tom Brady jahrelang die Bank gedrückt und vom damals fünfmaligen Champion gelernt. Doch ein Kreuzbandriss Garoppolos bereits in Woche drei der zurückliegenden Saison riss die 49ers aus allen Hoffnungen.

Denn die Sehnsucht nach Erfolg ist groß bei den Rot-Goldenen. Den letzten

Stadt/State: Santa Clara/Kalifornien
Liga: NFC West
Stadion: Levi's Stadium (68.500 Plätze)
Größte Erfolge: Super-Bowl-Champion 1981, 1984, 1988, 1989, 1994
Bekannteste Spieler: Jimmy Johnson (Cornerback, 1961 bis 1976), Ronnie Lott (Free Safety, 1981 bis 1990), Joe Montana (Quarterback, 1979 bis 1992), Jerry Rice (Wide Receiver, 1985 bis 2000), Steve Young (Quarterback, 1987 bis 1999)
Eigentümer: Jed York
Trainer (Stand Sommer 2019): Kyle Shanahan (Foto rechts)
Website: www.49ers.com

▲ **In den Farben Rot und Gold: Tolle Stimmung vor einem 49ers-Heimspiel**

von insgesamt fünf Super-Bowl-Triumphen gab es in der Saison 1994 zu feiern. Zu dieser Zeit warf ein gewisser Steve Young die Pässe, der Nachfolger des früheren Superstars Montana. Young war damit ein wenig aus dem übergroßen Schatten seines Vorgängers getreten, der San Francisco in den 1980er-Jahren zu vier Titeln geführt hatte. Damals an der Seitenlinie: Head Coach Bill Walsh, der die sogenannte »West Coast Offense« bei den 49ers etabliert hatte. Ein Angriffssystem, das auf viele kurze Pässe setzt und von Montana perfekt umgesetzt wurde. Zu dieser Zeit gelang es Runningback Roger Craig als erstem Spieler der NFL-Geschichte sowohl jeweils über 1.000 Yards in einer Saison zu erlaufen wie auch Pässe für diese Marke zu fangen. Bis 1999, bis zum Karriereende von Young, schafften die 49ers 17 Spielzeiten in Folge, in der sie mehr Spiele gewannen als verloren.

Nach dieser Ära wurde lange Zeit ein neuer Erfolgsgarant gesucht. Jeff Garcia und Alex Smith folgten, ebenso wie Colin Kaepernick, der die 49ers 2012 zumindest wieder in den Super Bowl führte, dort aber mit seinem Team den Baltimore Ravens unterlag, ehe er über seine politischen Proteste während des Abspielens der US-Nationalhymne vor Beginn der jeweiligen Spiele stolperte.

1946 waren die 49ers als erstes an der Westküste beheimatetes Profiteam der vier großen amerikanischen Sportligen – NFL, NBA (Basketball), NHL (Eishockey) und MLB (Baseball) – gegründet worden. Sportlich musste das Team, das seinen Namen nach dem kalifornischen Goldrausch von 1849 wählte und meist nur Forty-Niners genannt wird, allerdings bis 1970 warten, ehe sich mit drei Divisionstiteln in Folge erstmals nachhaltiger Erfolg einspielte, wenngleich man in den Playoffs immer an den Dallas Cowboys scheiterte. In der neuen Saison wird Garoppolo zeigen müssen, ob er die Erwartungen an ihn mit einem Jahr Verzug noch erfüllen und die Goldgräberstimmung in San Francisco neu entfachen kann.

New Orleans Saints

»Wir wurden beraubt«, leuchtete auf den digitalen Anzeigetafeln über den Highways von New Orleans. Es war der 20. Januar 2019 und die Saints hatten nach einer starken Saison das NFC-Finale gegen die Los Angeles Rams verloren.

▲ Saints-Quarterback Drew Brees freut sich über einen gelungenen Pass auf Alvin Kamara (nicht im Bild), den der Runningback am 23. Dezember 2018 im Spiel gegen die Pittsburgh Steelers zu einem Touchdown »veredeln« konnte

Kurz vor dem Ende der regulären Spielzeit beim Stand von 20:20 standen die Saints, angeführt von Star-Quarterback Drew Brees, kurz vor der Endzone der Rams. Dann kam es zum wohl berühmtesten Noncall der jüngeren NFL-Geschichte.

Brees versuchte mit einem Pass seinen Receiver Tommylee Lewis anzuspielen, der jedoch deutlich zu früh und mit übertriebener Härte von seinem Gegenspieler Nickell Robey-Coleman attackiert wurde und so keine Chance hatte, an den Ball zu kommen. Die Schiedsrichter hätten gleich mehrere Gründe gehabt, auf Foulspiel zu entscheiden, ließen ihre Flaggen aber in den Taschen. Dieses Nichteingreifen der Schiedsrichter wurde in der Folge wochenlang diskutiert und hatte eine Regeländerung zur Folge. Ab der kommenden Saison dürfen Trainer auch vermeintliche Passbehinderungen vom Video-Schiedsrichter untersuchen lassen. Für die Saints kam es zu spät, sie schieden in der Verlängerung aus und fühlten sich um den Super Bowl betrogen.

Für einen anderen berühmten Call der jüngeren Liga-Historie sorgte Head Coach Sean Payton am 7. Februar 2010 höchstpersönlich. Im Super Bowl hatte sich Gegner Indianapolis Colts eine 10:6-Pausenführung herausgespielt und sollte in Halbzeit zwei das Angriffsrecht zuerst erhalten.

Die Saints standen folgerichtig zum Kickoff bereit und überraschten die Colts ebenso wie die Millionen Zuschauer mit einem Onside Kick. Wer die zweite Halbzeit mit einem Kickoff eröffnen kann, hat die sogenannte »Second Half Option«. Das Team kann normal kicken oder mit einem risikoreichen Onside Kick, bei dem der Ball möglichst kurz aber mindestens über zehn Yards nach vorne gekickt wird, versuchen, den Ball selbst zu erobern und so das Spielgerät zu behalten.

Der Onside Kick klappt eher selten und wird vor allem dann gewählt, wenn ein Team einen großen Rückstand aufholen muss. Beim Stand von 6:10, noch dazu bei der ersten Teilnahme am Super Bowl, rechnete niemand damit, dass Payton seinen Kicker Thomas Morstead anweisen würde, einen Onside Kick auszuführen. Doch der Spielzug glückte, die Saints schickten ihre Offense aufs Feld und gingen nach einem Pass von Brees auf Pierre Thomas erstmals in diesem Spiel in Führung – am Ende triumphierte New Orleans mit 31:17. Brees war auf dem Höhepunkt seiner Karriere.

Überhaupt war es Brees, der eine der erfolglosesten Franchises der Liga zu einem dauerhaften Anwärter für ein Playoff-Ticket machte. Die Saints wurden 1966 von John W. Mecom gegründet und nahmen ab der Saison 1967 am Spielbetrieb teil. Brees wurde 2001 von den San Diego Chargers in der zweiten Draft-Runde ausgewählt und wechselte 2006 nach New Orleans. Bis dahin qualifizierten sich die Saints gerade fünfmal für die Playoffs. Seitdem Brees die Bälle am Golf von Mexiko wirft, kamen sechs weitere Playoff-Teilnahmen hinzu. Auch 2019 gehört Brees mit seinen Offensiv-Kollegen wie Runningback Alvin Kamara oder Wide Receiver Michael Thomas wieder zu den Playoff-Kandidaten.

Name: New Orleans Saints
Stadt/State: New Orleans/ Louisiana
Liga: NFC South
Stadion: Mercedes-Benz Superdome (74.295 Plätze)
Größte Erfolge: Super-Bowl-Champion 2009
Bekannteste Spieler: Morten Andersen (Kicker, 1982 bis 1994), Drew Brees (Quarterback, seit 2006), Marques Colston (Wide Receiver, 2006 bis 2015), Rickey Jackson (Linebacker, 1981 bis 1993), Zach Strief (Offensive Tackle, 2006 bis 2017)
Eigentümer: Gayle Benson
Trainer (Stand Sommer 2019): Sean Payton (Foto rechts)

Website: www.neworleanssaints.com

Tampa Bay Buccaneers

Die NFL-Geschichte der Tampa Bay Buccaneers begann 1976 mit einer beispiellosen Serie von 26 Niederlagen in Folge, ehe in Woche 13 der Saison 1977 die New Orleans Saints geschlagen wurden.

Eine Serie, die sinnbildlich für ein Team steht, das im Laufe der Jahre weitere – zum Teil dubiose – Niederlagen-Rekorde sammelte. Die hohen Temperaturen von Florida gewohnt, gewannen die Bucs, so die Kurzform des Namens, bis 2002 kein Spiel, wenn die Temperaturen zum Kickoff unterhalb von vier Grad Celsius lagen.

Die erfolgreichste Phase ihres Bestehens gab es für die Buccaneers um die Jahrtausendwende. Head Coach Tony Dungy hatte das Team 1996 übernommen und 1997 zur ersten Saison seit 15 Jahren geführt, in der mehr Siege als Niederlagen erreicht wurden. Doch drei Playoff-Teilnahmen waren der Familie Glazer, die Mehrheitsanteile der Franchise in den 1990er-Jahren gekauft hatte, nicht genug. 2002 wurde Dungy gegen Jon Gruden ausgetauscht und dieser führte die Bucs gleich in seiner ersten Saison zum Super-Bowl-Triumph gegen die Oakland Raiders, sein eigenes Ex-Team. Ein Erfolg, der als One-Hit-Wonder bezeichnet werden darf, denn gleich in der folgenden Saison verpasste Tampa Bay die Playoffs deutlich – das letzte Postseason-Ticket wurde 2007 gelöst.

Zwar sollte mit Jameis Winston, Erstrundenpick von 2015, alles besser werden, doch bisher blieb der Quarterback hinter den Erwartungen zurück. In der kommenden Spielzeit geht Winston in das finale Jahr seines Rookie-Vertrags und steht umso mehr im Fokus. Die Hoffnungen liegen anno 2019 vielmehr noch auf dem neuen Head Coach Bruce Arians, der nach einem Sabbatjahr nochmal in die NFL zurückgekehrt ist.

Name: Tampa Bay Buccaneers
Stadt/State: Tampa/Florida
Liga: NFC South
Stadion: Raymond James Stadium (65.890 Plätze)
Größte Erfolge: Super-Bowl-Champion 2002
Bekannteste Spieler: Ronde Barber (Defensive Back, 1997 bis 2012), Derrick Brooks (Linebacker, 1995 bis 2008), John Lynch (Safety, 1993 bis 2003), Warren Sapp (Defensive Tackle, 1995 bis 2003), Lee Roy Selmon (Defensive End, 1976 bis 1984)
Eigentümer: Familie Glazer
Trainer (Stand Sommer 2019): Bruce Arians
Website: www.buccaneers.com

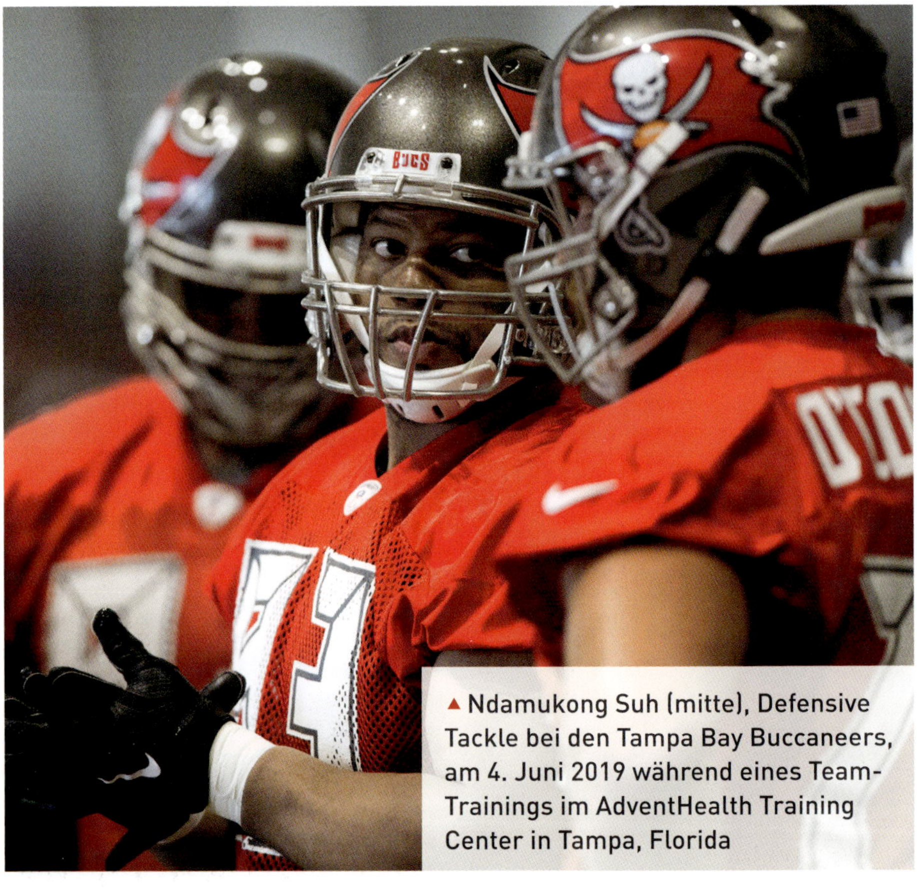

▲ Ndamukong Suh (mitte), Defensive Tackle bei den Tampa Bay Buccaneers, am 4. Juni 2019 während eines Team-Trainings im AdventHealth Training Center in Tampa, Florida

Carolina Panthers

Im Juli 2018 wechselten die Carolina Panthers für die Rekordsumme von 2,2 Milliarden US-Dollar den Besitzer. Jerry Richardson, der das Team 1993 gegründet hatte und der bis zum vergangenen Sommer Besitzer war, hatte die Franchise im Dezember 2017 zum Verkauf gestellt.

▲ Jubelpose: Panthers-Quarterback Cam Newton (links/Foto vom 14.10.2018)

Name: Carolina Panthers
Stadt/State: Charlotte/North Carolina
Liga: NFC South
Stadion: Bank of America Stadium (75.412 Plätze)
Größte Erfolge: NFC-Champion 2003 und 2015 und damit im Super Bowl
Bekannteste Spieler: Luke Kuechly (Linebacker, seit 2012), Cam Newton (Quarterback, seit 2011), Julius Peppers (Defensive End, 2002 bis 2009 und 2017 bis 2018), Steve Smith (Wide Receiver, 2001 bis 2013)
Eigentümer: David Tepper
Trainer (Stand Sommer 2019): Ron Rivera (Foto rechts)
Website: www.panthers.com

Zuvor war er nach Vorwürfen von sexueller Belästigung am Arbeitsplatz unter Druck geraten. Obwohl sich auch eine Investorengruppe um den Musiker P. Diddy und den Basketballstar Stephen Curry um einen Kauf bemüht hatte, bekam am Ende der Hedgefonds-Manager David Tepper den Zuschlag, dessen Vermögen auf elf Milliarden US-Dollar geschätzt wird.

Sportlich spielten die Panthers, die ab der Saison 1995 am Spielbetrieb teilnahmen, eine zunächst eher unbedeutende Rolle. 2003 gelang bei der zweiten Playoff-Teilnahme der erste Einzug in den Super Bowl, der allerdings gegen die New England Patriots verloren ging. Nachdem 2005 und 2008 noch zwei weitere Playoff-Tickets gelöst wurden, schloss die Franchise, deren Helmlogo einen schwarzen Panther zeigt, der in seinen Umrissen die US-Bundesstaaten North und South Carolina symbolisieren soll, die Saison 2010 als schlechtestes Team der NFL ab.

Den Erstrundenpick des Folgejahres nutzte die sportliche Leitung um den damals neuen Head Coach Ron Rivera, mit Cam Newton einen neuen Quarterback zu verpflichten. Seitdem führt Newton die Offense des Teams an, brachte seine Mannschaft viermal in die Playoffs und 2015 in den Super Bowl, wo Newton aber von Von Miller, Star-Verteidiger der Denver Broncos, die Show gestohlen wurde. Auch in der bevorstehenden Saison ist Newton noch der absoluter Anführer des Teams, allerdings gibt es große Sorgen um die lädierte und mittlerweile operierte Schulter des Superstars. Sollte Newton nicht richtig fit sein, droht den Panthers eine harte Saison.

Atlanta Falcons

28:3! Ein Zwischenstand, der sich in Mark und Seele der Atlanta Falcons eingebrannt hat. Nie zuvor hatte ein Team eine höhere Führung in einem Super Bowl verspielt.

Name: Atlanta Falcons
Stadt/State: Atlanta/Georgia
Liga: NFC South
Stadion: Mercedes-Benz Stadium (71.000 Plätze)
Größte Erfolge: NFC-Champion 1998 sowie 2016 und damit im Super Bowl
Bekannteste Spieler: Steve Bartkowski (Quarterback, 1975 bis 1985), Julio Jones (Wide Receiver, seit 2011), Matt Ryan (Quarterback, seit 2008), Deion Sanders (Cornerback, 1989 bis 1993), Michael Vick (Quarterback, 2001 bis 2006)
Eigentümer: Arthur Blank
Trainer (Stand Sommer 2019): Dan Quinn
Website: www.atlantafalcons.com

Es war der 5. Februar 2017 und die Atlanta Falcons hatten sich durch Touchdowns von Devonta Freeman, Austin Hooper, Robert Alford und Tevin Coleman die Führung herausgespielt. Matt Ryan, MVP der Regular Season 2016, hatte seinen von Offensive Coordinator Kyle Shanahan entworfenen Angriff immer wieder gekonnt über das Feld geführt und Tom Brady, den Superstar von Gegner New England Patriots, in den Schatten gestellt. Bei nur noch zwei Minuten und 17 Sekunden im dritten Viertel auf der Uhr starteten die Patriots ihre Aufholjagd und siegten am Ende in der Verlängerung mit 34:28. Vorbei der Traum vom ersten Gewinn des Super Bowls. Für die Falcons war es der zweite Auftritt im Spiel der Spiele, bereits 1998 war man den Denver Broncos unterlegen gewesen.

Nach der dramatischen Niederlage gegen die Patriots mussten die Falcons den Abgang von Shanahan verkraften, der als Head Coach bei den San Francisco 49ers anheuerte. Obwohl die Folgesaison nicht mehr ganz so glücklich verlief, wurden erneut die Playoffs erreicht, wo man die Philadelphia Eagles, den späteren Champion, in der Divisional Round am Rande einer Niederlage hatte. In der zurückliegenden Saison wurden die Playoffs dann gar verpasst.

Gegründet wurde das Team aus Atlanta in Georgia 1966 und nach einer Umfrage mit »Falcons« benannt. Als erster Head Coach wurde Norb Hecker vorgestellt, was gleich einen Boom auslöste. Hecker war zuvor Assistenzcoach von Trainer Vince Lombardi gewesen – sämtliche Tickets für die Premierensaison waren binnen 54 Tagen ausverkauft. Dem Hype wurde das Team zunächst allerdings nicht gerecht und verließ die ersten neun Spiele den Platz als Verlierer.

Die erste Hochphase erlebte das Team dann ab dem Ende der 1970er-Jahre, als Quarterback Steve Bartkowski die Falcons 1978, 1981 und 1982 in die Playoffs führte, wo aber gleich immer nach der ersten Partie Schluss war. So dauerte es bis zum 28. Dezember 1991, bis Atlanta unter Head Coach Jerry Glanville den ersten Playoff-Sieg der Franchise-Geschichte einfuhr – damals durch ein 27:20 gegen die New Orleans Saints.

Neue Aufmerksamkeit erhielt das Team, das sich in der Folge sporadisch für die Playoffs qualifizierte, im Draft 2001. Im dem allerersten Pickrecht sicherten sich die Falcons die Dienste von Michael »Superman« Vick, einem Quarterback, der mit seiner mobilen Spielweise für Begeisterung sorgte und die Falcons 2002 und 2004 in die Playoffs führte. Doch 2007 endete das Kapitel Vick in der NFL vorerst. Der Spielmacher wurde wegen illegaler Hundekämpfe angeklagt, später zu 23 Monaten Haft verurteilt und von der NFL auf unbestimmte Zeit gesperrt.

Ohne Vick spielten die Falcons 2007 eine der schlechtesten Spielzeiten ihres Bestehens und holten im folgenden Draft Quarterback Matt Ryan als neuen Heilsbringer nach Georgia. Tatsächlich etablierte Ryan das Team im Pool der Playoff-Kandidaten und unterzeichnete im Frühjahr 2018 einen damaligen Rekordvertrag in Höhe von 150 Millionen US-Dollar für eine Laufzeit von fünf Jahren.

▲ Cool! Wildes Gerangel um ihn herum – aber Matt Ryan, Quarterback der Atlanta Falcons, konzentriert sich am 23. Dezember 2018 im Spiel gegen die Carolina Panthers auf seinen Wurf, behält Ruhe und Übersicht

Jetzt geht's los

▼ Der Startschuss. Oder besser der Startwurf, die erste Aktion. Nach dem Snap durch den Center (am Ball), der dem hinter ihm stehenden Quarterback das Spielgerät zuspielen wird, muss dieser entscheiden: Übergabe des Balls an einen Runningback, selbst loslaufen oder einen Pass zu einem Wide Receiver werfen. Egal, wie der Quarterback sich entscheidet – es soll Raumgewinn erzielt werden

VINCE LOMBARDI

Der Namensgeber

Spätestens wenn es zum Ende einer jeden Saison um den Super Bowl geht, dann ist der Name Vince Lombardi allgegenwärtig, trägt doch die Sieges-Trophäe den Namen des legendären Head Coaches, der zwischen 1959 und 1967 die Green Bay Packers zu fünf Meistertiteln führte.

Lombardi gilt als einer der besten Cheftrainer aller Zeiten im gesamten US-Sport, wenngleich er nie innovativen Einfluss auf die Entwicklung des American Football nahm. Zwar wurde der Spielzug »Lombardi Sweep« nach ihm benannt, doch beteuerte er stets, dass es sich um einen normalen Single-Wing-Spielzug handeln würde. Vielmehr verstand es Lombardi mit einem rigiden Führungsstil das Optimum aus seinen Spielern herauszuholen. Dabei fand er auch neue Positionen für seine Spieler. Paul Hornung, der als bester Quarterback auf dem College ausgezeichnet worden war, wurde zum Halfback umfunktioniert.

Lombardi kämpfte während der gesamten Zeit als Head Coach gegen den damals noch vorherrschenden Rassismus an. So hatten die Packers zu seinem Amtsantritt mit Nate Borden nur einen farbigen Spieler im Team. Lombardi erklärte, dass seine Spieler »weder schwarz noch weiß« seien, »sondern Packers-grün«. Auch unterschied Lombardi nicht zwischen verschiedenen sexuellen Orientierungen seiner Spieler und forderte für jeden Respekt und Akzeptanz ein.

Lombardi ließ hart trainieren, bis jeder Spielzug in Fleisch und Blut seiner Spieler übergegangen war. So schaffte es der Sohn italienischer Einwanderer in jeder seiner NFL-Spielzeiten eine positive Sieg-Niederlagen-Bilanz zu erreichen. Im Juni 1970, ein halbes Jahr nachdem er seine Zeit bei den Washington Redskins beendet hatte, wurde Darmkrebs bei Lombardi diagnostiziert, zweieinhalb Monate später sollte er daran im Alter von nur 57 Jahren versterben.

▼ Vince Lombardi, Trainer der Green Bay Packers, coacht am 15. Januar 1967 sein Team zum 35:10-Super-Bowl-Triumph gegen die Kansas City Chiefs

Im Profil

Name: Vincent Thomas »Vince« Lombardi
Geburtsdatum/-ort: 11. Juni 1913 in Brooklyn/New York; † 3. September 1970 in Washington, D.C.
Position: Head Coach
Teams als Head Coach: Green Bay Packers (1959 bis 1967), Washington Redskins (1969)
Erfolge: Super-Bowl-Champion 1966 und 1967, NFL-Champion 1956, 1961, 1962, 1965, 1966, 1967, NFL Coach of the Year 1959 und 1961, Hall-of-Fame-Mitglied seit 1971

Besonderes: Der Super-Bowl-Pokal trägt den Namen Vince Lombardi Trophy.

JOHNNY UNITAS

Prämie: Sechs Dollar pro Spiel

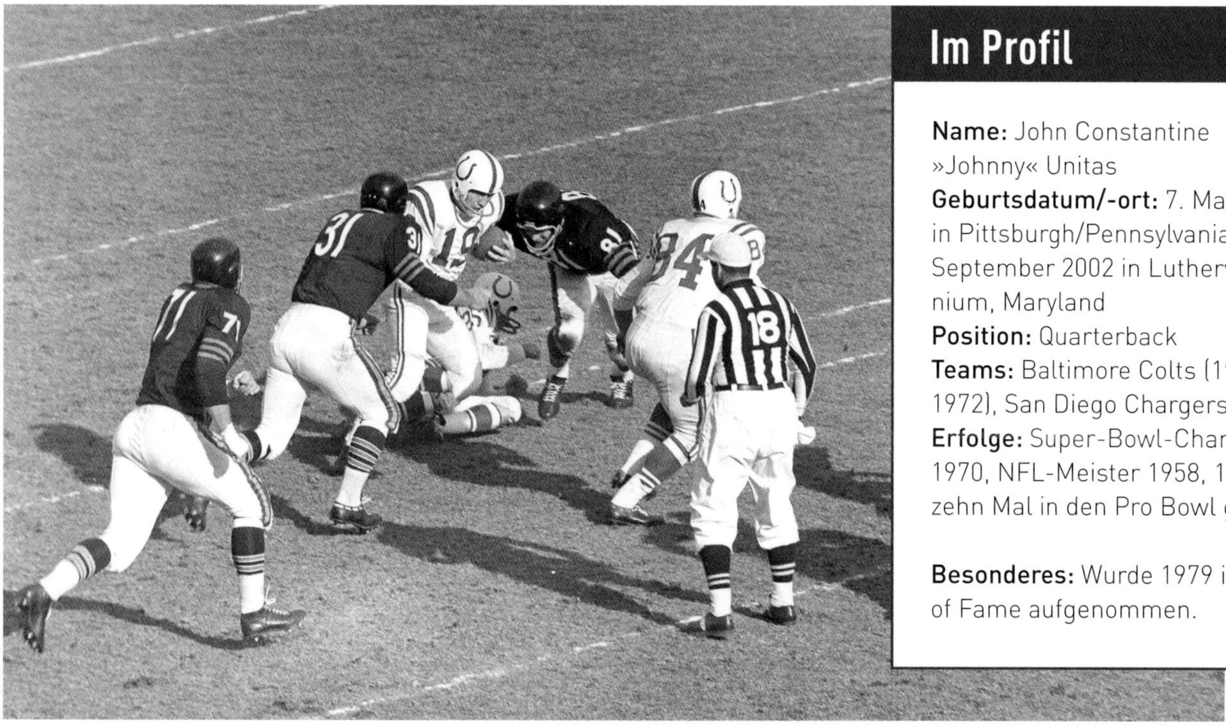

Im Profil

Name: John Constantine »Johnny« Unitas
Geburtsdatum/-ort: 7. Mai 1933 in Pittsburgh/Pennsylvania; † 11. September 2002 in Lutherville-Timonium, Maryland
Position: Quarterback
Teams: Baltimore Colts (1956 bis 1972), San Diego Chargers (1973)
Erfolge: Super-Bowl-Champion 1970, NFL-Meister 1958, 1959, 1968, zehn Mal in den Pro Bowl gewählt.

Besonderes: Wurde 1979 in die Hall of Fame aufgenommen.

▲ Baltimore Colts-Quarterback Johnny Unitas (19) wird am 13. November 1960 im Spiel gegen die Chicago Bears von Joe Fortunato (31) and Doug Atkins (81) attackiert

Im NFL Championship Game 1958 der Baltimore Colts gegen die New York Giants waren noch 116 Sekunden zu spielen. Die Colts lagen mit Johnny Unitas mit 14:17 hinten, als der Quarterback seiner Offense mitteilte, dass er von nun an – um Zeit zu sparen – seine Spielzüge direkt an der Line of Scrimmage ansagen würde. Baltimore kam noch zum Ausgleich und siegte in der Verlängerung.

Das Spiel trug danach den Titel »The Greatest Game ever Played« (Das größte Spiel, das jemals gespielt wurde) und Unitas ging als Mitgründer der »No Huddle Offense« in die Geschichte ein. Überhaupt hatte der Sohn litauischer Einwanderer, der nach dem frühen Tod seines Vaters in einfachen Verhältnissen aufwuchs, das Spiel mit 340 Pass-Yards dominiert – in einer Zeit, in der American Football noch eine Sportart war, in der möglichst viel mit dem Ball gelaufen wurde.

Schon zu seiner College-Zeit an der University of Louisville wurde ihm der Spitzname »The Golden Arm« (Der goldene Arm) verliehen. Dabei hatte seine Karriere nach der Auswahl der Pittsburgh Steelers in der neunten Runde des Drafts von 1955 noch schwerfällig begonnen – Head Coach Walt Kiesling hielt nichts von Unitas und sortierte ihn gleich wieder aus. Stattdessen spielte Unitas zunächst semiprofessionellen Football bei den Blommfield Rams und strich damit sechs US-Dollar Prämie pro Spiel ein. Unitas stand finanziell unter Druck, da seine Frau zu diesem Zeitpunkt schwanger war.

Doch 1956 nahmen ihn die Colts unter Vertrag und Unitas etablierte sich als wurfgewaltiger Quarterback über 17 Spielzeiten. Seinen sportlichen Höhepunkt erlebte der Vater von acht Kindern am 17. Januar 1971, als er mit Baltimore die fünfte Austragung des Super Bowls mit 16:13 gegen die Dallas Cowboys gewann. Nach seiner Karriere stand Unitas als Moderator und Schauspieler vor der Kamera, am 11. September 2002 verstarb er an einem Herzinfarkt im Alter von 69 Jahren.

O.J. SIMPSON

Football, Filme, Haftzelle

Als Runningback der Buffalo Bills schaffte O.J. Simpson 1973 Historisches: Als erster Spieler in der Geschichte der National Football League durchbrach er die Schallmauer von 2.000 Lauf-Yards in nur einer Saison. Doch so groß die persönlichen Erfolge – eine Meisterschaft gewann er allerdings nie – des sechsmaligen Pro Bowlers auf dem Platz auch waren, sie wurden von den Schlagzeilen, die Simpson Jahre nach seiner Karriere produzierte, in den Schatten gestellt.

Weltweite und zweifelhafte Berühmtheit erlangte er so 1994, als er wegen Mordes an seiner Ex-Frau Nicole Brown Simpson und deren neuen Lebensgefährten Ron Goldman angeklagt worden war. Simpson hatte sich als Hauptverdächtiger eine Verfolgungsjagd mit der Polizei geliefert, die live im US-Fernsehen übertragen wurde. Nichtsdestotrotz sprachen ihn die Geschworenen 1995 im Strafprozess frei, obgleich er 1997 in einem unabhängigen Zivilprozess zu einem Schadensersatz an die Hinterbliebenen in Höhe von 33,5 Millionen US-Dollar verurteilt wurde.

Da er diese Summe nie entrichten konnte, wurden der Familie Goldman die Rechte an seinem 2006 veröffentlichten und kurz darauf wieder zurückgezogenen Buch »If I did it«, in welchem er beschreibt, wie er als möglicher Mörder gehandelt und empfunden hätte, zugesprochen.

Im Gefängnis sollte Simpson dennoch landen. 2007 war der frühere NFL-Star in einen bewaffneten Raubüberfall verwickelt, für welchen er eine Haftstrafe von mindestens neun bis maximal 33 Jahren erhielt, die er im Lovelock Correctional Center in Nevada abzusitzen hatte.

Seit dem 1. Oktober 2017 befindet sich Simpson, der zwischen 1968 und 1994 in einer Vielzahl von US-Filmen und US-Serien in Gastrollen zu sehen war, wieder auf freiem Fuß.

▲ **Unaufhaltsam unterwegs: O.J. Simpson von den Buffalo Bills hat eine Lücke in der Defensive der Detroit Lions entdeckt, in die er jetzt stößt – und seinen zweiten Touchdown des Spiels erzielt (Foto vom 25. November 1976)**

Im Profil

Name: Orenthal James Simpson
Position: Runningback
Geburtsdatum/-ort: 9. Juli 1947 in San Francisco/Kalifornien
Teams: Buffalo Bills (1969 bis 1977), San Francisco 49ers (1978 und 1979)
Erfolge: sechs Mal im Pro Bowl, fünf Mal First Team All-Pro

Besonderes: Erster Spieler in der NFL-Geschichte, der mehr als 2.000 Yards Raumgewinn in einer Saison erlief.

REGGIE WHITE

Der Jäger der Quarterbacks

▲ **Immer hochkonzentriert: Reggie White, hier am 2. Dezember 1990 im Dress der Philadelphia Eagles**

Im Profil

Name: Reginald Howard »Reggie« White
Geburtsdatum/-ort: 19. Dezember 1961 in Chattanooga/Tennessee, † 26. Dezember 2004 in Huntersville/North Carolina
Position: Defensive End
Teams: Philadelphia Eagles (1985 bis 1992), Green Bay Packers (1993 bis 1998), Carolina Panthers (2000)
Erfolge: Super-Bowl-Champion 1996, 13-mal in den Pro Bowl gewählt.

Besonderes: Seine Trikotnummer »92« wird bei den Philadelphia Eagles und den Green Bay Packers nicht mehr vergeben. Hält den Rekord von drei Sacks in einem Super Bowl.

Der Weg von Reggie White in die NFL war ein ungewöhnlicher. Als Spieler der Memphis Snowboats aus der damaligen Konkurrenzliga USFL (United States Football League) kam er über den Supplemental Draft, einer Draft-Veranstaltung für alle Spieler, die am eigentlich Draft nicht teilnahmeberechtigt waren, zu den Philadelphia Eagles. Head Coach Marion Campbell funktionierte den gelernten Defensive Tackle dann zum Defensive End um – eine Entscheidung, die sich im Nachhinein als goldrichtig erweisen sollte. Mit seinen auf 1,96 Metern Größe verteilten 133 Kilogramm, gepaart mit einer unglaublichen Schnellkraft in den Beinen, war White prädestiniert für die Rolle als Passrusher. Seine Dominanz auf dieser Position wurde mit dem Spitznamen »Minister of Defense« (Minister der Verteidigung) veranschaulicht. White wurde so zu einem gefürchteten Quarterback-Jäger und sammelte in seiner Karriere 198 Sacks. Nur Bruce Smith, Spieler der Buffalo Bills und Washington Redskins, schaffte es in seiner Laufbahn noch zweimal häufiger, den gegnerischen Spielmacher umzureißen. Seinen größten Moment hatte White, der gläubiger Christ war, im Super Bowl am 26. Januar 1997, als er im Trikot der Green Bay Packers beim 35:21 Drew Bledsoe, den Quarterback der New England Patriots, dreimal sackte – bis heute Rekord für einen Super Bowl, auch wenn Darnell Dockett für die Arizona Cardinals und Kony Ealy für die Carolina Panthers später nachziehen konnten. White schaffte diese legendäre Karriere, obwohl er die gesamte Zeit über an Schlafapnoe und einer Erkrankung des Immunsystems litt. So verstarb White, der mittlerweile als Prediger arbeitete, an Weihnachten 2004 an einem Herzinfarkt, der ursächlich auf seine Krankheiten zurückgeführt wurde.

JOE MONTANA

Comeback Kid: Joe Cool

190 Sekunden verblieben Joe Montana und den San Francisco 49ers am späten Abend des 22. Januar 1989 noch, um von der eigenen 8-Yard-Linie den 23. Super Bowl (XXIII) gegen die Cincinnati Bengals zu drehen. Beim Stand von 13:16 fand der Quarterback, der zu diesem Zeitpunkt bereits eine Dekade das Gesicht seiner Franchise war, 145 Sekunden später seinen Wide Receiver John Taylor für den Sieg-bringenden Touchdown.

Die 75.597 Zuschauer im Joe Robbie Stadium von Miami waren soeben Zeitzeugen einer Angriffsserie geworden, die als »The Drive« in die Geschichte der NFL eingehen sollte. Einmal mehr hatte Montana seinen Spitznamen, den er bereits zu College-Zeiten erworben hatte, alle Ehre gemacht: »Comeback Kid« und »Joe Cool«. Die 49ers wurden an diesem Abend – wie auch Montana selbst – zum dritten Mal NFL-Champion. Ein weiterer gemeinsamer Titel sollte ein Jahr später folgen.

Dabei hatte Montana, der ein besonderes Talent für Ballsportarten in die Wiege gelegt bekam, zum Ende seiner High-School-Zeit vor einer schwierigen Entscheidung gestanden: Die North Carolina State University bot dem jungen Montana ein Basketball-Stipendium an und die University of Notre Dame tat es ihr mit einem Football-Stipendium gleich. Vielleicht waren es die Worte seines High-School-Trainers Jeff Petrucci, die ihn die richtige Entscheidung treffen ließen: »Montana ist geboren, um als Quarterback zu spielen.« Vielleicht eiferte er aber auch seinem Idol Terry Hanratty nach, der 1969 den Weg über Notre Dame in die NFL zu den Pittsburgh Steelers gefunden hatte.

Eine College-Meisterschaft und den Gewinn des Cotton Bowls auf College-Ebene später, schlug dann auch Montana in der NFL auf – und ein: in San Francisco statt in Pittsburgh. Dabei fiel der damals 22-Jährige im Draft des Jahres 1979 bis in die dritte Runde, da er mit seiner Körpergröße von 1,87 Metern als zu klein für einen NFL-Quarterback galt. Bill Walsh, damaliger Head Coach der 49ers, war das egal. Er suchte den perfekten Quarterback für sein auf Kurzpässen basierendes Offensivsystem, auch »West Coast Offense« genannt. Und Walsh sollte seinen perfekten Spielmacher bekommen. Seinen Durchbruch schaffte Montana am 7.

◂ »The Catch«: Dwight Clark fängt am 10. Januar 1980 den legendären Joe Montana-Pass

Im Profil

Name: Joseph Clifford »Joe« Montana Jr.
Position: Quarterback
Geburtsdatum/-ort: 11. Juni 1956 in New Eagle/Pennsylvania
Teams: San Francisco 49ers (1979 bis 1992), Kansas City Chiefs (1993 und 1994)
Erfolge: Super-Bowl-Champion 1981, 1984, 1988 und 1989, drei Mal Super-Bowl-MVP, zwei Mal NFL-MVP, acht Mal im Pro Bowl

Besonderes: Seine Trikotnummer »16« wird bei den 49ers nicht mehr vergeben.

◂ **Typische Szene rund um eine Spieleröffnung: Quarterback Joe Montana (links) sucht nach einem Passempfänger, während 49ers-Leftguard John Ayers (mitte) einen Gegenspieler blockt**

Montana hat alle seine Super-Bowl-Teilnahmen siegreich gestaltet

Dezember 1980. Beim Stand von 7:35 gegen die New Orleans Saints wurde er nach der Pause für Steve DeBerg eingewechselt und führte San Francisco noch zum 38:35-Triumph. Es folgten unzählige Pässe und Momente, die Montana zu einem Mythos werden ließen. Auf dem Weg zu seinem ersten Super-Bowl-Titel kam es im Championship Game gegen die Dallas Cowboys kurz vor dem Ende der Begegnung zu einem Pass auf Dwight Clark, der diesen spektakulär unter Kontrolle brachte, was den Fang als »The Catch« in die Historie eingehen ließ. Eine schwere Verletzung am Ellbogen ließ Montana dann die Spielzeiten 1991 und 1992 verpassen, sein Thronfolger Steve Young eroberte in diesen Saisons Montanas Platz, der daraufhin zu den Kansas City Chiefs wechselte, die er zweimal in die Playoffs führte, ehe er im April 1995 seine Karriere beendete. Montana galt bis zum fünften Titelgewinn eines gewissen Tom Brady im Februar 2017 – mittlerweile hat Brady sogar sechs Meisterschaften gewonnen – als bester Spieler aller Zeiten. Der Grund: Montana gewann alle seine Super-Bowl-Teilnahmen und kam in diesen Spielen auf ein phänomenales Rating von 127,8.

JERRY RICE

Touchdown-Fang mit 42 Jahren

»Zwanzig Jahre und keinen Tag Urlaub«, so beschrieb Jerry Rice seine lange Zeit in der NFL in einem Fernsehinterview nach seiner aktiven Karriere. Damit drückte der Wide Receiver das aus, wofür er in ganz Amerika bewundert wurde: Rice war nicht nur der beste Passempfänger, der jemals NFL-Boden betreten hatte, Rice war landesweit für seine Trainingsmoral bekannt und anerkannt. Diese erlaubte es ihm auch noch im für einen Spieler seiner Position hohen Alter von 42 Jahren, Pässe in der National Football League zu fangen.

In seiner Karriere, die 1985 als Erstrundenpick bei den San Francisco 49ers begann und 2005 bei den Denver Broncos endete, hatte Rice 303 Spiele bestritten und nur zehn Partien verpasst. Kein Wide Receiver hat auch nur annähernd so häufig in der NFL auf dem Platz gestanden – Irving Fryar (1984 bis 2000) und Tim Brown (1988 bis 2004) liegen mit jeweils 255 Spielen auf dem geteilten zweiten Rang.

Und Rice war in seiner Laufbahn überaus erfolgreich. Als kongenialer Partner der Quarterbacks Joe Montana und später Steve Young gewann Rice, der in seiner Karriere 38 Liga-Rekorde aufstellte, dreimal den Super Bowl und wurde insgesamt 13 Mal in den Pro Bowl gewählt. Niemand fing bis heute mehr Pässe in der NFL als Rice mit seinen 1.549, und seine damit eroberten 22.895 Yards Raumgewinn sind absoluter Spitzenwert bis heute – auf Platz zwei liegt der noch aktive Larry Fitzgerald (16.279), gefolgt von Terrell Owens (1996 bis 2010) mit 15.934.

Seinen letzten von insgesamt 197 gefangenen Touchdowns (»natürlich« ebenfalls Rekord) fing Rice dann als bereits 42-Jähriger am 19. Dezember 2004 im Trikot der Seattle Seahawks, ehe er als Spieler der Denver Broncos, für die er allerdings ohne Einsatz blieb, seine Karriere beendete.

Im Profil

Name: Jerry Rice
Position: Wide Receiver
Geburtsdatum/-ort: 13. Oktober 1962 in Starkville/ Mississippi
Teams: San Francisco 49ers (1985 bis 2000), Oakland Raiders (2001 bis 2004), Seattle Seahawks (2004), Denver Broncos (2005/ohne Einsatz)
Erfolge: Super-Bowl-Champion 1988, 1989 und 1994, Super-Bowl-MVP 1988, 13 Mal in den Pro Bowl gewählt.

Besonderes: Mitglied der Pro Football Hall of Fame seit 2010, Mitglied der College Hall of Fame seit 2006, Mitglied des NFL 75th Anniversary All-Time Teams, des 1980s und 1990s All-Decade Teams.

◄ ▲ Zweimal Jerry Rice, legendärer Wide Receiver der San Francisco 49ers. Einmal beim Fangen eines Passes (Foto links am 13. Dezember 1992), und am 28. Januar 1990 jubelnd in New Orleans: Vor 72.900 Zuschauern im Louisiana Superdome gewannen die 49ers den 24. Super Bowl (XXIV) mit 55:10 gegen die Denver Broncos, Jerry Rice erzielte drei Touchdowns

DEION SANDERS

Pendler zwischen den Welten

»Primetime«, »Neon Deion«! Wenn man an Deion Sanders denkt, der zwischen 1989 und 2005 in der NFL aktiv war, kommt man nicht um diese Spitznamen des Cornerbacks herum.

Sanders, der in den Saisons 1993 und 1995 mit dem jeweiligen Gewinn des Super Bowls seine sportlichen Höhepunkte feierte, hatte schnell verstanden, dass es zur Legendenbildung häufig auch die entsprechende Show neben dem Platz braucht. Schnelle Autos, dicke Goldketten und eine häufig in grellen Farben getragene Mode sowie seine extrovertierte Art gehörten bei Sanders, einem der besten Pass-Verteidiger der Liga-Geschichte, stets mit dazu. 19 Touchdowns erzielte Sanders als Verteidiger oder Return-Spezialist und stellte damals einen NFL-Rekord auf, der 2014 allerdings von Devin Hester gebrochen wurde. Die meisten seiner Touchdowns feierte Sanders bereits auf dem Weg zur Endzone mit großen Stechschritten und nicht selten dem Gegner den Ball provozierend entgegenstreckend. Sich selbst beschrieb Sanders als extrem ehrgeizig. Sein exzentrisches Image spielte ihm so auch große Werbeverträge mit Firmen wie Nike, Pepsi, Burger King, Pizza Hut und American Express ein.

Doch Sanders war Showman, Multitalent und Workaholic in einer Person. Er half nicht nur noch zusätzlich als Wide Receiver aus – parallel zu seiner Football-Karriere spielte Sanders auch professionell Baseball und stand 1992 mit den Atlanta Braves in der Endspielreihe World Series. Der Vater von fünf Kindern mit zwei Frauen ist der einzige Sportler, der in NFL und MLB das Finale erreichte. Am 11. Oktober 1992 scheiterte Sanders allerdings beim Versuch, als erster Athlet sowohl ein NFL- wie auch ein MLB-Spiel an nur einem Tag zu bestreiten – die Braves setzten ihn nicht ein, nachdem er vom Spiel der Atlanta Falcons aus Miami eingeflogen kam.

▲ Zugegeben: Dies ist KEIN Football-Foto! Aber Deion Sanders war eben nicht nur in der NFL aktiv, sondern auch als Baseball-Spieler, wie dieser Schnappschuss vom 4. März 1997 beweist

Im Profil

Name: Deion Luwynn Sanders
Position: Cornerback, Return-Spezialist, Wide Receiver
Geburtsdatum/-ort: 9. August 1967 in Fort Myers/Florida
Teams: Atlanta Falcons (1989 bis 1993), San Francisco 49ers (1994), Dallas Cowboys (1995 bis 1999), Washington Redskins (2000) und Baltimore Ravens (2004 bis 2005)
Erfolge: Super-Bowl-Champion 1993 und 1995, acht Mal in den Pro Bowl gewählt, NFL Defensive Player of the Year 1994.

Besonderes: Stand als einziger Athlet sowohl im Super Bowl wie auch in den World Series (Finalserie in der Baseball-Liga MLB). Einer von zwei NFL-Spielern, denen ein Touchdown auf sechs verschiedene Weisen gelang (Punt-Return, Kickoff-Return, Receiving, Rushing, Fumble-Return und Interception-Return).

ROB GRONKOWSKI

Viele Verletzungen, viele Titel

Im Profil

Name: Robert Paxton Gronkowski
Position: Tight End
Geburtsdatum/-ort: 14. Mai 1989 in Amherst/New York
Teams: New England Patriots (2010 bis 2018)
Erfolge: Super-Bowl-Champion 2014, 2016 und 2018, fünf Mal im Pro Bowl

Besonderes: Der »Gronk-Spike«, mit dem er jeden Touchdown feiert, indem er den Ball auf einem Bein stehend auf den Boden schmettert, ist weltbekannt. Die Silhouette dieser Bewegung ist inzwischen eine eigene Marke und ziert etliche Fanartikel.

▾ Karriere-Ende nach einem weiteren Mega-Erfolg: Rob Gronkowski während des 53. Super Bowl im Mercedes Benz Stadium in Atlanta, Georgia. Die Patriots um »Gronk« besiegten die Los Angeles Rams 13:3

Via Instagram gab Rob Gronkowski am 24. März 2019 sein Karriereende bekannt und hinterließ dabei einen Aufschrei bei allen Fans der New England Patriots. Nicht ohne Grund: In der Offense von Superstar Tom Brady hatte der Tight End in neun Spielzeiten neue Maßstäbe gesetzt.

Bereits in seiner zweiten Saison in der National Football League stellte »der Gronk«, so sein Spitzname, einen neuen Touchdown-Rekord für Tight Ends auf, als er in Woche 14 der Saison 2011 beim 34:27 bei den Washington Redskins seinen 15. Karriere-Touchdown fing. Seine insgesamt 17 gefangenen Pässe für Punkte in der gegnerischen Endzone innerhalb der gleichen Spielzeit waren ebenfalls Rekord. Sein Touchdown-Stand zum Eintritt der Footballrente lag bei herausragenden 80. Gronkowski war auch das absolute Lieblingsziel von Brady – kein Spieler fing mehr Pässe aus Bradys Händen. Die Titelgewinne 2014, 2016 und 2018 krönten seine Laufbahn.

Eine Laufbahn, die aber auch immer wieder von schweren Verletzungen unterbrochen wurde. Zwei Armbrüche, ein Kreuzbandriss, eine punktierte Lunge und immer wiederkehrende Knie- sowie Rückenprobleme zwangen die Frohnatur mit der Nummer 87 auf dem Trikot häufig zu unfreiwilligen Pausen.

Doch verzichten mussten seine Fans selten auf ihren »Gronk«, auch wenn er den Patriots angeschlagen nicht zur Verfügung stand. Gronkowski gehörte auf den Social-Media-Kanälen zu den aktivsten Spielern und postete immer wieder humorvolle Videos und Fotos. Zudem spielte er sich 2015 im Film »Entourage« selbst und hatte 2017 eine Rolle im Film »American Violence«. Bei Wrestlemania 33 im April 2017 stand er sogar im WWE-Ring.

RAY LEWIS

Kraftpaket. Christ. Angeklagter

Das Stadion tobte, wenn sich beim Einmarsch der Teams der Spielertunnel in Rauch hüllte und sich die Silhouette des Spielers mit der Nummer 52 langsam aus den Schwaden schälte. Dann schlug Ray Lewis sich wie ein Gorilla auf die Brust, sprang von links nach rechts und brüllte zum Himmel hinaus. Lewis war ein regelrechtes Kraftpaket, eine Naturgewalt, vorangetrieben durch seinen unbändigen Willen: Lewis war der beste Linebacker seiner Zeit. »Es reicht mir nicht, der beste Linebacker in der NFL zu werden. Ich will der beste Spieler aller Zeiten werden, ja, der größte Spieler sein, der diesen Sport jemals ausgeübt hat«, dieses Zitat stammt von Ray Lewis und drückt aus, mit welchem Ehrgeiz die Linebacker-Legende der Baltimore Ravens seinen Sport betrieben hat.

Was er selbst zu geben bereit war, forderte er aber auch von seinen Teamkollegen ein. Mit Sätzen wie »Heute ist unser Tag« oder »Niemand schlägt uns auf unserem Feld« motivierte er seine Mitspieler in der Kabine wie im Huddle. Trent Dilfer, Quarterback beim ersten Super-Bowl-Triumph der Ravens mit Lewis beschrieb einmal: »Die Haare an deinen Armen stellen sich auf, wenn der Kerl mit der Nummer 52 seine Kabinenansprachen hält.«

Dabei sah es zunächst gar nicht nach der großen Karriere für Lewis aus. Er war das älteste von fünf Kindern einer alleinerziehenden Mutter, die drei Arbeitsverhältnissen nachging, um ihre Sprösslinge ernähren zu können. Lewis kompensierte seine schlechte soziale Stellung durch Kraftsport und zeigte an der High School sein Talent neben dem Football auch im Ringen, in dem er Landesmeister der zweithöchsten Schulkategorie wurde. Bereits nach drei statt der üblichen vier Jahre an der University of Miami suchte er aber den Weg in die National Football League.

Die Ravens wählten ihn an Position 26 der ersten Draftrunde 1996 aus und hatten damit das Gesicht ihrer Franchise für die nächsten 17 Jahre gefunden. Gleich in seinem ersten NFL-Spiel machte Lewis mit neun Tackles und einer Interception auf sich aufmerksam und wurde prompt »AFC Defensive Player of the week«. Es ist fast eine Ironie des Schicksals, dass Lewis seine Karriere ebenfalls furios beendete. In seinem letzten Football-Spiel gewann er mit seinen Ravens den Super Bowl gegen die San Francisco 49ers. Nach 1.336 Karriere-Tackles war dann Schluss – Franchise-Rekord.

So sehr Lewis bei seinen Gegenspielern aufgrund seiner harten Spielweise gefürchtet war, so sehr polarisierte er aber auch neben dem Platz. Er ist bekennender Christ und gründete die »Ray Lewis 52 Foundation«, die sich um Arbeiter und benachteiligte Jugendliche kümmert. Er finanzierte den Kirchenbau in seinem Heimatort und lädt jährlich zu Thanksgiving 400 bedürftige Familien zum Essen ein – die Presse ist an diesen Tagen ausgeladen, Lewis will Gutes tun und dafür nicht im Rampenlicht stehen. In dieses geriet er allerdings während der Feierlichkeiten zum Super-Bowl-Triumph 2000, als Lewis in einen Streit geriet, in dessen Folge zwei Menschen an Stichverletzungen starben. Lewis wurde des Mordes angeklagt, was ihm aber nicht nachgewiesen werden konnte. Gegen eine Zahlung an die Opferfamilien in unbekannter Höhe wurde die Anklage vier Jahre später fallengelassen.

Obwohl er sich während des Prozesses auch rassistisch angefeindet sah, indem er den Vorwurf äußerte, nur angeklagt zu sein, weil er »schwarz und reich« sei, versuchte er 2016 Colin Kaepernick bei seinen politischen Protesten zu bremsen. »Das Football-Feld ist unser Heiligtum. Hör auf, dich mit diesem Unsinn zu verzetteln«, forderte er Kaepernick auf und zeigte einmal mehr, wie sehr er für seinen Sport und seine Leidenschaft eingestanden ist.

Im Profil

Name: Ray Anthony Lewis
Position: Linebacker
Geburtsdatum/-ort: 15. Mai 1975 in Bartow/Florida
Teams: Baltimore Ravens (1996 bis 2012)
Erfolge: Super-Bowl-Champion 2000 und 2012, Super-Bowl-MVP 2000, 13 Mal in den Pro Bowl gewählt.

Besonderes: Tackling-Rekordhalter der Baltimore Ravens, Hall-of-Fame-Mitglied seit 2018.

Kraftvoll, wortgewaltig, treu: Ray Lewis spielte in seiner NFL-Karriere ausschließlich für die Baltimore Ravens

JIM BROWN

Von Touchdown zu Touchdown

Jim Brown war von 1957 bis 1965 der Superstar der National Football League. Unaufhaltsam lief der Runningback für die Cleveland Browns von Touchdown zu Touchdown und war in acht seiner neun Spielzeiten der Ballträger in der Liga, der den meisten Raumgewinn erobert hatte. Dass Brown ausgerechnet von schlechtem Wetter ausgebremst wurde, gehört zu den Randnotizen seiner außergewöhnlichen Karriere.

»Man konnte damals nicht einfach spielen und die sozialen Zustände im Land ignorieren.«

Brown war mit seiner Athletik, gepaart mit seinem Körperbau, seiner Zeit voraus – es gab kaum einen Gegenspieler, der ihm ebenbürtig war. Jim Browns Laufstil war so kraftvoll wie beweglich und er war eine Attraktion, für den sich alleine der Stadionbesuch lohnte. Schon zu seiner College-Zeit hatte Brown von sich Reden gemacht und in seinem Abschlussjahr für das Football-Team der Syracuse University einen Schnitt von 14,9 Yards pro Laufversuch erzielt. Gleichzeitig hatte das Multitalent 38 Punkte pro Spiel für die Basketball-Mannschaft gemacht und auch im Lacrosse, einer Sportart, bei der ein Hartgummiball mit Kescher-ähnlichen Schlägern gespielt wird, herausragende Leistungen gezeigt.

Brown, der in seiner Kindheit noch die Rassentrennung erlebt hatte, war aber nicht nur ein exzellenter Sportler, er setzte sich ebenso für das Ansehen von farbigen Athleten im US-Sport ein. »Man konnte damals nicht einfach spielen und die sozialen Zustände im Land ignorieren«, gab Brown nach seiner Karriere Einblick in seine Gedanken und erläuterte: »Du musstest dich fragen, warum Farbige für manche Positionen als nicht schlau genug galten. Es gab auch immer eine gerade Anzahl an farbigen Spielern in einer Mannschaft, damit sie sich die Zimmer teilen konnten. Es gab immer sechs oder acht. Fünf waren nicht möglich.« Alleine durch die sportlichen Leistungen Browns wurden farbige Sportler anders wahrgenommen.

1964 holte er mit seinen Cleveland Browns die NFL-Meisterschaft. Seine Rekordsaison mit 1.863 erlaufenen Yards im Jahr1963 ist bis heute gültiger Franchise-Rekord der Browns. Bereits während seiner aktiven Zeit als Sportler startete Brown auch seine Schauspiel-Karriere. So spielte er im 1964 veröffentlichten Western »Rio Conchos« seine erste von mehr als 40 Filmrollen. Ausgerechnet die Umstände bei den Dreharbeiten zum Kriegsfilm »Das dreckige Dutzend« beendeten dann die Karriere von Brown.

Wegen schlechter Wetterlage musste sein Rückflug von Europa zum Trainingsauftakt seiner Mannschaft verschoben werden. Darüber gerieten Brown und Clevelands Besitzer Art Modell derart in Streit, dass der Spieler, der bis zu seinem achten Lebensjahr bei seiner Urgroßmutter aufwuchs, nachdem sein Vater, ein Profi-Boxer, die Familie verlassen hatte und seine Mutter zunächst ohne ihn weggezogen war, kurzerhand die Brocken hinwarf.

◄ Runningback Jim Brown war von 1957 bis 1965 für die Cleveland Browns aktiv

Im Profil

Name: James Nathaniel »Jim« Brown
Geburtsdatum/-ort: 17. Februar 1936 auf St. Simons/Georgia
Position: Runningback/Fullback
Teams: Cleveland Browns (1957 bis 1965)
Erfolge: NFL-Champion 1964, neun Mal in den Pro Bowl gewählt.

Besonderes: Seine Trikotnummer »32« wird bei den Cleveland Browns nicht mehr vergeben, ebenso wenig wie seine Trikotnummer »44« an der Syracuse University.

▲ Brown-Statue vor dem FirstEnergy Stadion in Cleveland

So sehr Brown sich auch nach seiner Karriere für farbige Mitmenschen einsetzte, so oft kam er auch mit dem Gesetz in Konflikt: Er unterstützte die Gründung der BEU, der Black Economic Union, und verhalf Gang-Mitgliedern zum Ausstieg über das Amer-I-can-Programm. Auf der anderen Seite kam es bereits 1965 zum ersten Vorwurf der Körperverletzung gegen eine 18-Jährige. Es folgten Verkehrsdelikte, weitere Körperverletzungen, Vergewaltigungsvorwürfe und eine Anklage wegen versuchten Mordes am Model Eva Bohn-Chin, die bei einem Streit über eine Balkonbrüstung aus einem zweiten Stock gestürzt war. Die Anklage wurde 1968 aber fallengelassen, da Bohn-Chin nicht mit den Ermittlungsbehörden kooperierte. 2000 landete er für drei Monate im Gefängnis, nachdem er das Auto seiner Frau mit einer Schaufel demoliert hatte und die Strafe von unter anderem 400 Stunden gemeinnütziger Arbeit nicht annahm.

BRETT FAVRE

Quarterback der Gegensätze

Vier Pässe, zwei Interceptions. Hätte Ron Wolf, 1992 General Manager der Green Bay Packers, nicht so große Stücke auf Brett Favre, den damaligen Backup-Quarterback der Atlanta Falcons gehalten, die Karriere der heutigen NFL-Legende wäre vielleicht schon nach seiner Rookie-Saison vorbei gewesen. Doch Favres Fähigkeiten waren den Packers das Erstrundenpickrecht im Draft 1992 wert, so dass die Falcons davon ausgingen, ein gutes Geschäft gemacht zu haben.

15 Jahre lang spielte Favre dann in Green Bay und wurde zum Superstar. Neunmal brachte er es in diesen eineinhalb Dekaden in den Pro Bowl, dreimal wurde er NFL-MVP, zweimal gewann er mit seinem Team die NFC und holte sich am 26. Januar 1997 gegen die New England Patriots seinen Super-Bowl-Ring. Doch Favre, der seine Karriere nach einem einjährigen Gastspiel 2008 bei den New York Jets ausgerechnet beim Packers-Divisionsrivalen Minnesota Vikings ausklingen ließ, war auch ein Quarterback der Gegensätze. So begab er sich im Mai 1996 in eine Entziehungskur, nachdem er eingeräumt hatte, von Schmerzmitteln abhängig zu sein.

Sportlich hält er etliche Rekorde. Exakt 6.300 vollständige Pässe sind ebenso NFL-Bestwert wie seine 10.169 Passversuche. Favre stand in 321 Spielen, inklusive Playoffs, hintereinander als Starter auf dem Feld und er war der erste Quarterback, der gegen jedes NFL-Team mindestens einmal gewonnen hat. Doch wer so viele Pässe wirft, der muss auch damit leben, dass er negative Rekorde hält. So warf Favre in seiner Laufbahn 326 Interceptions, alleine 2005 waren es 29 – beides NFL-Höchstwerte. Das soll aber nicht darüber hinwegtäuschen, dass Favre ohne Zweifel einer der besten Spielgestalter aller Zeiten ist.

▲ **Gut gemacht: Brett Favre nimmt Greg Jennings auf seine Schultern, freut sich mit seinem Packers-Mitspieler über eine gelungene Aktion (Aufnahme vom 30. September 2007)**

Im Profil

Name: Brett Lorenzo Favre
Geburtsdatum/-ort: 10. Oktober 1969 in Gulfport/Mississippi
Position: Quarterback
Teams: Atlanta Falcons (1991), Green Bay Packers (1992 bis 2007), New York Jets (2008), Minnesota Vikings (2009 und 2010)
Erfolge: Super-Bowl-Gewinner 1996, NFC-Champion 1996 und 1997

Besonderes: Favre wurde elf Mal in den Pro Bowl gewählt, seine Trikotnummer »4« ist bei den Packers für alle Zeit gesperrt.

BARRY SANDERS

99 Touchdown-Läufe

Ende Juli 1999 schockte Barry Sanders die Football-Welt. Der damals 31 Jahre alte Runningback der Detroit Lions erklärte sechs Wochen vor dem Start in die neue Saison seinen Rücktritt. Dabei war Sanders, der noch vier Jahre Vertrag besaß, auf dem Weg der beste Runningback in der Geschichte der NFL zu werden.

Lediglich 1.458 Yards fehlten ihm damals noch, um den Allzeit-Rekord von Emmitt Smith zu brechen. Doch Sanders hatte genug von den Lions, die sich mit Sanders zwar regelmäßig für die Playoffs qualifizierten, aber kein Titel-Team aufbauten. Ein Vorwurf, den die Lions 2015 erneut hören sollten, als Ausnahme-Receiver Calvin Johnson seine Karriere ebenfalls aus gleichem Grund vorzeitig beendete.

So spielte Sanders zehn Jahre in der NFL und erlief in jeder seiner Saisons mehr als 1.100 Yards Raumgewinn, was nur Walter Payton ebenfalls schaffte. 1997 durchbrach Sanders als erst dritter Spieler der Geschichte nach O.J. Simpson und Eric Dickerson die 2.000-Yards-Marke in nur einer Saison. Insgesamt brachte Sanders 99 Mal mit einem Lauf den Ball in die gegnerische Endzone, zusätzlich fing er zehn Touchdown-Pässe.

Seiner Karriere unwürdig war dann das Nachspiel mit seinem enttäuschten Arbeitgeber. Die Lions hatten keineswegs vor, ihren Superstar ohne Weiteres gehenzulassen. Immerhin hatte Sanders 1997 erst einen Sechsjahresvertrag über 34,56 Millionen US-Dollar unterschrieben und einen Unterschriftsbonus von elf Millionen eingestrichen. Die Lions verlangten die Hälfte des Bonus zurück und ein Gericht gab ihnen recht. Sanders sollte 5,5 Millionen über drei Jahre verteilt zurückzahlen, bot aber an, alles auf einen Schlag zu begleichen, sofern die Lions den Vertrag mit ihm dann auflösen würden.

Er hoffte so darauf, bei einem anderen Team seine Karriere fortsetzen zu können, darauf ließ sich Detroit aber nicht ein.

▲ Barry Sanders (20) am 25. November 1993 im Gespräch mit Assistenz-Coach Robert Thomas. Sanders hat soeben eine Knieverletzung erlitten und sollte einige Wochen ausfallen

Im Profil

Name: Barry David Sanders
Position: Runningback
Geburtsdatum/-ort: 16. Juli 1968 in Wichita/Kansas
Teams: Detroit Lions (1989 bis 1998)
Erfolge: zehn Mal im Pro Bowl, sechs Mal First Team All-Pro, vier Mal Second Team All-Pro

Besonderes: Seine Trikotnummer »20« wird von den Lions nicht mehr vergeben. Hält etliche NFL-Rekorde, darunter als einziger Spieler in der Geschichte in zehn aufeinander folgenden Spielzeiten jeweils mehr als 1.100 Yards erlaufen und fünf Karrierejahre mit mehr als jeweils 1.500 Yards Raumgewinn erreicht zu haben.

WALTER PAYTON

Grüße an die First Lady

Es war der 2. Januar 1986: Am Tag seines größten sportlichen Triumphes war Walter Payton gar nicht zum Feiern zumute. Soeben hatten seine Chicago Bears den Super Bowl mit 46:10 gegen die New England Patriots gewonnen, doch der Runningback saß schmollend in der Kabine. Das passte so gar nicht in das Bild, das man sonst von »Sweetness« hatte, wie der smarte und beliebte Payton seit seiner College-Zeit an der Jackson State University genannt wurde.

Payton galt damals als der beste Runningback der NFL-Geschichte, hatte etliche Rekorde von Jim Brown gebrochen und hatte doch in seinem einzigen Super Bowl so gar keine Rolle gespielt. 21 Läufe für 61 Yards und kein Touchdown waren nicht das, was man von Payton in diesem Spiel erwartet hatte. Doch der Runningback hatte sich dem System opfern müssen, hatte etliche Läufe angetäuscht, die Verteidigung der Patriots auf die falsche Fährte gelockt und die Touchdowns seinen Teamkollegen überlassen. So lief alleine Quarterback Jim McMahon zweimal mit dem Ball in die gegnerische Endzone. Sein Head Coach Mike Ditka sagte Jahre später, dass er nichts mehr bereue, als Payton in diesem Spiel keinen Touchdown überlassen zu haben.

Auch ohne einen großen Auftritt im Spiel der Spiele ging Payton, der bei seinem Karriereende 1987 insgesamt 13 NFL-Rekorde hielt, nachhaltig in die Geschichtsbücher ein. Kein Runningback hatte so viele Yards in seiner Karriere erlaufen, wie der Erstrundenpick von 1975 mit seinen 16.726, kein Runningback hatte dabei so oft mit dem Ball unterm Arm die gegnerische Endzone erreicht – insgesamt 110 Mal.

Payton war nie auf den Mund gefallen und so witzig wie schlagfertig. Nachdem er den Allzeit-Laufrekord von Brown gebrochen hatte, erhielt er einen Anruf direkt aus der Air Force One, dem Flugzeug des US-Präsidenten. Ronald Reagan wollte es sich nicht nehmen lassen, persönlich zu gratulieren. Payton bedankte sich artig und ließ schöne Grüße an »Nancy« (Nancy Reagan, First Lady) ausrichten, was für großes Gelächter bei den umstehenden Journalisten sorgte.

So leicht sich Payton als Ballträger auch über das Spielfeld bewegte und so flink seine Zunge auch war, so sehr geriet sein Privatleben aus der Spur. Die Ehe mit Gattin Connie kriselte und wurde schließlich geschieden. Körperlich baute Payton zum Ende der

◂ Bei einem Pro Bowl-Game in den 80er-Jahren in Hawaii blockt Walter Payton (34) Phil Simms (11), so dass der Quarterback in Ruhe seinen Wurf ansetzen kann

Im Profil

Name: Walter Jerry Payton
Geburtsdatum/-ort: 25. Juli 1954 in Columbia/Mississippi, † 1. November 1999 in South Barrington/Illinois
Position: Runningback
Teams: Chicago Bears (1975 bis 1987)
Erfolge: Super-Bowl-Champion 1985, neun Mal in den Pro Bowl gewählt.

Besonderes: Seine Trikotnummer »34« ist bei den Chicago Bears gesperrt, Namenspatron des »Walter Payton Man of the Year Award«.

◂ **Walter Payton (34) von den Chicago Bears am 8. Oktober 1984 im Spiel gegen die New Orleans Saints. Die Bears gewannen 20:7, Payton steuerte einen One-Yard-Touchdown zum Erfolg bei**

Zu seiner Trauerfeier kamen Zehntausende ins Stadion

1990er-Jahre immer mehr ab, so dass spekuliert wurde, ob er homosexuell sei und sich mit HIV infiziert hätte. Doch all das stimmte nicht, Payton war an der Leberkrankheit PSC (Primär Sklerosierende Cholangitis) erkrankt und sollte am 1. November 1999 im Alter von nur 45 Jahren im Kreise seiner Familie, zu der er kurz vor seinem Tod zurückgekehrt war, versterben. Payton folgte damit auf seinen Vater, der – ebenfalls viel zu früh – im Alter von 54 Jahren verstorben war. Der Farbige war 1979 wegen Trunkenheit am Steuer festgenommen und Stunden später tot in seiner Zelle aufgefunden worden. Bei der Obduktion konnte kein Alkohol im Körper des 54-Jährigen festgestellt werden, vielmehr hatte er ein Aneurysma im Gehirn, welches schnellstens hätte behandelt werden müssen – doch blieb ihm medizinische Versorgung verwehrt.

Zur Trauerfeier von Walter Payton kamen Zehntausende ins Soldier Field Stadion der Chicago Bears und auch die private Trauerfeier, an der etliche NFL-Stars und -Legenden teilnahmen, hatte mehr als 1.000 Gäste. Nach seinem Tod wurde der »NFL Man of the Year Award« in »Walter Payton Man of the Year Award« umtituliert.

LAWRENCE TAYLOR

Ein echter Draufgänger

»L.T, er ist jeden Sonntag da, wenn es drauf ankommt und wird mit Sicherheit immer sein Bestes geben.« Diese Antwort stammt von NFL-Legende Bill Parcells, der 2013 gefragt wurde, welchen Spieler er aus allen ehemaligen und aktiven als erstes auswählen würde. L.T. steht in diesem Fall für Lawrence Taylor, den unvergessenen Linebacker, der seine gesamte Karriere für die New York Giants aktiv gewesen war und der zweimal den Super Bowl mit seinem Team holte. Parcells erinnerte sich in diesem Moment wohl auch an den 12. November 1988, als Taylor beim 13:12 gegen die New Orleans Saints mit gerissenem Brustmuskel einfach weiterspielte.

Taylor setzte auf seiner Position neue Maßstäbe, als er 1981 im Draft von der New Yorker Franchise und deren damaligem General Manager George Young ausgewählt wurde. Schon in seiner Kindheit hatte Taylor sich gegen seine beiden Brüder durchgesetzt, was seine Mutter Iris so beschrieb: »Wo die anderen beiden um Erlaubnis fragten, tat Lonnie die Sachen einfach, ohne sich um die Konsequenzen zu scheren.« Lonnie – ein weiterer Spitzname Taylors.

Weitere sollten folgen: »Godzilla« an der University of North Carolina, »Superman« dann später bei den Giants. Was Taylor so erfolgreich machte, war sein rücksichtsloser Spielstil – rücksichtslos gegen seine Gegenspieler, aber auch gegen sich selbst. Bobby Cale, Assistenztrainer an Taylors College beschrieb, wie Taylor sechs bis sieben Fuß hoch sprang, um einen Punt zu blocken, um dann in der Folge auf seinem Nacken zu landen. Diese Art des Spiels machte Taylor zum begehrtesten Talent des Drafts 1981. Sage und schreibe 26 der damaligen 28 Teams wollten den Verteidiger in der ersten Runde auswählen – am Ende durften sich die Giants an zweiter Position freuen, zuvor hatten sich die Saints für Runningback George Rogers entschieden.

Taylor wurde zu dem von den Quarterbacks am meisten gefürchteten Linebacker der NFL, der bei Blitz-Spielzügen am liebsten über die »Blind Side« der gegnerischen Spielmacher agierte. »Dieser Kerl hätte mich verdammt nochmal beinahe umgebracht. Wer ist der Typ? Er kam immer über meine Blind Side und hat meine Rippen in Einzelteile zerlegt«, klagte Terry Bradshaw, Legende der Pittsburgh Steelers. Die Karriere von Joe Theisman, immerhin einmaliger Super-Bowl-Champion mit den Washington Redskins, beendete Taylor dann gleich. Doch es war kein Freudentanz, den er nach seinem Sack gegen Theisman wild mit den Armen fuchtelnd veranstaltete und den

Im Profil

Name: Lawrence Julius Taylor
Geburtsdatum/-ort: 4. Februar 1959 in Williamsburg/Virginia
Position: Linebacker
Teams: New York Giants (1981 bis 1993)
Erfolge: Super-Bowl-Champion 1986 und 1990, zehn Mal im Pro Bowl

Besonderes: Seine Trikotnummer »56« wird bei den New York Giants nicht mehr vergeben.

»Wer ist der Typ? Er hat meine Rippen in Einzelteile zerlegt.«

▲ Linebacker Lawrence Taylor von den New York Giants am 22. Oktober 1989 während eines Spiels gegen die San Diego Chargers. Die Giants gewannen das Spiel 20:13

man ihm zunächst vorwarf. Taylor hatte lediglich gesehen, dass sein Gegenspieler mit einem offenen Schien- und Wadenbeinbruch auf dem Spielfeld liegengeblieben war und hatte in Panik die Ärzte animieren wollen, das Spielfeld zu betreten.

Doch Taylor war nicht nur auf dem Spielfeld ein Draufgänger. Schon während seiner aktiven Karriere hatte er mit Alkohol- und Drogenproblemen zu kämpfen. Manipulierte Aktiengeschäfte, gefälschte Steuererklärungen, Unfallflucht und Sex mit Minderjährigen sind nur ein kleiner Auszug der Konflikte, die Taylor mit dem Gesetz hatte. Mit 1.089 Tackles, 132,5 Sacks und neun Interceptions beendete Taylor 1993 seine Laufbahn. Seine Fans bekamen ihn trotzdem noch ab und an zu Gesicht. Mit Gastauftritten in »Eine schrecklich nette Familie« und »Die Sopranos« blieb L.T. auf der Mattscheibe, ebenso mit einem siegreichen Kampf bei Wrestlemania XI gegen Bam Bam Bigelow und einem Gastauftritt bei »Dancing with the Stars« 2009.

DON SHULA

Trotz Verbot: Mega-Karriere

Im Jahr 1972 schrieben die Miami Dolphins Geschichte. Ungeschlagen zog das Team aus Florida durch die Saison und wurde auch in den Playoffs und im Super Bowl nicht bezwungen. Eine »Perfect Season« sollte keinem weiteren Team mehr gelingen. Vater des Erfolgs war Don Shula, der erst das dritte Jahr als Head Coach für die Dolphins arbeitete. Es sollten noch 23 weitere Jahre folgen, in denen Shula Rekorde sammelte.

Kein anderer arbeitete länger am Stück als Head Coach in der NFL – 33 Jahre lagen zwischen seinem Debüt 1963 bei den Baltimore Colts und seinem Abschied. Kein Trainer sah dabei mehr Spiele als Verantwortlicher (526), kein Coach feierte mehr Siege (347). Doch auch kein Trainer verlor mehr Super Bowls als Shula, der mit den Colts einmal gegen die New York Jets unterlegen war und drei weitere Endspiele mit den Dolphins verlor. »Erfolg ist nicht für immer, verlieren ist nicht tödlich«, erkannte Shula und war stets auf der Suche, den Sport weiterzuentwickeln. So gehörte er während seiner Zeit als Coach auch dem NFL-Regelkomitee an und entwickelte die NFL über diesen Weg zu einer mehr auf Pässe ausgerichteten Liga.

Geboren wurde Shula 1930 als Sohn ungarischer Einwanderer. Mit dem Football musste er zunächst aber im Alter von elf Jahren aufhören, nachdem er sich beim Football-Spielen eine Kopfwunde zugezogen hatte – seine Eltern verboten ihm, weiterzuspielen.

Glücklicherweise durfte er sich in der High School wieder einem Team anschließen. Der Grundstein für seine 1951 beginnende NFL-Karriere war gelegt – auch wenn der große Erfolg erst auf der Trainerbank kam.

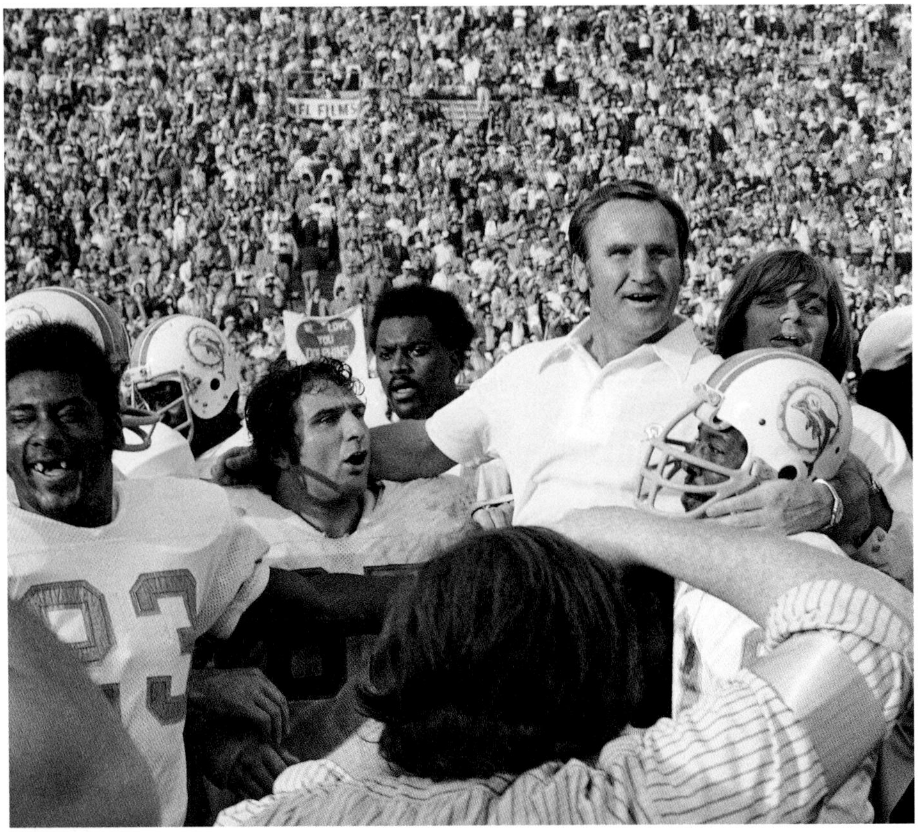

▲ Don Shula, Trainer der Miami Dolphins, wird am 14. Januar 1973 vom Feld getragen. Soeben hat sein Team mit einem 14:7-Erfolg gegen die Washington Redskins im Endspielort Los Angeles den Super Bowl gewonnen

Im Profil

Name: Donald Francis Shula
Position: Defensive Back/Head Coach
Geburtsdatum/-ort: 4. Januar 1930 in Grand River, Ohio
Teams: Cleveland Browns (1951 bis 1952), Baltimore Colts (1953 bis 1956) und Washington Redskins (1957, alle als Spieler) – Baltimore Colts (1963 bis 1969) und Miami Dolphins (1970 bis 1995, beide als Head Coach)
Titel: Super-Bowl-Champion 1972 und 1973

Besonderes: Hält die Trainerrekorde für die meisten Spiele (526), meisten Siege (347), meiste absolvierte Spielzeiten in Folge (33) sowie meiste verlorene Super Bowls (vier – geteilter Rekord). Im Ort University Heights (Ohio) ist das Stadion nach ihm benannt, außerdem trägt die State Road 874 südlich von Miami den Namen Don Shula Expressway.

DARRELLE REVIS

Ab in den Urlaub

Denkt man an die New York Jets, fällt einem als Legende als erstes Quarterback Joe Namath ein. Sucht man aber den besten Spieler, der je im Trikot der Gang Green gespielt hat, stößt man unweigerlich auf Darrelle Revis.

Der Cornerback fand 2007 als Erstrundenpick seinen Weg in die NFL und war in seiner Rookie-Saison sofort als Starter gesetzt, was auf seiner Position bei den Jets zuletzt Ray Mickens im Jahr 1996 gelungen war.

Revis' Stärke lag in der Manndeckung seines jeweiligen Gegenspielers. Dabei bewachte Revis diesen so eng, dass sich der Begriff »Revis Island« etablierte. Damit wurde veranschaulicht, dass sich sein direkter Gegenspieler auf einer Insel mit dem Namen »Revis« in Urlaub befinden würde – er stand seinem Quarterback als Passempfänger ganz einfach nicht mehr zur Verfügung ... Nach der Saison 2009, die seinen Durchbruch brachte, wurden Revis' Gegenspieler im Folgejahr in der gesamten Saison überhaupt nur noch 56 Mal anvisiert.

2012 geriet die Karriere von Revis nach einem Kreuzbandriss vorerst ins Stocken, was zu einem Missverständnis mit der Unterschrift bei den Tampa Bay Buccaneers führte. Das Team aus Florida spielte vor allem Zonen-Verteidigung, Revis passte nicht ins Konzept – und wurde so 2014 Super-Bowl-Champion mit den New England Patriots. Nach einer gefeierten Rückkehr zu den Jets ließ er seine Karriere 2017 bei den Kansas City Chiefs ausklingen und machte im Juli 2018 gänzlich Schluss.

Revis war aber nicht nur stark auf seiner Position, er bewies bei Vertragsverhandlungen auch außerordentliches Geschick. Insbesondere durch seine großen Verträge in New York und Tampa Bay kommt er auf ein Karriere-Vertragsvolumen von 291 Millionen US-Dollar, von denen er aufgrund der vielen frühen Trennungen zwar nur 124 Millionen (laut Spotrac.com) wirklich erhielt, womit er aber der einzige Defensive Back in der NFL-Geschichte ist, der die 100-Millionen-Dollar-Grenze in einer Karriere bisher durchbrechen konnte.

Im Profil

Name: Darrelle Shavar Revis
Geburtsdatum/-ort: 14. Juli 1985 in Aliquippa/Pennsylvania
Position: Cornerback
Teams: New York Jets (2007 bis 2012 und 2015, 2016), Tampa Bay Buccaneers (2013), New England Patriots (2014), Kansas City Chiefs (2017)
Erfolge: Super-Bowl-Champion 2014, sieben Mal in den Pro Bowl gewählt.

Besonderes: Bestbezahlter Defensive Back aller Zeiten (nach Karriereverdienst).

◂ Darelle Revis am 3. Dezember 2017 im Trikot der Kansas City Chiefs

PEYTON MANNING

Die Position liegt in den Genen

»Omaha ist ein Lauf-Spielzug, könnte aber auch ein Pass-Spielzug sein. Oder ein Play-Action-Pass, der von ein paar Dingen abhängig ist: Wann und in welche Richtung gehen wir, welche Jerseys tragen wir. Es ändert sich also von Spielzug zu Spielzug«, gab Peyton Manning im März 2017, ein Jahr nachdem er seine Karriere beendet hatte, zu Protokoll – und versuchte damit die immer wiederkehrende Frage auf scherzhafte Weise zu beantworten, was es mit seinem »Omaha«-Ausruf vor Beginn so vieler Spielzüge auf sich gehabt habe. Doch der Quarterback wurde nicht nur wegen seines einzigartigen Rufes bekannt, dessen wahre Bedeutung bis heute ungeklärt ist, Manning prägte eine ganze Ära in der National Football League. Er erweckte die Indianapolis Colts ab 1998 aus einem guten Vierteljahrhundert des Misserfolgs, führte das Team elfmal in die Playoffs und ist bis heute der einzige Quarterback, der mit zwei verschiedenen Teams den Super Bowl gewann.

Den ersten holte er in der Saison 2006 mit den Colts gegen die Chicago Bears, den zweiten gab es zum Abschluss seiner Karriere neun Jahre später im Jubiläums-Super-Bowl 50 mit den Denver Broncos gegen die Carolina Panthers. Manning trat nicht nur mit zwei Titeln, sondern auch mit einigen NFL-Rekorden ab. Eine der markantesten Bestmarken musste er in der vergangenen Saison aber an Drew Brees

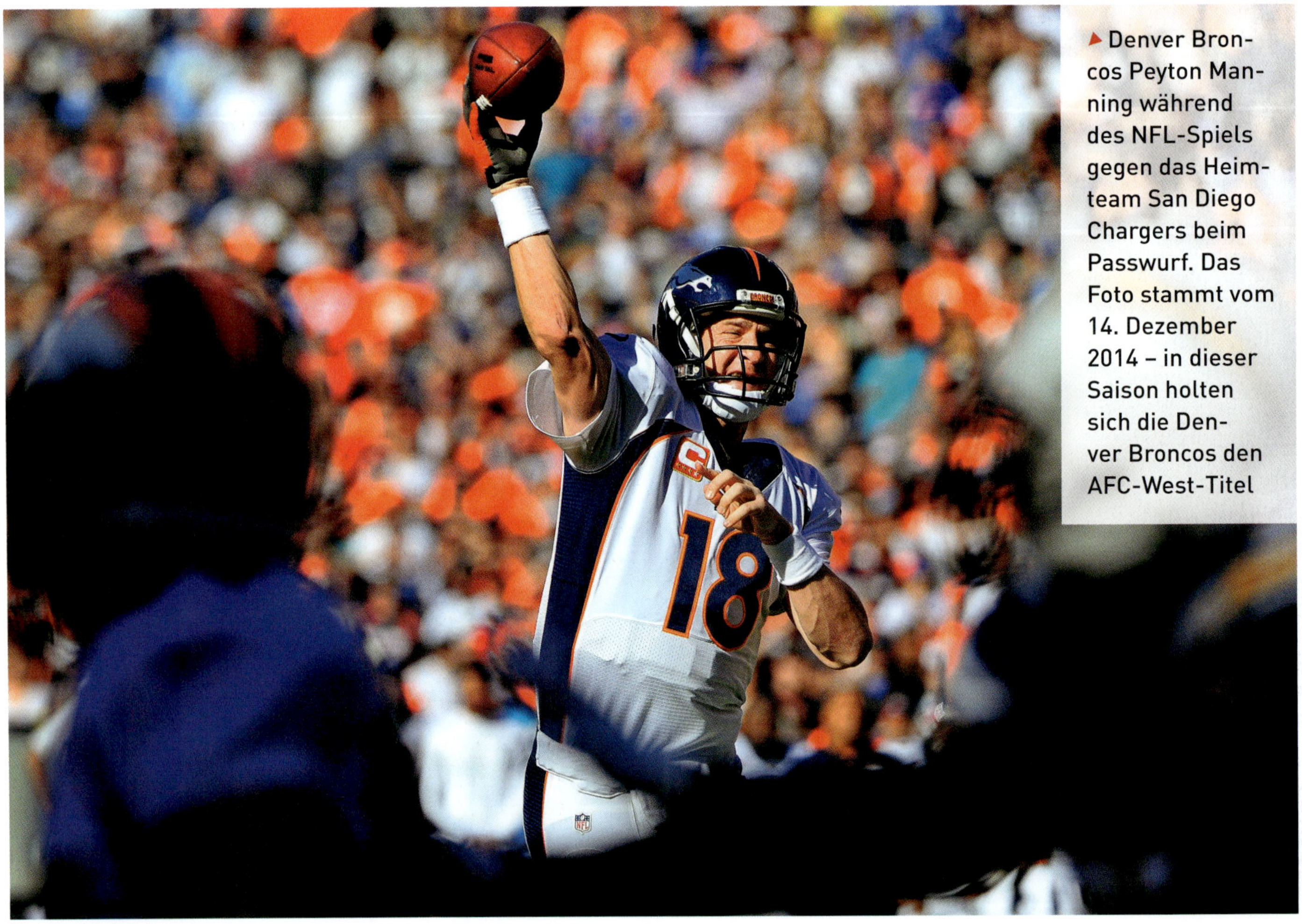

▸ Denver Broncos Peyton Manning während des NFL-Spiels gegen das Heimteam San Diego Chargers beim Passwurf. Das Foto stammt vom 14. Dezember 2014 – in dieser Saison holten sich die Denver Broncos den AFC-West-Titel

▲ Quarterback-Legenden unter sich: Peyton Manning (rechts) von den Denver Broncos und Cam Newton (links) von den Carolina Panthers nach dem 50. Super Bowl (L) am 7. Februar 2016 im Levi's Stadium in Santa Clara, Kalifornien. Das Spiel hatten die Broncos mit 24:10 für sich entscheiden können

Im Profil

Name: Peyton William Manning
Geburtsdatum/-ort: 24. März 1976 in New Orleans, Louisiana
Position: Quarterback
Teams: Indianapolis Colts (1998 bis 2011), Denver Broncos (2012 bis 2015)
Erfolge: Super-Bowl-Champion der Saisons 2006 und 2015, 14 Mal in den Pro Bowl gewählt.

Besonderes: Seine Trikotnummer »18« wird bei den Colts nicht mehr vergeben.

Mit Vater Archie und Bruder Eli leitet Peyton die Manning Passing Academy

abgeben: Der Quarterback der New Orleans Saints überbot den Wert von 71.940 Pass-Yards in Mannings Karriere, steht zum Saisonstart bei 74.437, und wird den Rekord in der neuen Saison wohl noch weiter ausbauen. Und Tom Brady (70.514) sollte Manning im Saisonverlauf auf Rang drei verweisen. Mannings 539 Touchdown-Pässe werden in den kommenden Monaten ebenfalls von Brees (aktuell 520) und Brady (517) angegriffen.

Nachdem Manning die Saison 2011 nach einer Operation an der Halswirbelsäule verpasst hatte, sortierten ihn die Colts zugunsten von Rookie Andrew Luck aus. Manning zog es für vier weitere Spielzeiten nach Colorado zu den Broncos und erreichte im neuen Trikot zweimal den Super Bowl. Nachdem es beim Super Bowl 49 noch ein 8:43-Debakel gegen die Seattle Seahawks gegeben hatte, gab es ein Jahr später, ausgerechnet in der statistisch schwächsten Saison Mannings, den erneuten Triumph. Mit dem Sieg zog Manning, dem es durch sein folgendes Karriereende gelang, auf dem Höhepunkt abzutreten, auch mit seinem jüngeren Bruder Eli gleich, der als der schwächere Quarterback der beiden gilt, aber mit den New York Giants vor Peyton bereits zwei Erfolge im Super Bowl perfekt gemacht hatte. Der Rücktritt Peyton Mannings kam dann auch zur richtigen Zeit, gerade als ihn ein Sex-Skandal aus seiner College-Zeit einzuholen drohte. 1996 soll der damals 19-Jährige sich vor einer Trainerin entblößt und ihr körperlich nahe gekommen sein.

Seit vielen Jahren leitet Peyton gemeinsam mit Eli und deren Vater Archie Manning, der selbst NFL-Quarterback bei den New Orleans Saints war, die Manning Passing Academy, die 1995 gegründet wurde und die das Zusammenspiel zwischen einem Quarterback sowie den Passempfängern verbessern soll.

EMMITT SMITH

Platz ist in der kleinsten Lücke

Kein Runningback hat mehr Bälle von seinem Quarterback in die Hände gedrückt bekommen, keiner mehr Yards in seiner Karriere erlaufen: Emmitt Smith gehört ohne Frage zu den größten Spielern, die den Sport des American Football jemals ausgeübt haben. Dabei ist der Erstrundenpick der Dallas Cowboys von 1990 nur 1,75 Meter groß und galt zu Beginn seiner Karriere als »zu klein«, um erfolgreich in der NFL Football spielen zu können.

Doch seine in der Tat geringe Körpergröße machte sich die »Nummer 22« der Cowboys zu Nutze, fand er doch jede erdenklich kleine Lücke, um hindurch zu schlüpfen und Yards für sein Team zu erobern. 18.355 Yards in 4.409 Läufen sind einsame Spitze in der ewigen Bestenliste dieser Kategorie. Seinen größten Moment hatte Smith in Super Bowl am 30. Januar 1994. Beim Stand von 13:13 im dritten Viertel gegen die Buffalo Bills hatte der Ballträger zwei Touchdowns auf das Spielfeld gezaubert und den Cowboys so zum vierten Triumph ihrer Historie verholfen. Als Belohnung gab es die Auszeichnung als Super-Bowl-MVP (wertvollster Spieler des Endspiels) obendrauf.

Bereits ein Jahr zuvor hatte sich Smith zum ersten Mal in seiner 15 Spielzeiten andauernden Karriere NFL-Champion nennen dürfen, im Januar 1996 kam der dritte und letzte Titel hinzu. Seine Karriere ließ der in die NFL Hall of Fame aufgenommene Spieler ab 2003 noch zwei Spielzeiten bei den Arizona Cardinals ausklingen. Auch nach seiner Karriere blieb er seinen Fans erhalten: Für das Fernsehen analysierte er Spiele und war in einer Gastrolle einer US-Fernsehserie zu sehen.

Im Profil

Name: Emmitt James Smith III
Geburtsdatum/-ort: 15. Mai 1969 in Pensacola/Florida
Position: Runningback
Teams: Dallas Cowboys (1990 bis 2002), Arizona Cardinals (2003 bis 2004)
Erfolge: drei Mal NFC-Meister (1992, 1993, 1995), drei Mal auch Super-Bowl-Sieger (1992, 1993 und 1995)

Besonderes: Smith wurde achtmal in den Pro Bowl gewählt, wurde NFL MYP 1993 und MVP des Super Bowls 1994. Neben vielen weiteren Ehren wurde er 2010 in die Pro Football Hall of Fame aufgenommen.

▲ Runningback Emmitt Smith von den Dallas Cowboys feiert am 27.10.2002 im Spiel gegen die Seattle Seahawks (Endergebnis 14:17) einen »Weltrekord« im Raumgewinn. In seinem 193. Spiel in der National Football League (NFL) übertrifft Smith die alte Bestmarke um zwei Yards – und stellt sie zunächst auf 16.726, im Verlauf des Spiels noch auf 16.743 Yards

TONY GONZALEZ

Klebstoff an den Händen

Tony Gonzalez setzte neue Maßstäbe für alle folgenden Tight Ends der Liga.

Seine sicheren Hände, seine Beinarbeit, seine Fähigkeit, Bälle auch eng gedeckt aus der Luft zu fischen, ließen den 1,96 Meter großen Athleten zu einem der besten Tight Ends der Liga-Geschichte aufsteigen. In 17 Karriere-Spielzeiten in der NFL verpasste »Gonzo« lediglich zwei Spiele und absolvierte so insgesamt 270 Partien. Besser noch: 1.325 Pässe fing Gonzalez in seiner Karriere und verlor das Spielgerät danach nur sechsmal durch ein Fumble, davon fünfmal während seines Rookie-Vertrages – der Mann hatte wirklich Klebstoff an den Händen.

◂ Tony Gonzales, Tight End bei den Atlanta Falcons, zeigt am 20. Dezember 2009 im Giants Stadium in East Rutherford, New Jersey, über welch gewaltige Sprungkraft er verfügt. Die Atlanta Falcons haben die NFL-Begegnung bei den New York Jets 10:7 gewonnen

Im Profil

Name: Anthony Daniel Gonzalez
Position: Tight End
Geburtsdatum/-ort: 27. Februar 1976 in Torrance/Kalifornien
Teams: Kansas City Chiefs (1997 bis 2008), Atlanta Falcons (2009 bis 2013)
Erfolge: 14 Mal in den Pro-Bowl gewählt, NFL Reception Leader 2004.

Besonderes: Erster Tight End mit 100 Karriere-Touchdowns, 15.000 Karriere-Yards und 1.000 Catches. Kein Tight End wurde häufiger in den Pro Bowl gewählt (14 Mal).

Dabei galt Gonzalez, der kapverdische Wurzeln hat, in seiner Kindheit als unsportlich und schüchtern. Doch diese Schüchternheit legte er ab, nachdem er sich einem mobbenden Mitschüler auf dem Schulhof entgegengestellt hatte.

Sein Bruder Chris brachte Tony zunächst zum Basketball, später entdeckte er zusätzlich seine Fähigkeiten auf dem Football-Platz. Bis ins College hinein übte er beide Sportarten aus, ehe er sich für das Ei entschied. Kein Fehler, wie sich an seinen Rekordwerten nach seiner Karriere ablesen lässt. Mit 15.127 gefangenen Yards steht Gonzalez auf Platz sechs im historischen Ranking, ausschließlich geschlagen von Wide Receivern. Zudem war er der erste Tight End mit mehr als 100 Karriere-Touchdowns, 111 waren es zum Karriereende – nur ein Beispiel vieler Marken, die Gonzalez als erster Tight End der Geschichte gerissen hat. Seine 14 Nominierungen für den Pro Bowl sind zudem Zeuge, dass Gonzalez, der mit seiner Frau October, mit der er sich für die Tierschutzorganisation Peta einsetzt, zwei gemeinsame Kinder hat, keinen großen Leistungsschwankungen unterworfen war.

JOE GREENE

Ein Spot änderte sein Image

Sechs Mal gewannen die Pittsburgh Steelers den Super Bowl und sind damit Rekordchampion der National Football League im Super-Bowl-Zeitalter. Joe Greene hatte seinen Anteil an all diesen Titeln. Bei den ersten vier Meisterschaften in den goldenen Siebziger Jahren stand Greene als Defensive Tackle auf dem Feld und gehörte der legendären Abwehrformation »Steel Curtain« (Stahlvorhang) an, von der er das einzige noch lebende Mitglied ist. Die Meisterschaften in den Jahren 2005 und 2008 begleitete Greene im Front Office der Steelers als Funktionär in »Spielerangelegenheiten«.

Auf dem Spielfeld war Greene zuvor ein wahrer Anführer, der durch seine körperliche Präsenz Furcht einflößte. Dabei ging er keiner Auseinandersetzung mit Gegnern und Offiziellen aus dem Weg. Manchmal ging dabei auch das Temperament mit ihm durch, wie 1975 beim Duell gegen die Cleveland Browns, als er seinem Gegenspieler Bob McKay vorsätzlich in den Unterleib trat. 1979 drohte er Dan Pastorini, dem Quarterback der Houston Oilers, martialisch ihn umzubringen, wenn er den Ball in die Endzone tragen würde. Die Oilers führten wenige Sekunden vor dem Ende bereits und standen kurz vor der Endzone der Steelers, um womöglich einen höheren Sieg zu erlangen. Pastorini jedenfalls kniete den Spielzug ab – ließ also die letzten Momente des Spiels ungenutzt verstreichen.

»Ich möchte nur, dass sich die Leute an mich als einen guten Spieler erinnern und nicht als wirklich gemein.«

Im Profil

Name: Charles Edward »Joe« Greene
Geburtsdatum/-ort: 24. September 1946 in Elgin, Texas
Position: Defensive Tackle
Teams: Pittsburgh Steelers (1969 bis 1981)
Erfolge: Super-Bowl-Champion 1974, 1975, 1978 und 1979, zehnmal in den Pro Bowl gewählt, NFL Defensive Player of the Year 1972 und 1974, Hall-of-Fame-Mitglied seit 1987.

Besonderes: Seine Rückennummer »75« wird bei den Pittsburgh Steelers und an der University of North Texas nicht mehr vergeben.

Seit seiner Zeit auf dem College trug Greene, der neben dem Spielfeld nie auffällig wurde, den Spitznamen »Mean Joe« (Gemeiner Joe) und war von diesem Titel wenig angetan. »Ich möchte nur, dass sich die Leute an mich als einen guten Spieler erinnern und nicht als wirklich gemein«, sagte er in einer Biographie über sich. Von diesem Image kam er dann 1979 weg, als er einen Werbespot für Coca-Cola aufnahm, in dem er verletzt das Spielfeld verlässt und einem besorgten Jungen, nachdem dieser ihm seinen Softdrink gereicht hat, sein Trikot schenkt.

Der Kurzfilm wurde während des Super Bowls ausgestrahlt und gilt als einer der besten Werbespots aller Zeiten. Er trug so dazu bei, die öffentliche Wahrnehmung von Greene als eher feindselig und unnahbar zu einem großherzigen »Nice Guy« zu verändern.

◂ Netter Junge? Echtes Raubein? Wahrscheinlich von beidem etwas! Joe Greene (rechts), Defensive Tackle bei den Pittsburgh Steelers, am 22. Dezember 1980 im Spiel gegen die San Diego Chargers. Die Steelers verloren 17:26

Mögen die Spiele beginnen

▲ Eine Sportart, die so sehr im Fokus steht wie American Football, benötigt funktionierende, repräsentative und für die Zuschauer komfortable Spielstätten. Wie das hier zu sehende Hard Rock Stadium in Miami Gardens, Florida, in dem 65.326 Zuschauer Platz finden – und in dem am 2. Februar 2020 der 54. Super Bowl (LIV) ausgetragen wird

3RD AND 5, ON THE 39.
verizon
312
313
314
315
NAT MOORE 89
LARRY CSONKA 39
BOB GRIESE 12
JIM LANGER 62
PAUL WARFIELD 42
JOE ROBBIE

Die Sport-Tempel der NFL

Sie sind traditionsreich und altehrwürdig oder hochmodern und spektakulär. Die Spiele der besten Football-Liga der Welt, die Partien der größten Sportliga auf dem Planeten, finden nicht in alltäglichen Stadien statt. Es sind uralte und geschichtsträchtige Spielstätten wie das Los Angeles Memorial Coliseum oder das Lambeau Field in Green Bay, die einen unvergleichlich historischen Charme ausmachen oder hochtechnisierte Arenen mit außergewöhnlichem Komfort wie das AT&T Stadium in Arlington, Texas, die den Zuschauern ein Spektakel der Superlative bieten. In einem der modernsten Stadien spielen die Dallas Cowboys. Das AT&T Stadium steht in Arlington, das westlich an Dallas grenzt. Es wurde am 27. Mai 2009 unter dem Namen »Cowboys Stadium« eröffnet und trägt seit 2013 den Namen des Telekommunikationsunternehmens AT&T, welches sich die Namensrechte bis zu 19 Millionen US-Dollar pro Jahr kosten lässt. Das Stadion bietet Sitzplätze für 80.000 Zuschauer und kann je nach Veranstaltung auf 108.713 Plätze erweitert werden. Am 21. September 2009 sahen 105.121 Zuschauer das Spiel der Cowboys gegen die New York Giants – Rekord für ein Spiel der Regular Season. Der Rekord für die größte Kulisse bei einem Super Bowl wurde am 6. Februar 2011 indes um 766 Zuschauer verpasst. Das Spiel

Es gibt weltweit keinen größeren Innenraum, der nicht durch Säulen abgestützt wird

▼ AT&T Stadium, Arlington, Texas. Los Angeles Memorial Coliseum in Los Angeles, California. Mercedes-Benz Stadium in Atlanta, Georgia (von links im Uhrzeigersinn)

der Green Bay Packers gegen die Pittsburgh Steelers sahen 103.219 NFL-Fans – nicht genug, um den Rekord aus dem Jahr 1980 zu brechen, als 103.985 Besucher das Finale zwischen den Pittsburgh Steelers und den Los Angeles Rams im Rose Bowl von Pasadena sahen. Die Architekten erschafften in Arlington zudem einen Weltrekord: Es gibt weltweit keinen größeren Innenraum, der nicht durch Säulen abgestützt wird. Zudem gehören die Videowürfel mit knapp über 1.000 Quadratmetern Fläche zu den größten weltweit. Die Baukosten beliefen sich auf etwa 1,3 Milliarden US-Dollar.

Das Kontrastprogramm zu einer modernen Arena, wie der der Cowboys, gibt es zu bestaunen, wenn man das Memorial Coliseum in Los Angeles im Bundesstaat Kalifornien betritt. Das Coliseum ist eine riesige und windanfällige Schüssel, die 93.607 Menschen Platz bietet. NFL-Football wird hier nur übergangsweise seit 2016 wieder gespielt, als die Rams von St. Louis in ihre alte Heimat Los Angeles zurückkehrten. 2020 soll auch schon wieder Schluss sein, dann steht den Rams das nigelnagelneue Stadion in Inglewood zur Verfügung, das gerade gebaut wird. Football kann man dann noch immer im Coliseum anschauen, denn im neuntgrößten Stadion Nordamerikas trägt das traditionsreiche Team der USC Trojans seit 1923 seine Heimspiele aus. Das Coliseum war zudem 1932 und 1984 Schauplatz der Leichtathletik-Wettbewerbe der Olympischen Spiele. Mit 954.869 US-Dollar Baukosten darf das Stadion nach heutigen Maßstäben geradezu als Schnäppchen bezeichnet werden – wenn auch zu einer vollkommen anderen Zeit.

Auf 1,4 Milliarden US-Dollar belaufen sich hingegen die Kosten für das Mercedes-Benz Stadium in Atlanta, Georgia, Heimstätte der Falcons. Ebenerdig betritt man den Football-Tempel mit dem sternförmig verschließbaren Dach und blickt dann auf das Spielfeld herunter. Kurios: Das Stadion wurde direkt neben dem Georgia Dome gebaut, das erst in den 1990er-Jahren

▼ Sports Authority Field at Mile High, Denver/Colorado. Raymond James Stadium, Tampa/Florida. Lambeau Field, Green Bay/Wisconsin (von oben nach unten)

errichtet worden war und 74.228 Zuschauern Platz bot. Bis zur Sprengung des alten Domes standen zwei riesige Stadionbauten nebeneinander. Das Mercedes-Benz Stadium hat am 3. Februar 2019 den Super Bowl 53 (LIII) und 70.081 Menschen beherbergt.

Neben den Heimspielstätten der Cowboys, Rams und Falcons gibt es noch etliche weitere Stadien, die eine Reise wert sind. Das Sports Authority Field at Mile High in Denver im US-Bun-

Wartezeit für eine Dauerkarte? Etwa tausend Jahre

desstaat Colorado gewährt den dort ansässigen Denver Broncos vor bis zu 76.125 Zuschauern einen besonderen Heimvorteil. Mit gut 1.600 Metern über dem Meeresspiegel ist es das am höchsten gelegene Stadion der NFL. Besonders zu Saisonbeginn im September macht es die Höhenluft in Kombination mit großer Hitze den Gegnern nicht leicht, gegen die Broncos zu bestehen, die diese Bedingungen gewohnt sind. So weisen die Broncos in Heimspielen in den ersten beiden Spielwochen seit dem Jahr 2000 eine Gesamtbilanz von 21 Siegen und nur einer Niederlagen (gegen die Oakland Raiders) auf.

Warm ist es auch in Tampa im US-Bundesstaat Florida, wo die Tampa Bay Buccaneers im Raymond James Stadion in einem der sonderbarsten Spielstätten zuhause sind. Oberhalb der Nordtribüne des Stadions, das 74.512 Besuchern Platz bietet, thront ein 31 Meter langes und 43 Tonnen schweres Piratenschiff, von welchem Fans die Spiele der Bucs verfolgen können. Jedes Mal, wenn die Bucs Punkte erzielen, die Red Zone des anderen Teams betreten oder ein Heimspiel gewinnen, werden die Replikkanonen auf dem Schiff abgefeuert. Die Kanonen feuern einmal für jeden Punkt. Am Heck des Schiffes sitzt zudem ein ferngesteuerter Papagei, der mit vorbeikommenden Fans

Zahlen, Daten, Fakten

Das älteste Stadion ist das 1923 eröffnete **Memorial Coliseum** der Los Angeles Rams.

Das neuste Stadion ist das 2016 eröffnete **U.S. Bank Stadium** der Minnesota Vikings in Minneapolis.

Das teuerste Stadion ist mit 1,6 Milliarden US-Dollar Baukosten das **MetLife Stadium** in East Rutherford, in dem die New York Giants und New York Jets spielen.

Das höchstgelegene Stadion ist das **Sports Authority Field at Mile High** der Denver Broncos mit 1.609 Metern über dem Meeresspiegel.

Mit mehr als 100.000 Plätzen hat das **AT&T-Stadium** in Arlington die höchste Kapazität aller NFL-Stadien.

Am wenigsten Zuschauer mit 27.000 passen ins **StubHub Center** der Los Angels Chargers.

Das Stadion, das am häufigsten Gastgeber des Super Bowls war, ist der **Mercedes-Benz Superdome** der New Orleans Saints.

gezielt in Kommunikation tritt. Auf jegliche Spielereien und etlichen Komfort müssen die Zuschauer verzichten, die sich Spiele der Green Bay Packers im traditionsreichen Lambeau Field anschauen. Im kalten Wisconsin finden Heimspiele im November und Dezember – und vor allem im Januar zur Playoff-Zeit – auch bei Schnee und Eis statt, und die 81.441 Zuschauer sitzen überwiegend vom Wetter ungeschützt im windigen Stadion, das ehrfurchtsvoll auch »Frozen Tundra« genannt wird. Seit 1957 wird im Lambeau Field NFL-Football gespielt. Es ist damit das Stadion, das von allen NFL-Arenen am längsten im Einsatz ist. Übrigens: Wer eine Dauerkarte für Heimspiele der Packers erwerben will, muss sich auf eine Warteliste eintragen und findet dann etwa 110.000 Namen vor dem eigenen. Da pro Jahr nur gut 100 Dauerkarten frei werden, müsste man rein rechnerisch sage und schreibe etwa tausend Jahre lang warten, ehe man eines der begehrten Tickets sein Eigen nennen dürfte.

Ähnliche Wartelisten sind aus Seattle nicht bekannt, doch gilt das CenturyLink Field, in dem die Seahawks vor bis zu 72.000 Zuschauern ihre Heimspiele austragen, als das vielleicht schönste der NFL. Es ist eine Mischung aus Freiluft-Stadion und moderner Arena, für die sich die Architekten etwas ganz Besonderes haben einfallen lassen: Durch die besondere Dachkonstruktion schaukelt sich der Lärm im Stadion immer weiter auf, so dass das CenturyLink Field als das lauteste der NFL gilt, wenngleich die NFL keine offiziellen Messungen vornimmt. Außerdem haben die Planer des 2002 eröffneten Stadions einen weiteren Vorteil für das Heimteam gleich mit eingebaut. Im regnerischen Seattle kommt der Wind meist von der nahen Pazifik-Küste. Das Stadion ist so konstruiert, dass das Heimteam während der Spiele vor Wind und Regen geschützt ist, während die Mannschaftszone der Gäste den Wettereinflüssen ungeschützt ausgeliefert ist. Illustrerweise mussten die Seahawks ab Stadionbezug aber 28 Heimspiele auf Regen warten.

▾ CenturyLink Field, Seattle

◄ Marshawn Lynch, Runningback.
Geboren: 22. April 1986

Ein wahrlich »erschütternder«Lauf

Marshawn Lynch gehört zu den gewaltigsten Runningbacks, die je in der NFL gespielt haben. Mit seinem kraftvollen Laufstil gelang es ihm immer wieder Tackle zu brechen. So auch am 8. Januar 2011 im Playoff-Spiel seiner Seattle Seahawks gegen die New Orleans Saints. Lynch, der den Spitznamen »Beast Mode« trug, durchbrach bei noch 4:20 Minuten auf der Gameclock in diesem berühmten Lauf aber gleich neun Tackles und legte dabei 67 Yards zum Touchdown zurück. Die Menge im CenturyLink Field von Seattle tobte. Sie tobte so laut, dass in Stadionnähe befindliche Seismographen Schwingungen aufnahmen und somit ein Erdbeben wahrnahmen.

Stählerne Abwehrarbeit

1976 waren die Pittsburgh Steelers als doppelter Titelverteidiger mit nur einem Sieg aus den ersten fünf Spielen gestartet und hatten zudem Quarterback Bradshaw mit einer Nacken- und Handgelenksverletzung verloren. Die Front Four um Joe Greene, L. C. Greenwood, Ernie Holmes und Dwight White schrieb dann aber Liga-Geschichte und erlaubte in den folgenden neun Spielen nur noch zwei Touchdowns und fünf Fieldgoals – die Steelers gewannen alle restlichen Spiele der regulären Saison, fünf davon zu null, und zogen erneut in die Playoffs ein. Dort war dann zwar im AFC-Finale gegen die Oakland Raiders, dem späteren Champion, Schluss, doch die Legende des »Steel Curtain«, des »stählernen Vorhangs« war geboren.

Music City Miracle: So heißt ein Spielzug

Es gibt immer wieder Spiele im American Football, die bis in die Schlusssekunden hinein auf Messers Schneide stehen. So war es auch am 8. Januar 2000 im Wildcard-Spiel der Playoffs zwischen den Tennessee Titans und den Buffalo Bills, ausgetragen in Nashville. 16 Sekunden vor dem Ende der Partie hatte Bills-Kicker Stevie Christie sein Team mit 16:15 in Führung gebracht und damit die Tür zur Divisional Round weit geöffnet. Dass die Titans allerdings eine Runde weiterkamen, hatte mit einem geschichtsträchtigen Spielzug zu tun, der als »Music City Miracle« bekannt wurde. Dabei wurde Wide Receiver Kevin Dyson (rechts) beim Kickoff-Return mit einem Lateral, einem Querpass, eingesetzt und trug das Ei zum Touchdown. Noch Jahre später wurde diskutiert, ob der Pass tatsächlich seitlich war oder doch leicht nach vorne geworfen wurde, was ein Regelverstoß gewesen wäre.

Was für ein Tausch ...

Das Tauschen von Spielern gehört in der NFL zum Alltag. Was sich aber die Minnesota Vikings 1989 dabei dachten, als sie gleich fünf eigene Spieler und sechs Pickrechte für den damals 27 Jahre alten Herschel Walker an die Dallas Cowboys abgaben, ging als »Great Trade Robbery« in die Liga-Geschichte ein. Walker stand in seiner dritten NFL-Saison und war die Spielzeiten zuvor jeweils in den Pro Bowl gewählt worden. Der Trade wurde zum Desaster für die Vikings, die Walker nach drei durchschnittlichen Spielzeiten an die Philadelphia Eagles weitergaben. Schlimmer aber: Die Cowboys setzten die gewonnenen Draftrechte mit Geschick ein und legten mit diesen den Grundstein für ihre Dominanz in den 1990er-Jahren. Mit Emmitt Smith, der zum besten Runningback seiner Zeit wurde, fand man zudem einen mehr als würdigen Nachfolger für Walker.

◂ **»Hauptdarsteller« beim Music City Miracle: Kevin Dyson, Wide Receiver. Geboren: 23. Juni 1975**

Als Empfänger der Pässe aus den Händen von Quarterback Aaron Rodgers stieg Jordy Nelson (unten) zum Superstar der Green Bay Packers und der NFL auf. Und so häufig er hoch in die Luft stieg, um sich Bällen entgegenzustrecken, so sehr blieb der Wide Receiver abseits des Football-Feldes auf dem Boden. So half er auch während seiner Zeit als Profi regelmäßig – hauptsächlich in der Offseason – auf der elterlichen Farm im Bundesstaat Kansas aus. Rinder und Schweine, zwölf Stunden am Tag. Seit seinem Karriereende im zurückliegenden Frühjahr hat sich Nelson ebenfalls dem Farmer-Leben verschrieben.

Der Farmer: Jordy Nelson

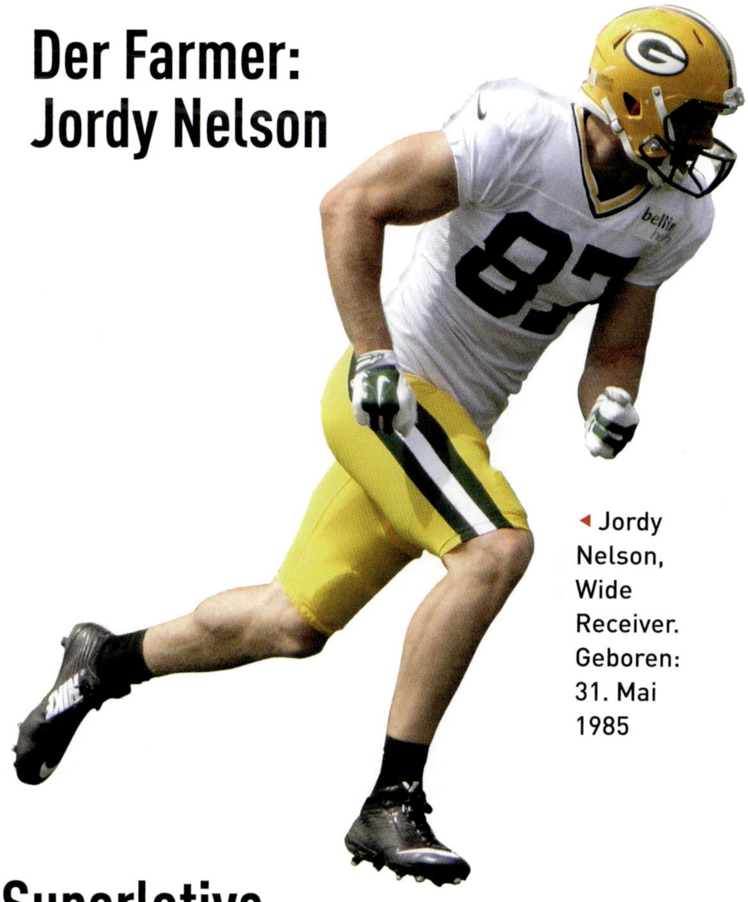

◂ **Jordy Nelson, Wide Receiver. Geboren: 31. Mai 1985**

Punkteschlacht der Superlative

Es war das Monday Night Game von Woche elf der NFL-Saison 2018. Mit den Los Angeles Rams und den Kansas City Chiefs trafen die beiden offensivstärksten Mannschaften der Spielzeit aufeinander. Und das sollte diesmal ein gutes Omen sein – eine historische Schlacht sollte sich entwickeln. Die Rams gewannen das Spiel der Superlative am Ende mit 54:51 und sorgten so zum ersten Mal in der Liga-Geschichte dafür, dass ein Team mit mehr als 50 erzielten Punkten das Feld als Verlierer verlassen musste. Insgesamt bekamen die Zuschauer 14 Touchdowns zu sehen.

Der erste Deutsche in der Endzone: Markus Kuhn

Am 7. Dezember 2014 war der Ball plötzlich frei. Im Spiel seiner New York Giants gegen die Tennessee Titans ergriff Markus Kuhn, Defensive Tackle, augenblicklich die Gunst des Moments, hob das Ei auf, begrub es unter seinem Arm und lief damit über 26 Yards in die Endzone der Titans: Touchdown für die Giants, die das Spiel am Ende mit 36:7 deutlich gewannen.

Kuhn, damals 28 Jahre alt und in seiner dritten NFL-Saison, hatte sich nicht nur in den Spielberichtsbogen eingetragen, nein, er hatte damit auch den ersten Touchdown eines deutschen Spielers in der NFL erzielt. Zum Start in die neue Saison ist es noch immer der einzige der NFL-Geschichte. Doch mit Equanimeous St. Brown von den Green Bay Packers kann Football-Deutschland auf neue Punkte der Marke »Made in Germany« hoffen – St. Brown spielt als Wide Receiver in der Offense und hofft auf seinen Durchbruch.

▲ Punkte für die Geschichtsbücher: Markus Kuhn, Defensive Tackle bei den New York Giants, ist der erste deutsche Spieler, der es in der NFL geschafft hat, einen Touchdown zu erzielen

NFL Europe

1991 kam der große Football nach Deutschland: Die NFL hatte einen weltweiten Ableger, die World League of American Football (WLAF), geschaffen. Ziel war es, die weltweite Vermarktung anzukurbeln und Nachwuchs- sowie Ersatzspielern Einsatzzeiten zu verschaffen. Aus Deutschland ging die Frankfurt Galaxy an den Start. Zusätzlich zu dem Team aus der Main-Metropole gehörten neben sechs Teams aus den USA und einem aus Kanada auch die London Monarchs und die Barcelona Dragons zu den Gründungsmitgliedern.

Nachdem die WLAF nach nur zwei Jahren ihren Spielbetrieb wieder einstellte, kehrte die Liga unter dem Namen »World League« 1995 zurück, obwohl sie ausschließlich noch aus europäischen Mannschaften bestand. Neben der Galaxy gab es nun auch ein zweites deutsches Team: Düsseldorf Rhein Fire. Und der nächste Promotion-Gag folgte. Der frühere Fußball-Nationalspieler Manfred Burgsmüller wurde als Kicker engagiert und feierte mit den Düsseldorfern zweimal den Sieg im »World Bowl«. Zu seinem Karriereende 2002 war Burgsmüller 52 Jahre alt – und damit ältester Football-Profi der Welt.

Ab 1998 gab auch die NFL ihren Namen her und die Liga wurde entsprechend ihrer rein-europäischen Teilnehmer NFL Europe genannt. Das Zuschauerinteresse war vor allem in Deutschland groß. In Frankfurt kamen regelmäßig mehr als 30.000 Zuschauer zu den Heimspielen. Nach Rhein Fire bildeten sich noch Berlin Thunder, die Cologne Centurions und die Hamburg Sea Devils auf deutschem Boden. Da die Liga aber im übrigen Europa rückläufiges Interesse verzeichnete und es neben den fünf deutschen Teams nur noch die Amsterdam Admirals aus den Niederlanden gab, wurde der Spielbetrieb nach der Saison 2007 eingestellt. Viermal gewann Frankfurt den World Bowl und ging somit als Rekordsieger in die Geschichte der Liga ein. Eine Liga, die ihre Spuren bis heute hinterlassen hat. So spielt aktuell in der German Football League das Nachfolgeteam der Galaxy unter dem Namen Frankfurt Universe.

Der erste deutsche Champion: Markus Koch

Sebastian Vollmer gilt als der erfolgreichste deutsche Football-Profi der NFL. Der gebürtige Kaarster gewann als Leibwächter von Superstar Tom Brady zweimal den Super Bowl mit den New England Patriots. Doch dabei wird ein Spieler gerne vergessen, der schon lange vor Vollmer ebenfalls zweimal den Titel gewann: Markus Koch. Am 31. Januar 1988 gewann der Defensive Lineman den Super Bowl mit den Washington Redskins gegen die Denver Broncos mit 42:10 zum ersten Mal. Vier Jahre später holte er sich seinen zweiten Ring ab, wenngleich er verletzungsbedingt nicht am Super Bowl gegen die Buffalo Bills teilnehmen konnte.

Glück gebracht hat der sportliche Erfolg Koch, der aus der DDR stammt und im Alter von vier Jahren mit seinen Eltern nach Kanada floh, aber nicht. Er verlor sein Geld, bekam gesundheitliche Probleme und war zeitweise suizidgefährdet. Mit alternativen Heilmethoden, wie Akupressur und Meditation fand Koch aber seinen Lebensmut zurück. Für Football entschied er sich übrigens an der High School, zuvor hatte Koch vor allem Fußball und Eishockey gespielt. Der Grund: Die Footballer hatten immer die hübschesten Freundinnen.

Matt Flynn (Nummer 10) am 27. Juli 2014 beim Training der Green Bay Packers

Star für einen Tag: Matt Flynn

Von 2008 bis 2011 war Matt Flynn Backup-Quarterback bei den Green Bay Packers. Im letzten Spiel der Regular Season 2011 durfte Flynn dann ran – das Playoff-Ticket war längst gelöst. Gegen die Detroit Lions machte er das Spiel seines Lebens, warf Pässe für 480 Yards und sechs Touchdowns und stellte einen Packers-Rekord auf. Nicht Bart Starr, Brett Favre oder Aaron Rodgers – nein, ein unscheinbarer Ersatzspieler, der trotz dieses Auftritts kein Glück in der NFL mehr fand.

Bis zu seinem Karriereende 2015 kamen nur noch vier Spiele als Starter bei den Packers und den Oakland Raiders hinzu. Übrigens: 2013 stellte Rodgers den Passing-Yards-Rekord immerhin ein.

NFL Europe, 3. September 2016: Szene vom Spiel Frankfurt Universe – Schwäbisch Hall Unicorns, das die Unicorns 35:28 gewonnen haben

Das Spielfeld

American Football wird auf einem ähnlich dimensionierten Spielfeld wie Fußball gespielt. So ist das Spielfeld insgesamt 120 Yards (109,7 Meter) lang und 53 Yards (48,7 Meter) breit. Unterteilt ist es in zwölf gleichgroße Abschnitte zu je zehn Yards, wobei die außen liegenden Abschnitte als Endzonen gelten, die es für die Teams zu erreichen gilt. Die die Ränder markierenden Linien des Spielfeldes gehören bereits zum Aus. Wer also eine Linie berührt, befindet sich außerhalb des »Gridiron« (Eisengitter) genannten Spielfeldes. Hingegen: Die Linien, die vom Spielfeld aus die Endzone markieren, gehören bereits zur Endzone. Der Ball muss zum Erreichen eines Touchdowns die Linie (bzw. den durch diese markierten Raum) mit nur einem winzigen Teil »berühren«.

Am Ende jeder Endzone befindet sich zudem ein Tor, das in seiner Form einer Stimmgabel ähnelt. Die Querstange befindet sich dabei in zehn Fuß (3,05 Meter) Höhe auf einem Pfosten, der laut Regelwerk gepolstert sein muss. Auf der Querstange gibt es zwei senkrechte Stangen, die 18,5 Fuß (5,64 Meter) voneinander entfernt sind. In der NFL haben diese Stangen seit 2014 eine Höhe von 35 Fuß, wobei das Tor auch über die Enden der Stangen hinaus imaginär weitergeht. Zur besseren Orientierung für den Kicker befinden sich auf dem höchsten Punkt der Torstangen kleine Fähnchen, um Hinweise auf die Windrichtung und die Windstärke zu geben.

Alle fünf Yards zwischen beiden Endzonen ist jeweils eine das gesamte Spielfeld querende Linie gezogen. Außerdem gibt es in der Mitte des Spielfeldes die sogenannten »Hash Marks«, zwei parallel über die gesamte Länge des Spielfelds führende Markierungen im Abstand von jeweils einem Yards. Die parallelen Markierungen liegen – wie auch die beiden Torstangen – 18,5 Fuß voneinander entfernt. Endet ein Spielzug außerhalb dieser definierten Spielfeldmitte, dann wird der folgende Spielzug auf Höhe der entsprechend linken oder rechten »Hash Mark« weitergeführt.

An jeder zweiten der Querlinien sind zudem die Entfernungen zur nächsten Endzone mittels großer Ziffern in Yards angegeben. So sind jeweils zwei Linien auf dem Spielfeld mit 10, 20, 30 und 40 Yards gekennzeichnet, an der Mittellinie steht eine 50. Die beiden 20-Yard-Markierungen vor beiden Endzonen werden im Spielverlauf als »Red Zone« tituliert. Diese rote Zone hat besondere statistische Bedeutung, da ab dieser Entfernung Punkte für die angreifende Mannschaft sehr wahrscheinlich sind. Allerdings heißt diese Entfernung auch, dass die verteidigende Mannschaft immer weniger Raum abdecken muss, wodurch sich die wirkliche Stärke einer Offense durch ihre Red-Zone-Statistiken messen lassen.

Parallel zu den seitlichen Auslinien erstrecken sich über die Breite von 50 Yards von der einen 25-Yard-Linie zur anderen die sogenannten Teamzonen, die sich folglich gegenüber liegen. Hier herrscht während der Spiele immer mächtig Betrieb. Neben den etlichen Coaches, die jedes Team hat, halten sich hier während der Partie die Spieler auf, die gerade nicht aktiv am Spielgeschehen teilnehmen. Hinzu kommen Betreuer, Ärzte, Physiotherapeuten und weitere sogenannte Staff-Members.

Das Spielfeld wird außerdem von etlichen Kameras überwacht, der Videobeweis ist in der National Football League bereits seit 1999 etabliert. Trotzdem gibt es noch immer die altmodische Chain Crew, die aus drei Schiedsrichterassistenten besteht, die mittels zweier durch eine Kette verbundener Stangen und einem sogenannten Down Marker jeweils die zehn Yards markiert, die ein Team innerhalb ihrer vier Versuche zurücklegen muss, um ein neues First Down zu erreichen.

In anderen Football-Ligen können diverse Maße von den in der NFL verwendeten Maßen abweichen.

Die Grundregeln

Ein Football-Spiel gewinnt, wie in den meisten Sportarten, die Mannschaft, die bis zum Ende des Spiels mehr Punkte als der Gegner erzielt hat. So einfach, so verständlich – doch wie kommt man überhaupt zu Punkten?

◄ Während des 53. (LIII) Super Bowl stehen sich am 3. Februar 2019 die Spieler der Los Angeles Rams (links) und der New England Patriots an der »Line of Scrimmage« gegenüber. Die Rams geben den Ball gleich nach hinten zu ihrem Quarterback, der passt, übergibt das Ei an einen Mitspieler oder läuft selber los

Zwei Teams stehen sich gegenüber, elf gegen elf. Eine Mannschaft ist davon in Ballbesitz und entsprechend mit ihrem Angriff (Offense) auf dem Platz. Die verteidigende Mannschaft stellt ihre Abwehr (Defense) entgegen. Zu Beginn einer Angriffsserie (Drive) erhält die Offense vier Versuche (Downs), um insgesamt zehn Yards zu überwinden. Sobald sie innerhalb dieser vier Versuche zehn Yards oder beliebig mehr Raumgewinn erzielt hat, erhält sie neue vier Versuche (neues First Down) für die nächsten vor ihr liegenden zehn Yards. Um Raum zu überwinden, kann die Offense zwischen einem Lauf- und einem Passspielzug wählen. Bei einem Laufspielzug werden in der Regel eher wenig Yards erobert, dafür ist das Risiko, den Ball zu verlieren (Fumble), relativ gering. Mit einem Pass kann der Quarterback häufig die erforderlichen zehn Yards – oder auch mehr – mit nur einem der vier zur Verfügung stehenden Versuche überwinden. Dafür erhöht sich aber die Möglichkeit durch einen abgefangenen Pass (Interception), das Angriffsrecht an die gegnerische Mannschaft zu verlieren. Zudem hat die Auswahl des Spielzugs auch noch eine taktische Komponente: Beim Laufspiel läuft die Uhr (Gameclock) in der Regel weiter, man kann also über mehrere First Downs viel Zeit von der Uhr nehmen. Entgegen bleibt die Uhr bei jedem nicht vollständigen Pass (Incomplete) stehen. So ist es möglich, dass während eines Drives mehrere Minuten vergehen, bis der Gegner wieder an den Ball kommt, aber in anderen Situationen nur wenige Sekunden.

Der vierte Versuch wird in den allermeisten Spielsituationen nicht mehr ausgespielt, um die noch erforderlichen Yards zu überwinden, stattdessen folgt meist ein Punt (das Nach-vorne-schießen des Balles, um den Gegner durch das Angriffsrechtwechsel in eine schlechte Feldposition zu bringen) oder der Versuch eines Fieldgoals (das Schießen des Balles durch die Torstangen). Sollte ein Team das Fieldgoal verschießen oder beim vierten Versuch den erforderlichen Raum zu gewinnen, scheitern, dann erhält der Gegner genau an der Stelle das Angriffsrecht – meist in einer guten Feldposition.

Ziel eines jeden Drives ist es, an dessen Ende Punkte zu erzielen. Dies schafft man entweder durch einen Touchdown oder ein Fieldgoal, gelegentlich auch durch ein sogenanntes Safety. Um einen Touchdown zu erzielen, läuft man entweder mit dem Ball in die gegnerische Endzone oder fängt in dieser den Ball. Schafft man das, erhält man sechs Punkte. Zusätzlich erhält man einen einzelnen weiteren Spielzug. Die Offense entscheidet dann, ob sie von der Zwei-Yard-Linie versucht, den Ball ein weiteres Mal in die Endzone zu bringen (Two-Point-Conversion, kurz TPC), was zwei Punkte bedeuten würde, oder von der 15-Yard-Linie den Ball durch die Torstangen, ähnlich einem Fieldgoal, zu schießen, was einen Punkt bringt und »Point after Touchdown«, kurz PAT heißt. Schafft man es hingegen nicht ganz bis in die Endzone, sondern nur bis kurz davor, versucht man zumeist ein Fieldgoal (FG) zu erzielen, welches drei Punkte bringt. »Kurz davor« heißt in diesem Fall bis etwa mindestens zur 35-Yard-Linie des Gegners. Rechnet man hinzu, dass der Ball beim Schuss zunächst noch sieben Yards nach hinten gesnapt wird und dass das Torgestänge zehn Yards tief in der Endzone steht, kommt aus dieser Entfernung ein 52-Yard-Fieldgoal heraus. Den Rekord hält hier Matt Prater, der 2013 für die Denver Broncos aus insgesamt 64 Yards Entfernung traf.

Zwei Punkte gibt es zudem, wenn man den sich in Ballbesitz befindenden Gegner in dessen Endzone tackelt (Safety). Durch Touchdown und TPC lassen sich pro Angriffsrecht also maximal acht Punkte erzielen. Führt man mit neun Punkten, so spricht man von einem Two-Scoring-Game – der Gegner muss also zwei erfolgreiche Drives schaffen, um mindestens auszugleichen. Nach TPC, PAT oder FG wird das Angriffsrecht mittels eines Kickoffs (Schuss möglichst tief hinein in die gegnerische Hälfte) an den Gegner gegeben. Mit einem Kickoff wird auch jedes Spiel eröffnet.

Den Rekord hält Matt Prater, der 2013 für die Denver Broncos aus insgesamt 64 Yards Entfernung traf.

Spielentscheidend: Greg Zuerlein (mitte) von den Los Angeles Rams erzielt mit diesem Kick am 20. Januar 2019 das Gewinn bringende Field Goal im Spiel gegen die New Orleans Saints

So geht's

Ziel
Das Angriffsteam muss den Ball mit vier Versuchen zehn Yards Richtung gegnerische Endzone befördern – ansonsten wechselt das Angriffsrecht.

Spieldauer
4 Quarters (Viertel) à 15 Minuten.

Zeit zwischen zwei Angriffen
Maximal 40 Sekunden.

Punkte
Touchdown: Der Ball wird in die Endzone getragen oder dort gefangen – sechs Punkte.
Field Goal: Der Ball wird vom Spielfeld durch die Torpfosten gekickt – drei Punkte.

Extrapunkt:
Field Goal aus kurzer Distanz (15 Yards) direkt nach Touchdown – ein Punkt. Oder der Versuch auf zwei Punkte zu gehen – Two-Point-Conversion (TPC): Hierbei muss der Ball von der Zwei-Yard-Linie in einem Zug erneut in die Endzone gebracht werden.

Safety:
Ein sich in Ballbesitz befindender Spieler der Offense wird in der eigenen Endzone zu Fall gebracht, betritt aus der eigenen Endzone heraus das Aus oder verliert den Ball, der daraufhin das Spielfeld über eine der Auslinien verlässt. Die verteidigende Mannschaft erhält dafür zwei Punkte. Zusätzlich erhält sie das nächste Angriffsrecht.

Die Zeit: Die Uhr tickt nicht wie im Fußball ununterbrochen weiter. Sie wird zum Beispiel gestoppt, wenn ein Spieler mit dem Ball ins Aus läuft oder wenn ein Pass nicht gefangen wird (Incomplete Pass).

Time Outs: Jedes Team hat pro Halbzeit (also in zwei Vierteln, den sogenannten Quartern) drei Mal die Möglichkeit, ein Time Out zu nehmen, um sich zu besprechen und/oder die Zeit anzuhalten.

Gültiger Touchdown: Nicht immer ist ein vermeintlicher Touchdown auch gültig. Steht zum Beispiel ein Spieler bereits in der Endzone und springt in die Luft, um einen Pass zu fangen, muss er mit beiden Beinen wieder in ihr landen – den Ball fest im Griff. Wird der Ball hingegen über die »Goal Line« getragen, reicht es, wenn er in der Luft teilweise »über« der Endzone ist. Die Football-Regeln besagen, dass der Spieler diese nicht zwingend erreichen, den Ball aber sicher in der Hand haben muss.

Die Challenge: Kommt einem Trainer eine Schiedsrichter-Entscheidung komisch vor, hat er pro Spiel zwei Mal die Möglichkeit, die Entscheidung »herauszufordern« – also überprüfen zu lassen. Dann wirft er ein rotes Säckchen aufs Spielfeld und die Referees treten an, um die strittige Entscheidung via Videobeweis zu klären. Bleiben die Schiedsrichter bei ihrer Entscheidung und geben dem Coach NICHT Recht, wird dem Team ein Time Out gestrichen. Wirft der Trainer sein rotes Säckchen zwei Mal und ihm wird beide Male Recht gegeben, bekommt das Team eine dritte Challenge geschenkt.

Overtime: Steht es nach Ende der beiden Halbzeiten unentschieden, geht es in die Overtime. Diese dauert 15 Minuten. Der Münzwurf entscheidet, welches Team beginnt. Gelingt dem angreifenden Team ein Touchdown, ist das Spiel sofort vorbei. Schafft es »nur« ein Field Goal, darf das andere Team auch noch mal ran.

Schiedsrichter: Da es im American Football unendlich viele Regeln gibt und auf dem Spielfeld viel los ist, stehen gleich sieben Schiedsrichter auf dem Rasen. An ihren Gürteln tragen sie eine gelbe Flagge, die sie im Falle eines Fouls auf den Rasen werfen.

»Toter« Ball: Wirft der Quarterback den Football nach vorne und landet er auf dem Boden (Incomplete Pass), ist der Ball tot und der Spielzug für alle beendet. Anders ist es, wenn der Ball nach hinten geworfen/gegeben wird. Dann darf er weitergegeben werden – allerdings auch nur nach hinten.

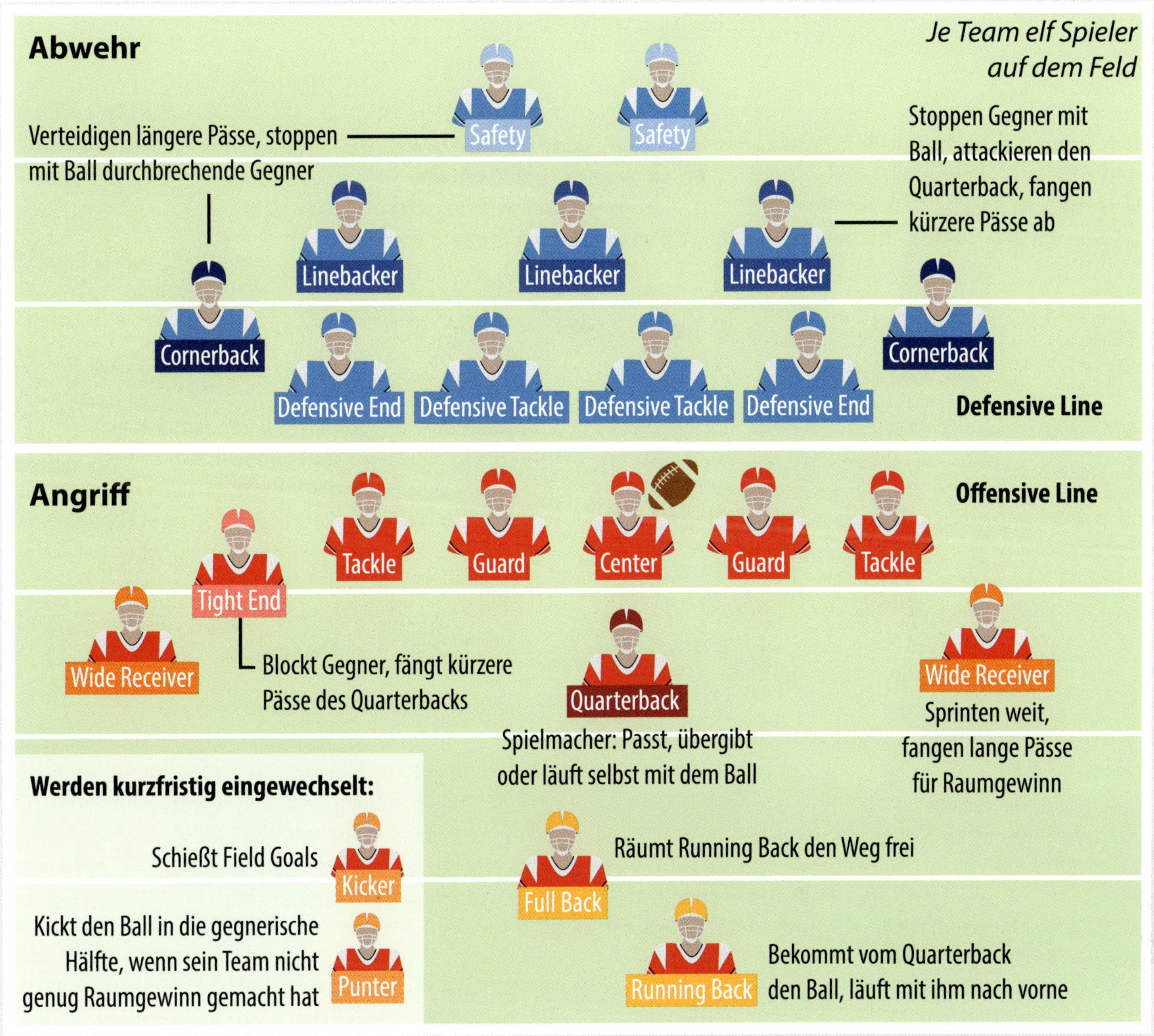
Abwehr
Je Team elf Spieler auf dem Feld
Verteidigen längere Pässe, stoppen mit Ball durchbrechende Gegner
Safety
Safety
Stoppen Gegner mit Ball, attackieren den Quarterback, fangen kürzere Pässe ab
Linebacker
Linebacker
Linebacker
Cornerback
Cornerback
Defensive End
Defensive Tackle
Defensive Tackle
Defensive End
Defensive Line
Angriff
Offensive Line
Tackle
Guard
Center
Guard
Tackle
Tight End
Wide Receiver
Blockt Gegner, fängt kürzere Pässe des Quarterbacks
Quarterback
Wide Receiver
Sprinten weit, fangen lange Pässe für Raumgewinn
Spielmacher: Passt, übergibt oder läuft selbst mit dem Ball
Werden kurzfristig eingewechselt:
Schießt Field Goals
Kicker
Kickt den Ball in die gegnerische Hälfte, wenn sein Team nicht genug Raumgewinn gemacht hat
Punter
Räumt Running Back den Weg frei
Full Back
Running Back
Bekommt vom Quarterback den Ball, läuft mit ihm nach vorne

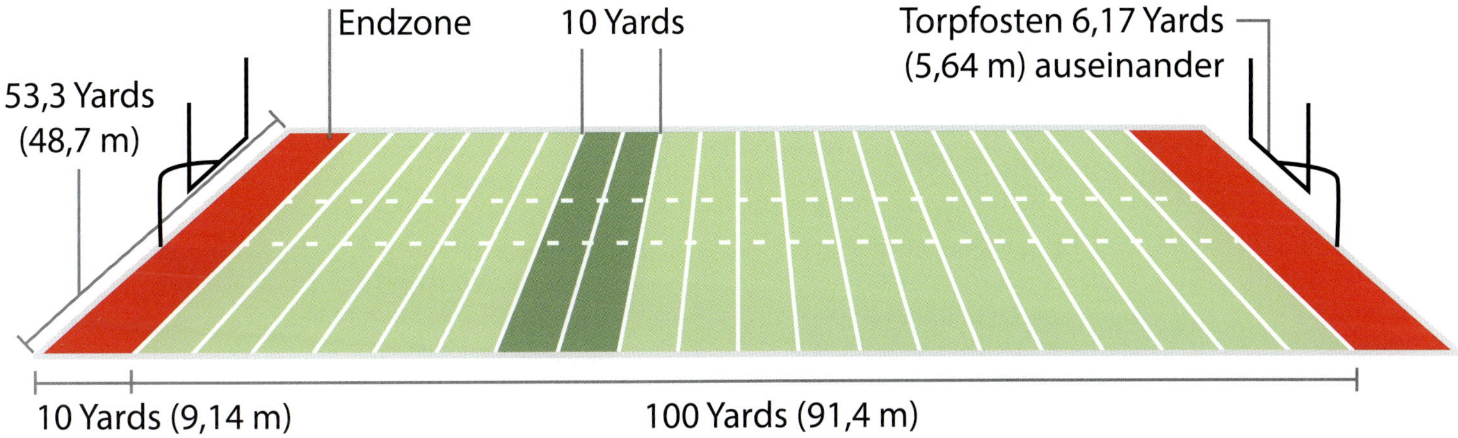
Endzone
10 Yards
Torpfosten 6,17 Yards (5,64 m) auseinander
53,3 Yards (48,7 m)
10 Yards (9,14 m)
100 Yards (91,4 m)

Positionen und Formationen

Auch wenn ein American-Football-Kader in der NFL über 53 Spieler verfügt, stehen immer nur elf von ihnen je Team auf dem Platz. Grundsätzlich verfügt jedes Team über die Mannschaftsteile Offense (bei Ballbesitz), Defense (bei gegnerischem Ballbesitz) und den Special Teams, die bei besonderen Spielzügen zum Einsatz kommen.

Offense

Der häufig bekannteste Spieler seines Teams ist der Quarterback (QB), der die Rolle des Spielmachers besetzt. Er erhält nach der Eröffnung des Spielzugs durch den Snap seines Centers (C) in den allermeisten Spielzügen den Ball und muss dann entscheiden, ob er einen Pass zu einem Wide Receiver (WR) oder Tight End (TE) wirft, den Ball an seinen Runningback (RB) übergibt, der allerdings auch als Passempfänger eingesetzt werden kann, oder selbst mit dem Ball läuft.

Vor dem Quarterback befindet sich die sogenannte Offensive Line (OL), die an der Line of Scrimmage, also der imaginären Linie von der der Spielzug begonnen wird, in Aufstellung geht. Die OL besteht von links nach rechts aus dem Left Tackle (LT), Left Guard (LG), Center, Right Guard (RG) und dem Right Tackle (RT). Die Aufgabe der OL ist es, den QB bei einem Passspielzug zu schützen oder dem RB bei einem Laufspielzug eine Lücke freizublocken. Eine der wichtigsten Positionen im Football bekleidet dabei der LT. Er gilt als Bodyguard seines QB. Sofern dieser Rechtshänder ist, treffen ihn Tacklings über die Seite seines LT besonders schwer, da er bei einem Passversuch den auf ihn zustürmenden Gegenspieler nicht sieht. Man spricht dann von einem »Blind Side Tackle«, der auch häufig zu Verletzungen des QB führt. Ist der QB Linkshänder, dann ist der RT sein wichtigster Beschützer. Die OL kann durch einen TE verstärkt werden, der sowohl als Blocker als auch als Passempfänger eingesetzt werden kann.

Hinter dem QB nimmt ein Fullback (FB) seinen Platz ein. Er kann den Ball entweder selbst tragen (oder fangen), was allerdings selten passiert, oder als Blocker für den RB agieren. Außerdem befinden sich rechts und links neben der OL die WR, die einstudierte Routen für meist tiefere Pässe laufen. Diese Grundformation kann allerdings auch variieren, wobei OL und QB immer so auf dem Feld stehen. Es gibt Formationen ohne TE, FB und RB zugunsten weiterer WR. Genauso gibt es aber auch Aufstellungen mit zwei RB oder zwei TE. Ziel ist es, für den Gegner möglichst unberechenbar zu sein und dessen Schwächen auszunutzen.

Defense

Grundsätzlich besteht eine Verteidigung aus drei Einheiten. Der Defensive Line (DL), den Linebackern (LB), die gemeinsam »Front Seven« genannt werden, und den Defensive Backs (DB), bestehend aus zwei Cornerbacks (CB) sowie einem Free Safety (FS) und einem Strong Safety (SS). Je nach Verteidigungsschema spielen entweder drei oder vier Spieler in der DL, entsprechend stehen vier oder drei LB dahinter auf dem Platz.

Die DL besteht dabei aus den Defensive Tackles (DT), die in der Mitte der DL versuchen die gegnerische OL zu durchbrechen und den RB zu stoppen oder den QB niederzureißen (Sack). Außen stehen die Defensive Ends (DE), die zu den wichtigsten Abwehrspielern eines Teams gehören. Meist entscheidet sich an der Qualität der DE, ob es gelingt, den gegnerischen QB unter Druck zu setzen, damit dieser wenig Zeit hat, um seine Pässe an seine Mitspieler zu bringen. Die LB dahinter sind die Schaltzentrale der Defense. Sie müssen schnell nach Eröffnung eines Spielzugs erkennen, ob der Gegner einen Pass spielt oder einen Laufspielzug unternimmt. Entsprechend mutieren die LB zwischen Pass- und Laufverteidiger. Bei Blitz-Spielzügen unterstützen sie aber auch die DL, um den QB zu sacken, bieten damit aber auch Raum für kurze Pässe an.

Die klassischen Passverteidiger sind die DB. Wobei die CB gegen die WR spielen, der SS meist gegen den TE und der FS als eine Art Libero agiert und auf der Seite unterstützt, über die der Gegner seinen Spielzug ausführt. Grundsätzlich spielt eine Defense dabei entweder eine Zonenverteidigung oder eine Manndeckung.

Auch in der Defense gibt es Formations-Varianten. Spielt man nur mit drei Spielern in der DL (also in einer 3-4-Verteidigung), dann kommt meist der schwerste Spieler einer jeden Mannschaft in der Mitte der Line zum Einsatz – der sogenannte Nose Tackle (NT). Erwartet die Abwehr einen Passspielzug, dann kommt meist ein fünfter DB aufs Feld, der Nickelback (NB) genannt wird. Ganz selten kommt es sogar zu Formationen mit sechs DB – dann trägt der sechste Passverteidiger den Namen Dimeback.

Special Teams

Die Special Teams kommen bei folgenden Spielzügen zum Einsatz und bestehen aus Spielern aus der eigentlichen Offense wie auch Defense, häufig aber auch aus den sonstigen Ersatzspielern: Kickoff/Kickoff-Return, Punt/Punt-Return, Fieldgoal/Extrapunktversuch (PAT).

Offensive Line (OL)
Quarterback (QB)
Center (C)
Wide Receiver (WR)
Tight End (TE)
Runningback (RB)
Left Tackle (LT)
Left Guard (LG)
Right Guard (RG)
Right Tackle (RT)
Fullback (FB)

Defensive Line (DL)
Linebacker (LB)
Defensive Back (DB)
Cornerback (CB)
Free Safety (FS)
Strong Safety (SS)
Defensive Tackle (DT)
Defensive End (DE),
Nose Tackle (NT)
Nickelback (NB)

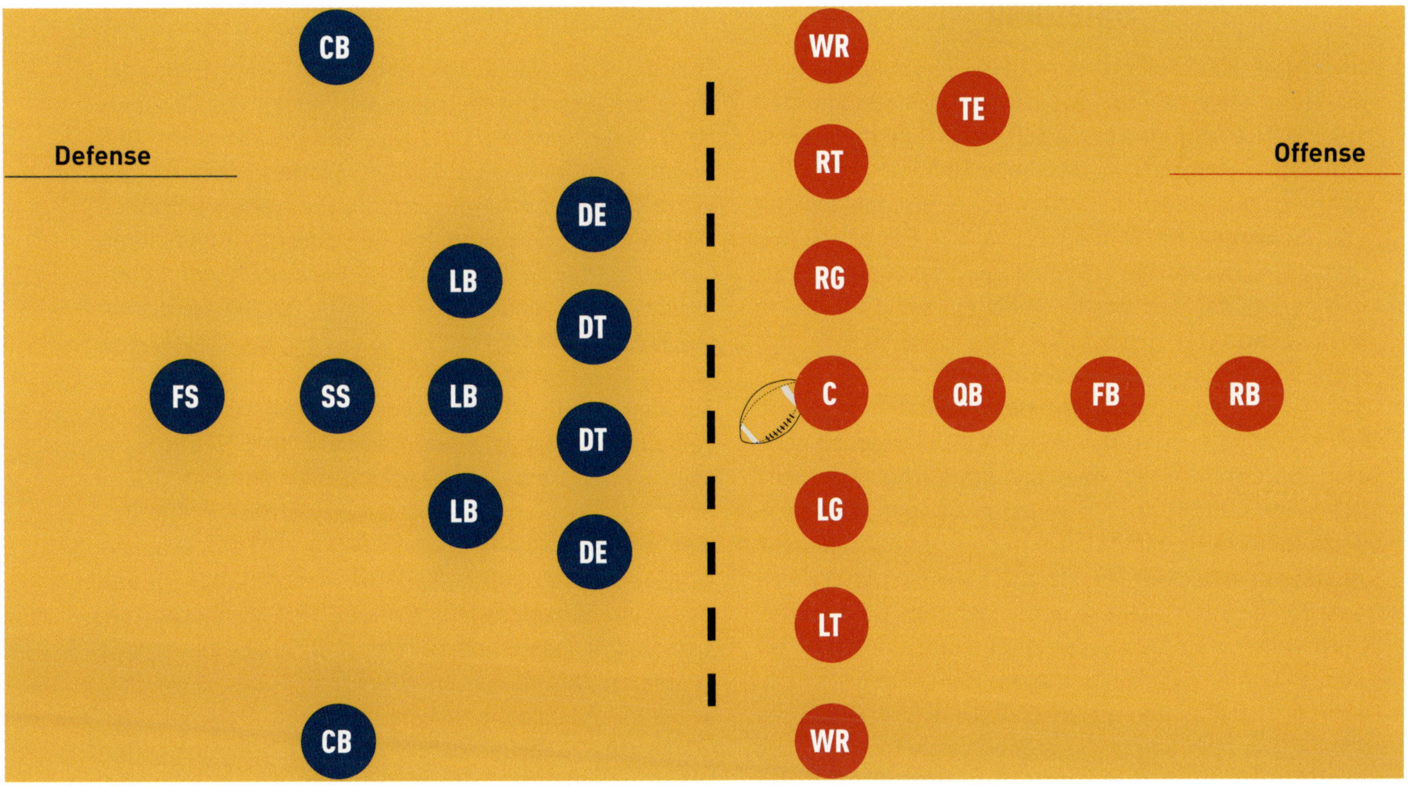

Line of Scrimmage

Modus und Spielplan

32 Teams, zwei Conferences, acht Divisions, 17 Wochen, 16 Spiele, Playoffs, Super Bowl. Der Modus, nach dem die NFL-Teams Jahr für Jahr ihren Meister ausspielen, erschließt sich einem nicht auf den ersten Blick. Dabei ist auch in der größten Football-Liga der Welt nichts dem Zufall überlassen.

Modus

Die 32 Teams sind zunächst in zwei Conferences zu je 16 Mannschaften aufgeteilt. Die National Football Conference (NFC) geht aus der 1920 in Canton, Ohio gegründeten American Professional Football Association hervor, die sich zwei Jahre nach ihrer Erschaffung in National Football Legaue (NFL) umbenannte. Die American Football Conference (AFC) stammt aus der 1959 als Konkurrenzliga gegründeten American Football League (AFL). Noch heute sind die damals schon existenten Teams ihrer ursprünglichen Herkunft nach in den Conferences eingeteilt. Innerhalb einer Conference gibt es jeweils vier Divisionen zu jeweils vier Teams, die jeweils nach den vier Himmelsrichtung North, East, South und West benannt sind.

Spielplan

Anders als in den meisten anderen Ligen üblich trifft ein jedes Team in einer Saison nicht auf alle anderen Teams. Vielmehr sind die Teams in jährlich rollierende Spielpläne integriert, so dass man spätestens alle vier Jahre gegen jedes Team zumindest einmal gespielt hat. Zusätzlich achtet die NFL bei der Erstellung des Spielplans darauf, die schwächeren Teams der Vorsaison gegenüber den stärkeren Mannschaften leicht zu bevorteilen.

Jedes Team spielt innerhalb einer Saison in Hin- und Rückspiel gegen die Franchises aus der eigenen Division. So ergeben sich über die Jahre immer wiederkehrende Duelle, und Rivalitäten können sich entwickeln. Zudem trifft man mit zwei Heim- und zwei Auswärtspartien auf jeweils alle Teams einer Division aus der eigenen sowie aus der anderen Conference. Zwei weitere Spiele werden gegen die Teams der eigenen Conference ausgetragen, die in den übrigen beiden Divisions den gleichen Platz im Vorjahr belegt haben, wie man selbst. So ergeben sich 16 Spiele, die auf 17 Wochen verteilt sind und Regular Season genannt werden. Jede Franchise erhält im Saisonverlauf ein spielfreies Wochenende, Bye Week genannt. Die Saison beginnt in jedem Jahr mit dem Eröffnungsspiel am Donnerstag nach dem Labor Day, der in den USA auf den ersten Montag im September fällt. Zudem gibt es auch traditionell Spiele, die an Thanksgiving ausgetragen werden. Die Dallas Cowboys und die Detroit Lions tragen an diesem Termin immer ein Heimspiel aus, seit 2006 wird noch ein drittes Spiel auf diesen Tag gelegt. Aus Marketing-Gründen werden seit 2005 wieder einige Spiele außerhalb der USA ausgetragen. 2019 werden das fünf Spiele sein, vier davon werden in London/Großbritannien angepfiffen, eines in Mexiko-Stadt/Mexiko. Während es auch für die Auslandsauftritte ein rollierendes System gibt, spielen die Jacksonville Jaguars seit 2013 traditionell ein Heimspiel im Wembley Stadion von London aus.

Für die Playoffs qualifizieren sich zum Ende der Regular Season jeweils die vier Sieger der Divisions einer jeden Conference sowie das jeweils beste und zweitbeste Team aus beiden Conferences, welche keine Division gewonnen haben. Die beiden stärksten Divisions-Sieger der beiden Conferences qualifizieren sich sofort für die Divisional-Round der Playoffs (Viertelfinale), alle anderen Teilnehmer treten bereits in der Wildcard-Round (Achtelfinale) gegeneinander an.

Auf die Divisional-Round folgen die Championships, in der das jeweils beste Team der AFC und NFC ausgespielt wird. Die beiden Sieger treffen dann im Super Bowl aufeinander. Entsprechend wird das Finale immer zwischen einem AFC – und einem NFC-Team ausgetragen, was bestimmte Final-Konstellationen, wie das Aufeinandertreffen zweier NFC-Mannschaften, ausschließt. Das Finale wird zu Anfang des der Saison folgenden Jahres durchgeführt, der Super-Bowl-Sieger aber nach dem Vorjahr benannt, Beispiel: Das Finale am 4. Februar 2018 (Philadelphia Eagles gegen New England Patriots 41:33) machte Philadelphia zum Super-Bowl-Sieger 2017.

Die Schiedsrichter

Referees: Die Spiele der National Football League werden jeweils von sieben Schiedsrichtern geleitet: Im einzelnen sind das der Whitehead, der Umpire, der Down Judge, der Line Judge, der Field Judge, der Side Judge und der Back Judge. Assistiert werden die Referees durch die Chain Crew.

Whitehead: Der Oberschiedsrichter – erkennbar an seiner weißen Mütze –, der die endgültigen Entscheidungen trifft und diese per Handzeichen sowie via Mikrofon für Teams und Zuschauer sicht- und hörbar weitergibt. Sein Titel ist offiziell »Referee« und auf seinem Shirt steht ein »R«. Er ist beim Snap auf der Seite der Offense, zehn Yards hinter dem Quarterback und versetzt zu dessen Wurfarmseite, positioniert. Während des Spielzugs sind seine Augen auf den Quarterback und seine Aktionen gerichtet. Übrigens: Nur der Whitehead trägt weiß – alle anderen Schiedsrichter tragen schwarze Mützen.

Umpire: Im Gegensatz zu anderen Ligen ist der Umpire (U) seit der Saison 2015 ebenfalls auf Seiten der Offense positioniert (sonst auf Höhe der Linebacker) – und zwar spiegelverkehrt zum Whitehead auf der Blind Side des Quarterbacks. Seine Augen sind während des Spielzugs auf alle Geschehnisse an der Line of Scrimmage gerichtet. Er muss Fehlstarts sowie Holdings und andere Vergehen der Offensive Line überwachen.

Down Judge: Der Down Judge (DJ) steht auf Höhe der Line of Scrimmage an der Seitenauslinie. Zum Snap hin überwacht er Fehlstarts beider Teams. Sollte sich der Spielzug über seine Seite entwickeln, sind seine Augen bei einem Passspielzug auf den inneren Wide Receiver seiner Seite gerichtet, bei einem Laufspielzug auf den Runningback. Der DJ stellt fest, auf welcher Höhe der Spielzug beendet wurde und überwacht die Arbeit der Chain Crew.

Line Judge: Der Line Judge (LJ) steht zum Snap gegenüber vom Down Judge auf der anderen Seite des Spielfelds. Seine Aufgaben sind mit denen des Down Judge identisch, mit Ausnahme, dass er die Chain Crew nicht zu überwachen hat.

Field Judge: Die Position des Field Judge (FJ) befindet sich auf der Seite des Line Judge, etwa 19 Yards in Richtung des Defensive Backfields auf Höhe der Seitenauslinie. Er beobachtet den Wide Receiver auf seiner Seite, entscheidet über Passbehinderungen und stellt fest, ob ein Pass noch innerhalb des Spielfeldes gefangen wurde. Gemeinsam mit dem Back Judge ist der Field Judge bei Fieldgoals und PAT-Versuchen unterhalb der senkrechten Torstangen positioniert und zeigt an, ob der Kick zwischen die Stangen gegangen ist.

Side Judge: Der Side Judge (SJ) geht beim Snap auf der gegenüberliegenden Seite des Field Judge in Stellung. Seine Aufgaben sind identisch mit denen des Field Judge – nur auf seiner Seite.

Back Judge: Etwa 23 Yards tief, zentral im Defensive Backfield, positioniert sich der Back Judge (BJ). Seine Augen sind auf den Tight End gerichtet, bei tiefen Pässen entscheidet er über Passbehinderungen und überwacht zudem die Goalline und entscheidet über Touchdowns. Der Back Judge kontrolliert auch die Spieluhr und ist der offizielle Zeitnehmer.

Chain Crew: Die Chain Crew besteht aus drei Assistenten, die eine »Zehn-Yards-Kette« sowie einen »Downmarker« bedienen. Die Chain Crew steht an der Seitenauslinie des Down Judge und markiert mittels einer Stange die Starthöhe des ersten Downs und die Höhe des Spielfeldes, die es mittels vier Versuchen zu erreichen gilt. Der »Downmarker« zeigt gut sichtbar an, welches Down gerade gespielt wird und steht immer auf Höhe der Line of Scrimmage. Während die Assistenten, die die Kette bedienen, »Rod Men« genannt werden, heißt der Assistent, der den Downmarker bedient, »Box Man«. Auf der gegenüberliegenden Seite des Spielfelds stehen nochmals zwei Assistenten, die mittels Stangen die Line of Scrimmage sowie die Höhe des Balles markieren. Ihre Stangen sind allerdings nicht mit einer Kette verbunden.

Spielzüge im American Football

Der American Football ist in all seinen Facetten eine sehr komplexe Sportart. Um den Ball in die gegnerische Endzone zu tragen, stehen dem angreifenden Team dabei allerdings nur zwei simple Möglichkeiten zur Verfügung: Das Laufspiel und das Passspiel.

Glücklicherweise haben die Coaches und Koordinatoren im Laufe der Entwicklung aber eine nahezu unerschöpfliche Kreativität bewiesen, daraus eine Vielzahl an unterschiedlichsten Spielzügen zu kreieren. »Dive«, »Toss«, »Sweep« und »Trap« sind nur einige Fachbegriffe für einen kleinen Auszug an Laufspielzügen. Dabei kommt es auch immer darauf an, welchen Raum ein Team mit einem Spielzug gewinnen will. Es muss nicht immer gleich bis in die gegnerische Endzone gehen. Manchmal fehlt nur ein Yard zu einem neuen First Down und ein kraftvoller Lauf durch die Mitte, der eben ein Yard gewinnt, kann schon den Zweck des Spielzugs erfüllt haben.

Für die Verteidigung ist es auch nicht klar, dass immer nur der Runningback des Gegners mit dem Ball laufen wird. Er ist zwar zumeist bei einem Laufspielzug im Einsatz, kann aber auch nur zur Ablenkung auf dem Feld stehen. Dann bekommt zum Beispiel schon der Fullback, der normalerweise den Weg für den Runningback freiräumen soll, den Ball. In anderen Spielzügen behält der Quarterback selbst das Spielgerät und agiert so selbst als Ballträger für seine Mannschaft. Bei einem »End-Around«-Spielzug wird einer der Wide Receiver zum »Man in Motion« und der Spielzug wird eröffnet, wenn er auf Höhe des Quarterbacks an diesem vorbeisprintet. Dann bekommt der Wide Receiver per »Handoff« den Ball und wird zum Runningback.

Der NFL wird aber nachgesagt eine »Passing League« zu sein, also eine Liga, in der man am ehesten zum Erfolg kommt, wenn der Quarterback den Ball wirft. Und auch hier kennt das Playbook (Buch, in dem die einstudierten Spielzüge eines Teams stehen), eine Unzahl an Fachbegriffen. »Fly«, »Post«, »Flag«, »Slant« sind allesamt Begriffe, die für die Routen stehen, die die Passempfänger nach Ansage des Spielzugs laufen. Ein schneller Wide Receiver kann versuchen seinen Gegenspielern mit reiner Geschwindigkeit zu entkommen und sich auf einer »Fly«-Route für einen tiefen Pass anzubieten. Zeitgleich bringt sich ein anderer Receiver auf einer »Slant«-Route in Stellung: Dabei biegt der Spieler auf eine nach innen führende Diagonalroute ab und versucht sich zwischen den gegnerischen Linebackern und Safetys in Position zu bringen.

Der Quarterback steht dann vor der Aufgabe den richtigen »Read« zu finden. An der Aufstellung der Defense erkennt der gute Quarterback, welcher seiner Receiver eine hohe Wahrscheinlichkeit haben wird, wenige Sekunden später möglichst frei zu sein. Aber auch er kann sich niemals sicher sein, denn die Defense spielt manchmal eine Manndeckung, einen Spielzug später eine Zonen-Verteidigung (Raumdeckung). Als Passempfänger stehen dem Quarterback die Wide Receiver, sein Tight, sein Runningback und sein Fullback zur Verfügung. Nicht passberechtigt sind die Spieler der Offensive Line, ihre Trikotnummern 50 bis 79 signalisieren dies zusätzlich, da die Nummern kategorisch nur von nicht passberechtigten Spielern getragen werden.

▼ Ein Pass, der nicht ankommt: Shaquil Barrett (links), Linebacker bei den Denver Broncos, schnappt sich hier den Ball vor dem vom Quarterback anvisierten und fangbereiten Demetrius Harris, Tight End bei den Kansas City Chiefs (Foto vom 1. Oktober 2018)

Pro Spielzug ist übrigens nur ein Vorwärtspass erlaubt, hingegen ist eine beliebige Zahl an Rückwärts- und Querpässen möglich. Daraus ergeben sich auch immer wieder Trickspielzüge, wenn eine Mannschaft bei auslaufender Spieluhr nur noch einen Spielzug zur Verfügung hat, aber einen großen Raum zu überwinden hat. Dann wird der Ball gerne hin- und hergepasst, in der Hoffnung, eine Lücke in der Verteidigung zu finden. Auch muss bei anderen Trickspielzügen nicht zwingend der Quarterback den Pass werfen. Im Gegenteil: Agiert plötzlich ein Teamkollege als Passgeber, darf der Quarterback sogar selbst den Ball fangen.

Ein beliebter Spielzug ist die Play-Action. Dabei täuscht der Quarterback die Übergabe des Balles an seinen Runningback nur an. Der Runningback führt die Täuschung mit einem energischen Lauf weiter aus, während der Quarterback sich dadurch mehr Zeit für einen Pass auf einen freien Empfänger erhofft. Welchen Spielzug das angreifende Team auch immer wählt, am Ende entscheidet auch die richtige Auswahl der Plays über Sieg und Niederlage.

▲ Wide Receiver Robert Woods (links) von den Los Angeles Rams setzt sich am 3. Februar 2019 im Super Bowl LIII energisch gegen Jonathan Jones, Defensive Back der New England Patriots, durch

Glossar

AAFC: Die All-America Football Conference wurde 1944 gegründet und trug von 1946 bis 1949 insgesamt vier Meisterschaften aus. Zu den Teilnehmern zählten später ruhmreiche Teams wie die Baltimore Colts oder San Francisco 49ers. Sämtliche vier Titel gewannen aber die Cleveland Browns.

AFC: Die American Football Conference ist eine von zwei aktuellen Conferences der NFL. Sie ging aus der AFL hervor und nahm drei Teams aus der NFL in sich auf.

AFL: Die American Football League wurde 1959 als Konkurrenz zur NFL gegründet. Ab 1967 traten der Meister der AFL und der Meister der NFL in einem Entscheidungsspiel gegeneinander an, um den »wahren« Meister zu ermitteln. 1970 fusionierte dann die AFL mit der National Football League unter dem Dach der NFL.

Audible: Wenn der Quarterback einen Spielzug kurz vor dem Snap noch einmal ändert, weil ihm etwas in der Aufstellung der Verteidigung aufgefallen ist. Audible deshalb, weil er dies nur noch »hörbar« durch Rufen an seine Mitspieler weitergibt.

Black Monday: Der Montag nach dem letzten Spieltag der Regular Season. An diesem Tag werden erfahrungsgemäß viele Trainer entlassen.

Blind Side: Die Blind Side nennt man die Seite des Quarterbacks, welcher er, um einen Pass zu spielen, seinen Rücken zuwendet. Das ist bei einem Rechtshänder die linke Seite, bei einem Linkshänder umgekehrt. Die Blind Side gilt als besonders schützenswert, da der Quarterback Tackles (Blind Side Hit) von dieser Seite nicht sehen kann und erhöhte Verletzungsgefahr besteht.

Blind Side Hit: siehe Blind Side.

Blitz: Der Blitz ist ein Spielzug der Defensive, bei dem mit einem oder mehreren zusätzlichen Verteidiger(n) nach dem Snap auf den Quarterback zugestürmt wird, um dessen Passspielzug, bestenfalls durch einen Sack zu verhindern.

Block: Mit einem Block helfen die Mitspieler dem Ballträger, diesem den Weg freizusperren. Ein Block darf dabei nicht in den Rücken eines Gegners ausgeführt werden, zudem darf der geblockte Gegenspieler nicht festgehalten werden.

Block in the back: Ein illegaler Block in den Rücken des Gegners, der eine Strafe von zehn Yards nach sich zieht.

Center: Spieler in der Mitte der Offensive Line, der jeden Spielzug mit einem Snap eröffnet und dessen Aufgabe es danach ist, den Quarterback für einen Passspielzug zu schützen oder eine »Lücke« für den Runningback freizublocken.

Clipping: Ist ein illegaler Block in den Rücken des Gegners unterhalb der Gürtellinie. Als Strafe wird ein Raumverlust von 15 Yards ausgesprochen.

Complete Pass: Ein vollständiger Pass, der von einem Passempfänger unter Kontrolle gebracht wird.

Cornerback: Position im Defensive Backfield und direkter Gegenspieler eines gegnerischen Wide Receivers.

Defense: Der verteidigende Mannschaftsteil, der versucht Raumgewinn und Punkte des Gegners zu verhindern.

Defensive Backfield: Ist der Teil des Spielfeldes, in dem die Passverteidigung, auch »Secondary« genannt, positioniert ist. Verteidigt wird dieser Raum durch Free Safety, Strong Safety sowie die Cornerbacks.

Defensive Backs: Zusammenfassender Begriff für Cornerbacks, Free Safety und Strong Safety.

Defensive Coordinator: Teil des Trainerstabs unterhalb des Head Coaches, der für alle Spieler und Assistenztrainer der Defense zuständig ist und für die Entwicklung von generellen Spielweisen und Taktiken der Defensive verantwortlich ist.

Defensive Ends: Spieler am linken und rechten Ende der Defensive Line, die mit ihrer Explosivität versuchen, um die Offensive Line herumzulaufen, um den gegnerischen Quarterback zu erreichen.

Defensive Line: Die Defensive Line besteht aus Defensive Tackles und Defensive Ends und ist die vorderste Verteidigungslinie. Ihre Aufgabe ist es, den gegnerischen Quarterback unter Druck zu setzen oder einen Laufversuch des Gegners frühzeitig zu stoppen.

Defensive Tackles: Ein oder zwei gewichtige Spieler im inneren Teil der Defensive Line.

Delay of Game: 40 Sekunden hat der Center einer jeden Mannschaft Zeit, den nächsten Spielzug bei laufender Uhr zu eröffnen. Wird diese Zeit überschritten, wird gegen den Quarterback eine Fünf-Yards-Strafe wegen Delay of Game (Spielverzögerung) ausgesprochen. Der Quarterback ist in diesem Fall verantwortlich, da der Center den Ball erst auf Zuruf des Quarterbacks ins Spiel bringt.

Down: Als Down wird jeder Angriffsversuch bezeichnet. Innerhalb von vier Downs müssen dabei zehn Yards überbrückt werden, um neue vier Downs zu erhalten.

Draft: Veranstaltung in der Offseason der NFL. Dabei werden College-Spieler nach einer bestimmten Reihenfolge, die sich aus dem Abschneiden der Teams aus der Vorsaison ergibt, von den einzelnen Teams ausgewählt. Das Auswahlrecht nennt sich »Picks«. Pickrechte können mit anderen Teams getauscht werden.

Drive: Ein Drive ist eine komplette Angriffsserie bis der Gegner wieder in Ballbesitz ist.

Encroachment: Ein Verteidiger überschreitet vor dem Snap in die neutrale Zone und kommt dabei in Kontakt mit einem Gegenspieler. Als Strafe gibt es fünf Yards Raumverlust.

Endzone: Die Endzone befindet sich auf beiden Seiten des Spielfelds und ist zehn Yards tief. Sie mit dem Ball zu erreichen, ist das Ziel eines jeden Drives.

Face Mask: Face Mask ist sowohl das Gesichtsgitter eines jeden Helmes, als auch ein strafbarer Griff in das Gesichtsgitter des Gegenspielers. Die Strafe für das Zugreifen in das Gesichtsgitter beträgt 15 Yards.

Fair Catch: Entscheidet sich der Punt-Returner dazu, nicht mit dem Ball zu versuchen Raumgewinn zu erzielen, sondern den Ball an Ort und Stelle nur zu fangen, dann spricht man von einem Fair Catch, der mittels eines erhobenen Arms kurz vor dem Fang signalisiert wird. Der Punt-Returner darf dann nicht von den Gegnern attackiert werden.

False Start: Bewegt sich ein Spieler der Offense vor dem Snap nach vorne, ist es ein »Fehlstart« – auch »Offside« (Abseits) genannt. Dafür reicht ein Zucken bereits aus. Vor dem Snap darf sich nur ein einzelner Spieler (Man in Motion) parallel zur Line of Scrimmage bewegen. Wird mit fünf Yards Raumverlust bestraft.

Fieldgoal: Erfolgreicher Kick durch die Torstangen. Dafür gibt es drei Punkte.

First Down: Begriff für neue vier Versuche, die ein Team nach der erfolgreichen Überwindung von mindestens zehn Yards erhält. Strafen, die ein First Down für den Gegner beinhalten, werden »Automatic First Down« genannt.

Flag: Ein gelbfarbenes Tuch, welches von den Schiedsrichtern geworfen wird, wenn diese ein Foul erkennen. Sieht ein Schiedsrichter ein zweites Foul, nachdem er seine Flag schon geworfen hat, wirft er seine Kappe.

Franchise: Die 32 Teams der NFL nehmen als Franchises am Wettbewerb teil. Das heißt, dass die Liga Lizenzen zur Teilnahme an ihr vergibt. Die einzelnen Teams sind dann als gewerbliche Unternehmen anzusehen, die als Teil des Ganzen wirken, aber nicht durch Abstieg ihre Lizenz verlieren können.

Free Agent: Vertragsloser Spieler, der von jedem Team angeheuert werden kann.

Free Safety: Der »Libero« auf dem Football-Feld. Agiert im defensiven Backfield und orientiert sich als freier Verteidiger der Seite zu, über die der Angriff des Gegners erfolgt.

Fullback: Spieler im offensiven Backfield, der nicht jeder Angriffsformation angehört. Er blockt den Weg für den Runningback frei, kann aber auch selbst als Ballträger agieren.

Fumble: Das Verlieren des Balles, nachdem der Ballträger Kontrolle über den Ball hatte – meist durch ein Tackle verursacht.

Guard: Position im American Football. Die Spieler innerhalb der Offensive Line, die links und rechts neben dem Center platziert sind.

Hail Mary: Ein langer und risikoreicher Pass in die Endzone des Gegners wenige Sekunden vor Ende des Spiels oder der Halbzeitpause. Wird meist vom Quarterback des zurückliegenden Teams geworfen, um noch Punkte zu erzielen.

Hall of Fame: Ruhmeshalle des Profi-Footballs. Aufnahme erst frühestens fünf Jahre nach Beendigung der aktiven Karriere.

Handoff: Wenn der Quarterback dem Ballträger den Ball direkt übergibt, ohne das Spielgerät zu werfen.

Hashmark: Grundsätzlich finden sich Hashmarks als Markierungen auf den verschiedensten Sportfeldern. Beim American Football verlaufen sie als zwei parallele Markierungsreihen in Längsrichtung im Abstand von je einem Yard über das Spielfeld. Endet ein Spielzug außerhalb dieser »Hashmarks«, beginnt der folgende Spielzug auf der nächstgelegenen »Hashmark«.

Head Coach: Der Cheftrainer einer jeden Mannschaft, der die Gesamtverantwortung für die Spieler sowie den Trainerstab hat und für den Gesamterfolg der Mannschaft verantwortlich ist.

Helmet Rule: Die Helmet Rule ist eine von vielen Regeln in der NFL, die die Spieler vor Kopfverletzungen schützen soll. So ist es dem Angreifer wie auch dem Verteidiger nicht gestattet, mit der Oberseite des Helmes den ersten Kontakt mit dem Gegner zu suchen. Ein Verstoß gegen diese Regel führt zu einem Raumverlust von 15 Yards.

Holder: Vorübergehende Position bei Fieldgoal-Versuchen. Der Holder fängt den Ball vom Long Snapper und stellt diesen für den Kicker auf.

Holding: Ein illegaler Griff, bei dem ein Spieler des gegnerischen Teams festgehalten wird, der sich nicht im Ballbesitz befindet. Strafe: Wird das Holding durch einen Offense-Spieler begangen – zehn Yards Raumverlust. Wird das Holding von einem Defense-Spieler begangen – fünf Yards Raumverlust und ein Automatic First Down (siehe First Down).

Huddle: Versammlung der Offense-Spieler vor der Aufstellung an der Line of Scrimmage. Hier gibt der Quarterback den nächsten Spielzug bekannt.

Incomplete Pass: Ein unvollständiger Pass, der den Boden berührt, bevor der Passempfänger den Ball unter Kontrolle gebracht hat. Ein Incomplete Pass hält die Spielzeit an.

Intentional Grounding: Ein illegaler Wurf des Quarterbacks, wenn dieser, um einem Sack zu entgehen, noch aus der Pocket heraus den Ball in eine Richtung wirft, in deren Nähe sich offensichtlich kein Mitspieler befindet. Strafe: Down-Verlust und zehn Yards. Das Zubodenwerfen des Balles um einen Incomplete Pass zu simulieren, um die Spielzeit zu stoppen, ist hingegen erlaubt und nennt sich »Spike«.

Interception: Wenn ein Verteidiger den Ball aus der Luft abfängt. Dadurch wechselt das Angriffsrecht.

Kicker: Spieler, der den Ball beim Kickoff und bei Fieldgoals tritt.

Kickoff: Anstoß zur Eröffnung des Spiels oder nach einem Touchdown oder Fieldgoal. Der Kicker der Mannschaft, die den Ball abgibt, schießt den Ball von einem kleinen Tee (Ballständer) nach vorne.

Kick-Return: Versuch des Special Teams der den Ball aufnehmenden Mannschaft, nach einem Kickoff den Ball möglichst weit nach vorne zu tragen.

Lateral Pass: Rück- oder Querpass, der beliebig oft innerhalb eines Spielzugs eingesetzt werden darf. Der (gängige) Vorwärtspass darf hingegen nur einmal und nur von hinter der Line of Scrimmage geworfen werden.

Linebacker: Drei oder vier Spieler hinter der Defensive Line. Ihre Aufgabe ist es, zu erkennen, ob der gegnerische Quarterback einen Lauf- und Passspielzug vorhat. Entsprechend agieren die Linebacker als Lauf- und Passverteidiger. Bei Blitz-Spielzügen unterstützen sie häufig die Defensive Line, beim Versuch den Quarterback unter Druck zu setzen.

Line of Scrimmage: Imaginäre Linie, von der jeder Spielzug eröffnet wird. Befindet sich auf der Höhe, auf der der vorhergegangene Spielzug beendet wurde.

Long Snapper: Spieler eines Special Teams beim Punt. Der Long Snapper agiert dabei als Center und wirft den Ball zur Eröffnung des Spielzugs über zehn bis 15 Yards zum Punter.

Man in Motion: Der einzige Spieler der Offense, der sich vor dem Snap parallel zur Line of Scrimmage bewegen darf. Meist Tight End oder Wide Receiver.

MVP: Abkürzung für Most Valuable Player, übersetzt »wertvollster Spieler«. Dieser wird nach jeder Regular Season von der amerikanischen Sportpresse gewählt. Auch am Ende eines jeden Super Bowls wird der Most Valuable Player des Endspiels ausgezeichnet. Hier votiert allerdings eine Jury aus Medienvertretern, die 80 Prozent Stimmrecht haben. Über die restlichen 20 Prozent bestimmen die Fans und Zuschauer mittels Internet-Voting.

Glossar

NFC: Die National Football Conference ist eine von zwei aktuellen Conferences der NFL. Sie ging aus der ursprünglichen NFL hervor und war zu Beginn ihres Bestehens Heimat von 13 früheren NFL-Teams.

NFL: Die NFL wurde 1920 in Canton, Ohio, unter dem Namen American Professional Football Association (APFA) gegründet und bereits 1922 in National Football League umbenannt. Ab 1959 erhielt die NFL Konkurrenz von einer weiteren professionellen Liga, der AFL. Ab 1967 traten der Meister der NFL und der Meister der AFL in einem Entscheidungsspiel gegeneinander an, um den »wahren« Meister zu ermitteln. 1970 fusionierte dann die NFL mit der American Football League unter dem eigenen Dach. Die NFL ist heute die umsatzstärkste Sportliga der Welt.

Neutrale Zone: Andere Bezeichnung für Line of Scrimmage, die bei bestimmten Strafen, zum Beispiel der Neutral Zone Infraction, Verwendung findet.

Neutral Zone Infraction: Wenn ein Verteidiger vor dem Snap die Line of Scrimmage überquert. Auch »Offside« (Abseits) genannt. Wird mit fünf Yards Raumverlust bestraft.

Nickelback: Ein zusätzlicher Cornerback, der eingesetzt wird, wenn ein Passspielzug beim Gegner zu erwarten ist.

No Huddle: Wenn der Quarterback auf einen Huddle verzichtet, um Zeit zu sparen. Die sogenannte »No Huddle Offense« ist eine bewusst eingesetzte, schnelle Spielzugabfolge der Offense, um dem Gegner wenig Zeit für seine Aufstellung zu geben und um gegnerische Spielerwechsel zu verhindern.

Offense: Zusammenfassender Begriff für den angreifenden Mannschaftsteil jedes Teams.

Offensive Backfield: Raum hinter der Offensive Line zu Beginn eines Spielzugs, in dem sich der Quarterback, gegebenenfalls auch Fullback und Runningback befinden.

Offensive Coordinator: Teil des Trainerstabs unterhalb des Head Coaches, der für alle Spieler und Assistenztrainer der Offense zuständig ist und für die Entwicklung von generellen Spielweisen und Taktiken der Offensive verantwortlich ist.

Offensive Line: Die Offensive Line besteht aus Center, zwei Guards und zwei Offensive Tackles und ist an der Line of Scrimmage positioniert. Ihre Aufgabe besteht darin, dem Quarterback möglichst viel Schutz vor der Defensive Line des Gegners zu geben oder dem Runningback einen Laufweg freizublocken.

Offensive Tackles: Spieler am linken und rechten Ende der Offensive Line.

Offseason: Begriff für die Zeitspanne zwischen Super Bowl und Beginn der Folgesaison.

Onside Kick: Ein risikoreicher und kurz ausgeführter Kickoff, mindestens aber über zehn Yards, in der Hoffnung, dass das eigene Team den Ball erobern kann, um das Angriffsrecht zu behalten.

Overtime: Steht ein Spiel nach viermal 15 Minuten unentschieden, geht es in eine maximal zehnminütige Verlängerung. Hier verläuft das Spiel nach besonderen Regeln. Die Mannschaft die nach dem Münzwurf des Schiedsrichters in der Overtime zuerst in Ballbesitz kommt, kann das Spiel mit einem Touchdown siegreich beenden, die Verteidigung kann dies mit einem Safety tun. Langt es nur zu einem Fieldgoal, kann der Gegner das Spiel mit einem Touchdown beenden. Wird das Angriffsrecht ohne Punkte abgegeben, durch Punt oder Turnover, dann reicht dem Gegner ein Fieldgoal zum Sieg. Punkten beide Teams in ihrem ersten Drive in der Overtime mit einem Fieldgoal oder gar nicht, so führen die nächsten Punkte zum Sieg. Setzt sich kein Team in der Overtime durch, endet das Spiel mit einem Remis.

Pass Interference: Illegales Behindern eines Passempfängers, bevor dieser den Ball berührt. Das Spiel wird auf Höhe der Stelle des Fouls fortgesetzt.

Passroute: Der einstudierte Laufweg eines Passempfängers.

PAT: Der Point after Touchdown, häufig auch nur »Extrapunkt« genannt. Der Versuch mit einem Kick aus insgesamt 32 Yards zwischen die Torstangen nach einem Touchdown einen weiteren Punkt zu gewinnen.

Pick Six: Sonderbegriff für einen Touchdown der Verteidigung nach einer Interception.

Play Action: Ein Passspielzug, der als Laufspielzug angetäuscht wird, in der Hoffnung, dass die Verteidigung sich zum Stoppen des mutmaßlichen Runningbacks nach vorne orientiert.

Playoffs: Saisonteil nach der Regular Season, in dem die zwölf bis dahin besten Teams in einem K.o.-System über die »Wildcard Round«, »Divisional Round« und »Championships« die beiden Teilnehmer am Super Bowl ausspielen. Wird auch »Postseason« genannt.

Pocket: Wird von der Offensive Line nach dem Snap für den Quarterback gebildet und soll diesem Schutz und Zeit für das Anbringen eines Passes verschaffen.

Preseason: Testspielserie über vier Wochen in der finalen Phase der Saisonvorbereitung, die im NFL-Kalender fest verankert ist.

Pro Bowl: Der Pro Bowl wird jedes Jahr in der Woche vor dem Super Bowl ausgetragen und ist ein »All-Star-Spiel«, in das die Spieler gegen Ende der Regular Season gewählt werden. Ein Drittel der Gewichtung wird dabei von den Fans mittels Votings vorgenommen. Die anderen beiden Drittel der Gewichtung des Votings teilen sich Trainer und Spieler paritätisch auf. Die Teilnahme am Pro Bowl gilt als Ehre und steigert den Marktwert.

Punt: Kick aus der Hand. Wird von der angreifenden Mannschaft meist im vierten Down ausgeführt, wenn die Entfernung für ein Fieldgoal zu groß ist. Durch einen Punt wird das Angriffsrecht übergeben, allerdings soll der Gegner in eine möglichst schlechte Feldposition gebracht werden. Der Spieler, der den Punt ausführt, heißt Punter.

Punt-Return: Versuch des Special Teams der den Ball aufnehmenden Mannschaft, nach einem Punt den Ball möglichst weit nach vorne zu tragen.

Pylon: Orangefarbene Schaumstoff-Markierungen zur Darstellung der Endzone. Ein Pylon ist Teil der Endzone.

Quarterback: Zentrale Position einer jeden Offense. Der Quarterback erhält beim Snap den Ball vom Center und übergibt den Ball dann zu seinem Runningback oder wirft ihn zu einem seiner Passempfänger.

Quarterback-Sneak: Wenn der Quarterback selbst sofort nach dem Snap versucht, den Ball nach vorne zu tragen. Häufig angewendet, wenn nur noch Zentimeter zu einem First Down oder Touchdown fehlen – dann versucht der Quarterback durch einen Sneak diese Zentimeter an Raum zu gewinnen.

Rating: Auch als »Quarterback-Rating« bekannt. Ist ein statistischer Wert, der die Leistung eines Quarterbacks nach dessen Passfähigkeit bewertet. So werden unterschiedlichste Werte in einem Wert zusammengefasst, um die Quarterbacks miteinander vergleichen zu können. Das Rating wird aus folgenden Komponenten ermittelt: Passversuche, angekommene Pässe, damit überbrückte Yards, Touchdown-Pässe und Interceptions. Der Höchstwert liegt bei 158,3.

Regular Season: NFL-Saison, die jedes Jahr am Donnerstag nach dem ersten Montag im September startet und über 17 Wochen geht, eher die besten Teams die Saison mit den Playoffs fortsetzen.

Rookie: Ein Footballspieler in seinem ersten Jahr in der NFL. Wird ein Spieler im Draft ausgewählt, so unterzeichnet er danach seinen Rookie-Vertrag zu festgesetzten Konditionen. Sobald ein Spieler nicht mehr in seinem Rookie-Vertrag steht, sondern seinen ersten Vertrag danach selbst ausgehandelt hat, gilt er als »Veteran«.

Roughing: Ist ein illegales, verspätetes Tackling auf den gegnerischen Kicker oder Quarterback nachdem dieser den Ball bereits nicht mehr besitzt. Die Strafe: 15 Yards und ein neues First Down für den Gegner.

Runningback: Im offensiven Backfield positionierter Spieler, der versucht den Ball möglichst weit nach vorne zu tragen. Bei einem Passspielzug kann er auch als zusätzlicher Passempfänger oder Blocker eingesetzt werden.

Sack: Erfolgreiches Tackling gegen den Quarterback durch die Defense.

Safety: Ein Spieler der Offense, der sich in Ballbesitz befindet, wird in der eigenen Endzone zu Boden gebracht. Dafür erhält die verteidigende Mannschaft zwei Punkte und zusätzlich das Angriffsrecht im nächsten Drive. Ein Safety kann auch verursacht werden, wenn der Ballträger aus der eigenen Endzone heraus direkt die Auslinie oder den Raum dahinter betritt oder wenn der Ball nach einem Fumble oder Snap das Spielfeld innerhalb der eigenen Endzone verlässt.

Screen Pass: Ein kurzer Pass des Quarterbacks, nachdem er einen tiefen Pass angetäuscht hat.

Shotgun: Aufstellung der Offense, bei der der Quarterback zu Beginn eines Spielzugs fünf Yards hinter seinem Center steht, um so mehr Zeit für einen Pass zu generieren.

Slide: Ein Spieler in Ballbesitz kann jederzeit seinen Spielzug durch einen Slide beenden. Dabei rutscht er mit den Füßen voraus nach vorne, gibt weiteren Raumgewinn auf, darf dafür aber nicht getackelt werden. Häufig von Quarterbacks benutzt, wenn sie selbst mit dem Ball gelaufen sind.

Snap: Die Eröffnung eines jeden Spielzugs. Der Center übergibt den Ball durch seine Beine hinweg an seinen Quarterback. Bei Punts oder Fieldgoals entsprechend zum Punter oder Holder. Mitunter kommt in dem Fall statt des Centers ein Long Snapper zum Einsatz.

Special Teams: Dritter Mannschaftsteil neben Offense und Defense, der bei beiden Mannschaften bei Kickoffs, Punts und Fieldgoals zum Einsatz kommt.

Stiff Arm: Der Spieler in Ballbesitz wehrt Gegenspieler mit dem ausgestreckten Arm ab.

Strong Safety: Position im Defensive Backfield. Der Strong Safety ist dabei näher als der Free Safety zur Line of Scrimmage orientiert und deckt die Seite ab, auf der sich der gegnerische Tight End befindet.

Strong Side: Ist die Seite der Offense, auf der der Tight End vor dem Snap positioniert ist. Die andere Seite nennt sich entsprechend »Weak Side«.

Super Bowl: Endspiel einer jeden NFL-Saison.

Tackle: Ein verteidigender Spieler bringt den Gegenspieler mittels Körpereinsatz zu Boden oder versucht es. Diese Aktion ist nur dem Ballträger gegenüber erlaubt.

Taunting: Ist der zusammenfassende Begriff für »Unsportlichkeiten« gegenüber der gegnerischen Mannschaft, wie Provokationen, unflätige Gesten oder Beleidigungen. Strafe: 15 Yards Raumverlust.

Timeout: Jeder Mannschaft stehen innerhalb jeder Halbzeit jeweils drei Auszeiten zu. Meist werden diese als taktisches Mittel zum Ende der Halbzeiten genutzt, um die Uhr anhalten zu können. Ungenutzte Timeouts der ersten Halbzeit verfallen.

Tight End: Ein kräftiger Spieler, der nicht zwingend in jeder Formation aufgestellt ist. Er unterstützt entweder die Offensive Line bei ihrer Arbeit und agiert als zusätzlicher Passempfänger.

Touchback: Geht ein Kickoff oder Punt über das Spielfeld hinaus oder bis in die Endzone hinein und entscheidet sich der Return-Spieler im letzteren Fall dazu, den Ball aus der Endzone nicht zurück ins Spielfeld zu tragen, spricht man von einem Touchback. Die Offense beginnt ihren Spielzug danach von der eigenen 25-Yard-Linie (Kickoff) bzw. 20-Yard-Linie (Punt).

Touchdown: Ziel eines jeden Drives. Für das Hineintragen oder Fangen des Balls in die oder in der gegnerischen Endzone erhält man sechs Punkte und das Recht auf einen PAT oder eine Two Point Conversion.

Tripping: »Beinchenstellen« ist im Football verboten und wird mit zehn Yards Raumverlust bestraft.

Two Minute Warning: Zwei Minuten vor dem Ende einer jeden Halbzeit wird das Spiel von den Schiedsrichtern unterbrochen und die Spieluhr angehalten. Damit wird signalisiert, dass sich das Spiel in der Endphase einer jeden Halbzeit befindet.

Two Point Conversion: Der Versuch, nach einem Touchdown zwei zusätzliche Punkte anstatt nur eines Punktes durch einen PAT zu erlangen. Dafür muss die angreifende Mannschaft von der Zwei-Yard-Linie mit nur einem Angriff einen weiteren Touchdown erzielen. Dieser wird dann mit zwei Punkten belohnt.

Wide Receiver: Die Passempfänger einer jeden Mannschaft, die kurze und lange Routen laufen. Werden auch »Wideouts« genannt.

Wildcat: Angriffsformation ohne Quarterback im Offensive Backfield. Wird sehr selten eingesetzt, hauptsächlich aber, um beim Gegner für Verwirrung zu sorgen.

Yard: Maßeinheit im American Football. Ein Yard hat drei Fuß und demzufolge eine Länge von 91,44 Zentimeter. So ergibt sich eine Standardentfernung von Endzone zu Endzone von 100 Yards bzw. 91,44 Metern.

Hall of Fame

»Die Helden des Spiels zu ehren, die Geschichte zu wahren, die Werte zu fördern und die Exzellenz des Spiels zu feiern«, so lautet die Mission der Pro Football Hall of Fame, deren Grundstein am 11. August 1963 gelegt und die in Canton im US-Bundesstaat Ohio, dem Ort, an dem die National Football League 1920 gegründet worden war, erbaut wurde.

Seit diesem Zeitpunkt werden dort jährlich zwischen vier und maximal acht Persönlichkeiten in die Ruhmeshalle des Profi-Footballs aufgenommen. Spieler und Trainer können dabei ebenso geehrt werden wie Franchise-Nehmer oder Front-Office-Mitarbeiter, die sich besonders verdient gemacht haben.

Grundsätzlich sind die Tore der Pro Football Hall of Fame dabei Akteuren aus anderen Profi-Football-Ligen nicht verschlossen, doch wird diese Ehre nahezu ausschließlich NFL-Protagonisten zuteil. Mit der Klasse, die Anfang August 2019 aufgenommen wurde, sind insgesamt 326 Mitglieder in der Hall of Fame vertreten.

Die meisten Geehrten stellen die Chicago Bears mit 34, die Jacksonville Jaguars haben als einziges NFL-Team bisher noch kein Mitglied. Billy Shaw ist zudem der einzige Spieler der Hall of Fame, der seine gesamte Karriere außerhalb der NFL verbracht hat und trotzdem aufgenommen wurde. Der Offensive Guard spielte von 1961 bis 1969 für die Buffalo Bills in der AFL, ehe diese mit der NFL fusionierte. Frühestens fünf Jahre nach dem eigenen, aktiven Wirken ist es möglich, in die Ruhmeshalle aufgenommen zu werden.

Zum Anlass der Aufnahme neuer Mitglieder veranstaltet die NFL jedes Jahr in der Woche vor dem ersten Spieltag der Preseason das sogenannte »Hall of Fame Game«, welches meist von zwei Teams ausgetragen wird, die neue Mitglieder stellen. Das Spiel ist somit zu jeder Saison der Auftakt. Im August trafen die Atlanta Falcons auf die Denver Broncos.

Die jüngsten Mitglieder, die 2019 aufgenommen wurden, sind:

Ty Law, Cornerback der New England Patriots 1995 bis 2004, New York Jets 2005 und 2008, Kansas City Chiefs 2006 bis 2007 sowie Denver Broncos 2009.

Tony Gonzalez, Tight End der Kansas City Chiefs von 1997 bis 2008 und Atlanta Falcons 2009 bis 2013.

Ed Reed, Safety der Baltimore Ravens von 2002 bis 2012 und Houston Texans 2013 sowie New York Jets 2013.

Johnny Robinson, Safety der Kansas City Chiefs von 1960 bis 1971.

Champ Bailey, Cornerback der Washington Redskins 1999 bis 2003, Denver Broncos 2004 bis 2013.

Kevin Mawae, Offensive Lineman der Seattle Seahawks 1994 bis 1997, New York Jets 1998 bis 2005 und Tennessee Titans 2006 bis 2009.

Gil Brandt, Talentscout der Dallas Cowboys von 1960 bis 1988, zuvor bei den Los Angeles Rams 1955 bis 1957 und San Francisco 49ers 1958 bis 1959.

Posthum: Pat Bowlen, Owner der Denver Broncos 1984 bis 2019, verstorben am 13. Juni 2019.

PRO FOOTBALL
HALL OF FAME
CANTON OHIO

▲ Von oben links im Uhrzeigersinn: Champ Bailey, Kevin Mawae, Tony Gonzalez, Ed Reed

John Heisman im Football-Trikot der University of Pennsylvania, für die er 1890–91 aktiv gewesen ist. Heisman spielte zudem an der Brown Universität (1887–89), 1892 startete er am Oberlin College eine Trainer-Karriere. Nach ihm ist die »Heisman Memorial Trophy« benannt, die in den USA jährlich dem besten College-Footballspieler überreicht wird

Historie

Wer weiß, ob der American Football eine so rasante Entwicklung genommen hätte, wären am 28. Dezember 1958 nicht die Baltimore Colts und die New York Giants im NFL Championship Game aufeinander getroffen – und hätten sich nicht eine nahezu epische Schlacht geliefert.

Das Spiel war keinesfalls hochklassig, beide Teams erlaubten sich eine große Anzahl an Fehlern, doch es war an Spannung kaum zu überbieten. Erstmals in der Geschichte des Profi-Footballs wurde der nationale Meister erst in der Verlängerung ausgemacht – und erstmals wurde ein Spiel landesweit im Fernsehen übertragen. Colts-Quarterback Johnny Unitas führte sein Team im berühmten »Two Minute Drill« zum Sieg in einem Spiel, das aufgrund seiner Dramatik und seiner später hohen Anzahl an Hall-of-Fame-Mitgliedern als bestes Spiel aller Zeiten gilt. Die Begegnung war ein Wendepunkt zugunsten der Popularität der National Football League und des American Football. Vom Erfolg der NFL motiviert, gründeten im Jahr 1959 mehrere Geschäftsmänner eine weitere Profiliga: die American Football League AFL. Und Konkurrenz befeuerte auch damals schon das Geschäft, wenige Jahre später vereinigten sich AFL und NFL zur heutigen National Football League.

Bis es aber soweit war, hatte der American Football eine knapp 100-jährige Geschichte hinter sich. So wird der Ursprung der Historie dieser Sportart auf den 6. November 1869 gelegt, als die Universitäts-Mannschaften von Rutgers und Princeton in New Brunswick im US-Bundesstaat New Jersey nach Regeln, die an den Fußball angelehnt waren, 6:4 spielten. Fünf Jahre später trafen die Mannschaft der Havard-Universität und ein Rugbyteam der McGill-Universität aus dem kanadischen Montreal unter Rugby-ähnlichen Regeln gegeneinander an. Aus diesem Regelwerk entstand zunächst der Canadian Football und schließlich der American Football in seiner Frühform. Die Regeln waren eine Mischform aus Fußball- und Rugby-Regularien, wiesen aber entscheidende Unterschiede auf. So waren Downs, die Line of Scrimmage und Blocks gegen sich nicht in Ballbesitz befindende Gegenspieler – im Gegensatz zum Rugby – Bestandteile der Regeln.

Einen großen Einfluss auf das Entwicklung der Sportart hatte Walter Camp. Ab 1876 war Camp zunächst als Spieler, dann als Trainer und Funktionär an der Yale Universität im American Football aktiv und förderte die Festlegung der Anzahl der Spieler auf elf pro Team sowie der Anzahl der zunächst drei Downs und führte erste Angriffs- und Verteidungsformationen als Standard ein. Außerdem legte er einen Spielplan fest, der die Partien einer Liga in mehreren festen Spieltagen zwischen den Labor Day und Thanksgiving terminierte. Noch heute startet die moderne NFL am Donnerstag nach dem Labor Day.

Zu Camps Zeit, Ende des 19. Jahrhunderts, folgten bereits bis zu 30.000 Zuschauer dem Ruf der regelmäßigen Partien und kamen in die Stadien. Die wiederkehrenden Duelle schürten erste Rivalitäten zwischen verschiedenen Universitäten. Neben dem College-Football bildeten sich nun auch erste Spielbetriebe ohne Beteiligung von Schulmannschaften. Am 18. November 1892 kam es so zu einem Duell zwischen der Allegheny Athletic Association und der Pittsburg Athletic Association. Allegheny verpflichtete für dieses Spiel, in dem es lediglich um die Ehre ging, für Sportwetten aber offen stand, den damals 25 Jahre alten William Heffelfinger, der als einer der besten College-Spieler galt. Heffelfinger erhielt für das Auflaufen im Trikot Alleghenys die damals astronomische Summe von 500 US-Dollar und handelte noch zusätzliche Leistungsprämien aus – er ging als erster bezahlter Footballspieler in die Historie ein. Mit diesem Vorgang wurde der Profi-Football in Gang gesetzt, da nun bezahlte Gastspieler in den Teams auch von anderen Teams immer regelmäßiger angeheuert wurden.

In dieser frühen Phase standen sich die Spieler größtenteils ungepolstert gegenüber, Helme gehörten noch nicht zum Equipment der Sportler. Allerdings trug man ab der Jahrhundertwende, so denn von den einzelnen Spielern gewollt, Lederkappen – die den Kopf vor den schweren Kollisionen schützen sollten. Immer wieder gab es schwere Verletzungen, sogar Tote nach Zusammenstößen mit den Köpfen. Alleine im Jahr 1905 kamen 18 Spieler beim American Football ums Leben. Theodore Roosevelt, der 26. Präsident der Vereinigten Staaten, ordnete daraufhin Regeländerungen an. Als Folge kam 1906 der Vorwärtspass ins Regelwerk hinzu. Eine Revolution und ein Meilenstein in der Entwicklung des Spiels. Anders als beim Rudby war nun ein Vorwärtspass pro Spielzug erlaubt.

Die Partien wurden allerdings weiterhin vom Laufspiel dominiert. Nicht ohne Grund, hatte doch ein unvollständiger Pass noch den Verlust des Angriffsrechts zur Folge. Trotzdem stieg die Beliebtheit in den Folgejahren sprunghaft an. Das Spiel wurde nun an den allermeisten Universitäten gespielt und die Partien zwischen den Schulen erfuhren überregionale Aufmerksamkeit. Bis 1912 nahm die Entwicklung so rasante Fahrt auf. Die Punkte, wie sie noch heute vergeben werden, für Touchdown, PAT, Fieldgoal und Safety wurden ebenso festgelegt, wie die Spielfeldgröße, die dem neuen Stadion der Havard-Universität angepasst wurde.

Parallel zu den Regeln entwickelte sich auch das Equipment. 1896 trug George Barclay das erste Kopfgeschirr, das aus Leder bestand und mittels Riemen

Johnny Unitas auf einer Aufnahme von 1967 im Trikot der Baltimore Colts. Er gilt als einer besten Quarterbacks in der Geschichte des American Football

am Kopf festgebunden werden konnte. Im Laufe der Jahre kamen Polsterungen innerhalb der Kappen hinzu – da es trotz zahlreicher weiterer Regeländerungen noch immer zu Todesfällen kam, wurde ein von John T. Riddell und John T. Riddell Jr. entwickelter Plastikhelm ab 1940 zur Pflicht. Da gab es die NFL bereits 20 Jahre und hatte ebenfalls einige Entwicklungen durchgemacht. Ein ganz wichtiger Schritt war dabei die Einführung der Hashmarks in der Mitte des Spielfeldes, von wo die Spielzüge begonnen werden. Zuvor musste der Folgespielzug exakt an der Stelle beginnen, wo der vorherige geendet hatte. Man kann sich vorstellen, dass ein Spielzug, der von der Seitenauslinie gestartet werden muss, nur schwerlich zum Erfolg führte.

1932 hatte es das erste Spiel gegeben, das im Nachhinein als Playoff-Spiel angesehen wurde. Die Partie der Chicago Bears gegen die Portsmouth Spartans gilt als Geburtsstunde des modernen Footballs. Ab 1951 fanden die Spiele der NFL ihren Weg ins regionale Fernsehen – das Spiel der Colts gegen die Giants 1958 war dann das erste landesweit übertragene Spiel. Vielleicht war es Schicksal, dass es gleich so spannend zugehen sollte. Ab diesem Zeitpunkt schrieb die NFL nur noch ihre eigene Erfolgsgeschichte. Die Einführung eines Endspiels der Meisters der beiden Konkurrenzligen war der Startschuss zum Super-Bowl-Zeitalter. An Regeln und Ausrüstung wurde seitdem trotzdem weiter gefeilt. Der stetige Entwicklungsprozess brachte die Schulterpads in den Football, ebenso wie 1970 die Two-Point-Conversion und 1974 die Overtime auch für Nicht-Playoff-Partien eingeführt wurde.

Noch in der aktuellen NFL gibt es zu jeder Saison Regeländerungen – damals wie heute geht es dabei meist darum, die Sicherheit für die Spieler zu erhöhen. So wurde zur Saison 2018 die Helmet-Rule verschärft, was kontrovers diskutiert wurde. Geht ein Spieler wissentlich mit dem Kopf voran in den Gegenspieler, so kann das seitdem zu einer Strafe führen.

Die NFL bedeutet Spannung pur. Es lässt sich nur schwerlich vorhersagen, welche Teams wohl in den Super Bowl einziehen werden. Oftmals schafft es ein Team, dass in einem kurzen Zeitfenster mehrere erfolgversprechende Komponenten miteinander vereint. Fällt nur ein Puzzle-Stück weg, weil sich zum Beispiel der Quarterback verletzt oder der Offensive Coordinator von einem anderen Team abgeworben wird, kann die Folgesaison in einer Enttäuschung enden.

Natürlich kann man sagen, dass die New England Patriots, solange Head Coach Bill Belichick und Quarterback Tom Brady dort gemeinsam aktiv sind, immer zum engeren Favoritenkreis gehören. Trotzdem haben sie in 19 Jahren ihrer Zusammenarbeit »nur« neunmal den Super Bowl erreicht und »nur« sechsmal gewonnen. Für eine »Dynastie« reicht das im NFL-Sprachgebrauch dennoch. Das schützt das Traumduo samt seines Teams aber nicht davor, gegen vermeintlich kleine Teams wie die Jacksonville Jaguars oder Detroit Lions, die noch nie den Super Bowl erreicht haben, zu verlieren. So passiert am 2. und 3. Spieltag der Saison 2018. Übrigens: Dieser 2. Spieltag war der gleiche, an dem Titelverteidiger Philadelphia Eagles vom Underdog Tampa Bay Buccaneers entzaubert wurde.

In jeder Saison kann alles passieren, vom »Zero to Hero« – Cinderella-Storys, wie nicht nur die Amerikaner sie lieben!

▼ Wide Receiver Allen Robinson (rechts) von den Chicago Bears sichert am 23. Dezember 2018 im Spiel bei den San Francisco 49ers im Levi's Stadium in Santa Clara, Kalifornien den Ball. Die Bears gewannen das Spiel 14:9

Wer holt in dieser Saison den Titel, wer wird neuer Superstar?

Alle Super Bowls

Super Bowl I am 15. Januar 1967 im Memorial Coliseum/Los Angeles
Green Bay Packers vs. Kansas City Chiefs 35:10 (7:0, 7:10, 14:0, 7:0), MVP: Bart Starr (Quarterback/Packers)

Super Bowl II am 14. Januar 1968 im Orange Bowl Stadium/Miami
Green Bay Packers vs. Oakland Raiders 33:14 (3:0, 13:7, 10:0, 7:7), MVP: Bart Starr (Quarterback/Packers)

Super Bowl III am 12. Januar 1969 im Orange Bowl Stadium/Miami
New York Jets vs. Baltimore Colts 16:7 (0:0, 7:0, 6:0, 3:7), MVP: Joe Namath (Quarterback/Jets)

Super Bowl IV am 11. Januar 1970 im Tulane Stadium/New Orleans
Kansas City Chiefs vs, Minnesota Vikings 23:7 (3:0, 13:0, 7:7, 0:0), MVP: Len Dawson (Quarterback/Chiefs)

Super Bowl V am 17. Januar 1971 im Orange Bowl Stadium/Miami
Baltimore Colts vs. Dallas Cowboys 16:13 (0:3, 6:10, 0:0, 10:0), MVP: Chuck Howley (Linebacker, Cowboys)

Super Bowl VI am 16. Januar 1972 im Tulane Stadium/New Orleans
Dallas Cowboys vs. Miami Dolphins 24:3 (3:0, 7:3, 7:0, 7:0), MVP: Roger Staubach (Quarterback/Cowboys)

Super Bowl VII am 14. Januar 1973 im Memorial Coliseum/Los Angeles
Miami Dolphins vs. Washington Redskins 14:7 (7:0, 7:0, 0:0, 0:7), MVP: Jake Scott (Safety/Dolphins)

Super Bowl VIII am 13. Januar 1974 im Rice Stadium/Houston
Miami Dolphins vs. Minnesota Vikings 24:7 (14:0, 3:0, 7:0, 0:7), MVP: Larry Csonka (Runningback/Dolphins)

Super Bowl IX am 12. Januar 1975 im Tulane Stadium/New Orleans
Pittsburgh Steelers vs. Minnesota Vikings 16:6 (0:0, 2:0, 7:0, 7:6), MVP: Franco Harris (Runningback/Steelers)

Super Bowl X am 18. Januar 1976 im Orange Bowl Stadium/Miami
Pittsburgh Steelers vs. Dallas Cowboys 21:17 (7:7, 0:3, 0:0, 14:7), MVP: Lynn Swann (Wide Receiver/Steelers)

Super Bowl XI am 9. Januar 1977 im Rose Bowl/Pasadena
Oakland Raiders vs. Minnesota Vikings 32:14 (0:0, 16:0, 3:7, 13:7), MVP: Fred Biletnikoff (Wide Receiver/Raiders)

Super Bowl XII am 15. Januar 1978 im Louisiana Superdome/New Orleans
Dallas Cowboys vs. Denver Broncos 27:10 (10:0, 3:0, 7:10, 7:0), MVP: Harvey Martin (Defenive End) und Randy White (Defensive Tackle/beide Cowboys)

Super Bowl XIII am 21. Januar 1979 im Orange Bowl Stadium/Miami
Pittsburgh Steelers vs. Dallas Cowboys 35:31 (7:7, 14:7, 0:3, 14:14), MVP: Terry Bradshaw (Quarterback/Steelers)

Super Bowl XIV am 20. Januar 1980 im Rose Bowl/Pasadena
Pittsburgh Steelers vs. Los Angeles Rams 31:19 (3:7, 7:6, 7:6, 14:0), MVP: Terry Bradshaw (Quarterback/Steelers)

Super Bowl XV am 25. Januar 1981 im Louisiana Superdome/New Orleans
Oakland Raiders vs. Philadelphia Eagles 27:10 (14:0, 0:3, 10:7, 3:0), MVP: Jim Plunkett (Quarterback/Raiders)

Super Bowl XVI am 24. Januar 1982 im Pontiac Silverdome/Pontiac
San Francisco 49ers vs. Cincinnati Bengals 26:21 (7:0, 13:0, 0:7, 6:14), MVP: Joe Montana (Quarterback/49ers)

Super Bowl XVII am 30. Januar 1983 im Rose Bowl/Pasadena
Washington Redskins vs. Miami Dolphins 27:17 (0:7, 10:10, 3:0, 14:0), MVP: John Riggins (Runningback/Redskins)

Super Bowl XVIII am 22. Januar 1984 im Tampa Stadium/Tampa
Los Angeles Raiders vs. Washington Redskins 38:9 (7:0, 14:3, 14:6, 3:0), MVP: Marcus Allen (Runningback/Raiders)

Super Bowl XIX am 20. Januar 1985 im Stanford Stadium/Stanford
San Francisco 49ers vs. Miami Dolphins 38:16 (7:10, 21:6, 10:0, 0:0), MVP: Joe Montana (Quarterback/49ers)

Super Bowl XX am 26. Januar 1986 im Louisiana Superdome/New Orleans
Chicago Bears vs. New England Patriots 46:10 (13:3, 10:0, 21:0, 2:7), MVP: Richard Dent (Defensive End/Bears)

Super Bowl XXI am 25. Januar 1987 im Rose Bowl/Pasadena
New York Giants vs. Denver Broncos 39:20 (7:10, 2:0, 17:0, 13:10), MVP: Phil Simms (Quarterback/Giants)

Super Bowl XXII am 31. Januar 1988 im Jack Murphy Stadium/San Diego
Washington Redskins vs. Denver Broncos 42:10 (0:10, 35:0, 0:0, 7:0), MVP: Doug Williams (Quarterback/Redskins)

Super Bowl XXIII am 22. Januar 1989 im Joe Robbie Stadium/Miami
San Francisco 49ers vs. Cincinnati Bengals 20:16 (3:0, 0:3, 3:10, 14:3), MVP: Jerry Rice (Wide Receiver/49ers)

Super Bowl XXIV am 28. Januar 1990 im Louisiana Superdome/New Orleans
San Francisco 49ers vs. Denver Broncos 55:10 (13:3, 14:0, 14:7, 14:0), MVP: Joe Montana (Quarterback/49ers)

Super Bowl XXV am 27. Januar 1991 im Tampa Stadium/Tampa
New York Giants vs. Buffalo Bills 20:19 (3:3, 7:9, 7:0, 3:7), MVP: Ottis Anderson (Runningback/Giants)

Super Bowl XXVI am 26. Januar 1992 im Metrodome/Minneapolis
Washington Redskins vs. Buffalo Bills 37:24 (0:0, 17:0, 14:10, 6:14), MVP: Mark Rypien (Quarterback/Redskins)

Super Bowl XXVII am 31. Januar 1993 im Rose Bowl/Pasadena
Dallas Cowboys vs. Buffalo Bills 52:17 (14:7, 14:3, 3:7, 21:0), MVP: Troy Aikman (Quarterback/Cowboys)

Super Bowl XXVIII am 30. Januar 1994 im Georgia Dome/Atlanta
Dallas Cowboys vs. Buffalo Bills 30:13 (6:3, 0:10, 14:0, 10:0), MVP: Emmitt Smith (Runningback/Cowboys)

Super Bowl XXIX am 29. Januar 1995 im Joe Robbie Stadium/Miami
San Francisco 49ers vs. San Diego Chargers 49:26 (14:7, 14:3, 14:8, 7:8), MVP: Steve Young (Quarterback/49ers)

Super Bowl XXX am 28. Januar 1996 im Sun Devil Stadium/Tempe
Dallas Cowboys vs. Pittsburgh Steelers 27:17 (10:0, 3:7, 7:0, 7:10), MVP: Larry Brown (Cornerback/Cowboys)

Super Bowl XXXI am 26. Januar 1997 im Louisiana Superdome/New Orleans
Green Bay Packers vs. New England Patriots 35:21 (10:14, 17:0, 8:7, 0:0), MVP: Desmond Howard (Wide Receiver/Packers)

Super Bowl XXXII am 25. Januar 1998 im Qualcomm Stadium/San Diego
Denver Broncos vs. Green Bay Packers 31:24 (7:7, 10:7, 7:3, 7:7), MVP: Terrell Davis (Runningback/Broncos)

Super Bowl XXXIII am 31. Januar 1999 im Pro Player Stadium/Miami
Denver Broncos vs. Atlanta Falcons 34:19 (7:3, 10:3, 0:0, 17:13), MVP: John Elway (Quarterback/Broncos)

Super Bowl XXXIV am 30. Januar 2000 im Georgia Dome/Atlanta
St. Louis Rams vs. Tennessee Titans 23:16 (3:0, 6:0, 7:6, 7:10), MVP: Kurt Warner (Quarterback/Rams)

Super Bowl XXXV am 28. Januar 2001 im Raymond James Stadium/Tampa
Baltimore Ravens vs. New York Giants 34:7 (7:0, 3:0, 14:7, 10:0), MVP: Ray Lewis (Linebacker/Ravens)

Super Bowl XXXVI am 3. Februar 2002 im Louisiana Superdome/New Orleans
New England Patriots vs. St. Louis Rams 20:17 (0:3, 14:0, 3:0, 3:14), MVP: Tom Brady (Quarterback/Patriots)

Super Bowl XXXVII am 26. Januar 2003 im Qualcomm Stadium/San Diego
Tampa Bay Buccaneers vs. Oakland Raiders 48:21 (3:3, 17:0, 14:6, 14:12), MVP: Dexter Jackson (Wide Receiver/Buccaneers)

Super Bowl XXXVIII am 1. Februar 2004 im Reliant Stadium/Houston
New England Patriots vs. Carolina Panthers 32:29 (0:0, 14:10, 0:0, 18:19), MVP: Tom Brady (Quarterback/Patriots)

Super Bowl XXXIX am 6. Februar 2005 im ALLTEL Stadium/Jacksonville
New England Patriots vs. Philadelphia Eagles 24:21 (0:0, 7:7, 7:7, 10:7), MVP: Deion Branch (Wide Receiver/Patriots)

Super Bowl XL am 5. Februar 2006 im Ford Field/Detroit
Pittsburgh Steelers vs. Seattle Seahawks 21:10 (0:3, 7:0, 7:7, 7:0), MVP: Hines Ward (Wide Receiver/Steelers)

Super Bowl XLI am 4. Februar 2007 im Dolphin Stadium/Miami
Indianapolis Colts vs. Chicago Bears 29:17 (6:14, 10:0, 6:3, 7:0), MVP: Peyton Manning (Quarterback/Colts)

Super Bowl XLII am 3. Februar 2008 im University of Phoenix Stadium/Glendale
New York Giants vs. New England Patriots 17:14 (3:0, 0:7 0:0, 14:7), MVP: Eli Manning (Quarterback/Giants)

Super Bowl XLIII am 1. Februar 2009 im Raymond James Stadium/Tampa
Pittsburgh Steelers vs. Arizona Cardinals 27:23 (3:0, 14:7, 3:0, 7:16), MVP: Santonio Holmes (Wide Receiver/Steelers)

Super Bowl XLIV am 7. Februar 2010 im Dolphin Stadium/Miami
New Orleans Saints vs. Indianapolis Colts 31:17 (0:10, 6:0, 10:7, 15:0), MVP: Drew Brees (Quarterback/Saints)

Super Bowl XLV am 6. Februar 2011 im Cowboys Stadium/Arlington
Green Bay Packers vs. Pittsburgh Steelers 31:25 (14:0, 7:10, 0:7, 10:8), MVP: Aaron Rodgers (Quarterback/Packers)

Super Bowl XLVI am 5. Februar 2012 im Lucas Oil Stadium/Indianapolis
New York Giants vs. New England Patriots 21:17 (9:0, 0:10, 6:7, 6:0), MVP: Eli Manning (Quarterback/Giants)

Super Bowl XLVII am 3. Februar 2013 im Mercedes-Benz Superdome/New Orleans
Baltimore Ravens vs. San Francisco 49ers 34:31 (7:3, 14:3, 7:17, 6:8), MVP: Joe Flacco (Quarterback/Ravens)

Super Bowl XLVIII am 2. Februar 2014 im MetLife Stadium/East Rutherford
Seattle Seahawks vs. Denver Broncos 43:8 (8:0, 14:0, 14:8, 7:0), MVP: Malcolm Smith (Linebacker/Seahawks)

Super Bowl XLIX am 1. Februar 2015 im University of Phoenix Stadium/Glendale
New England Patriots vs. Seattle Seahawks 28:24 (0:0, 14:14, 0:10, 14:0), MVP: Tom Brady (Quarterback/Patriots)

Super Bowl L am 7. Februar 2016 im Levi's Stadium/Santa Clara
Denver Broncos vs. Carolina Panthers 24:10 (10:0, 3:7, 3:0, 8:3), MVP: Von Miller (Linebacker/Broncos)

Super Bowl LI am 5. Februar 2017 im NRG Stadium/Houston
New England Patriots vs. Atlanta Falcons 34:28 (0:0, 3:21, 6:7, 19:0, 6:0) in Overtime, MVP: Tom Brady (Quarterback/Patriots)

Super Bowl LII am 4. Februar 2018 im U.S. Bank Stadium/Minneapolis
Philadelphia Eagles vs. New England Patriots 41:33 (9:3, 13:9, 7:14, 12:7), MVP: Nick Foles (Quarterback/Eagles)

Super Bowl LIII am 3. Februar 2019 im Mercedes-Benz Stadium/Atlanta
New England Patriots vs. Los Angeles Rams 13:3 (0:0, 3:0, 0:3, 10:0), MVP: Julian Edelman (Wide Receiver/Patriots)

Super Bowl LIV am 2. Februar 2020 im Hard Rock Stadium/Miami

Super Bowl LV am 7. Februar 2021 im Raymond James Stadium/Tampa

Super Bowl LVI am 6. Februar 2022 im Inglewood Stadium/Inglewood

Super Bowl LVII am 5. Februar 2023 im University of Phoenix Stadium/Glendale

Super Bowl LVIII am 4. Februar 2024 im Mercedes-Benz Superdome/ New Orleans

Sebastian Vollmer: Mythos NFL

American Football ist für mich eine einzigartige Sportart, die NFL die beste Liga der Welt. Das, was mich als Spieler ausgezeichnet hat und verantwortlich für meinen Karriereweg war, war meine harte Arbeit über die gesamte Dauer. Der absolute Wille, besser zu arbeiten als andere. Ich durfte alles erleben, bittere Niederlagen, wie der Verlust des Super Bowls in der Saison 2011, aber auch die pure Euphorie beim Triumph drei Jahre später.

Das war mein persönliches Karriere-Highlight, aus sportlicher Sicht. Man investiert das ganze Jahr so viel, hat immer wieder mit Verletzungen zu kämpfen, was auch für die Familie belastend ist, spielt dann trotzdem die Spiele – alles für das eine Ziel. Und wenn man dann am Ende dafür belohnt wird, ist die Freude umso größer. Aber ich würde die persönlichen Erlebnisse, die ich durch diesen Sport erfahren habe, höher einstufen. Mit den Jungs in der Umkleide sitzen und zu quatschen, die Freundschaften, die sich dadurch bilden, zusammen für ein Ziel zu arbeiten, die Zeit im Trainingslager – man erlebt einfach viel zusammen und das formt dich auch als Mensch. Nicht zuletzt hat mich Football aufs College gebracht, wo ich meine Frau kennengelernt habe. Diese persönlichen Erlebnisse würde ich als meine eigentlichen Highlights bezeichnen.

Dabei hatte alles recht unbedarft begonnen. Ich habe mit etwa 16 Jahren bei den Düsseldorfer Panthern angefangen Football zu spielen, bin dann bald Nationalspieler geworden und kam in die Europa-Auswahl. Dadurch bekam ich ein Stipendium und kam so nach Houston aufs College. Die Zeit auf dem College verlief im Großen und Ganzen dann gut. Natürlich war nicht immer alles einfach, gerade in der Anfangszeit. Aber ich habe mich als Spieler weiterentwickelt und wurde dann im Draft gezogen. Die NFL war dabei lange Zeit nicht das unbedingt zu erreichende Ziel. Schließlich ist alles, was du machen kannst, dein Bestes zu geben und zu versuchen, heute besser zu sein als gestern. Alles andere entscheiden dann andere für einen.

Und das passierte dann 2009. Den Draft-Day habe ich damals zu Hause im kleinen Kreis mit meiner heutigen Frau verbracht. Als ich dann in der zweiten Runde gezogen wurde, war das natürlich fantastisch. Und dann auch noch von den New England Patriots, einem der besten Teams, damals wie heute. Kurz darauf ging es auch schon los: Das erste Treffen mit Bill Belichick verlief gar nicht so spektakulär. Es waren noch andere Neulinge da, aber man ist ja direkt Profi und ist sofort in den Alltag integriert. Da gibt es keine große Eingewöhnungsphase.

Im Laufe meiner Karriere durfte ich mit so vielen großartigen Spielern zusammen Football spielen, allen voran natürlich Tom Brady. Oft werde ich gefragt, was Tom für ein Typ ist und ich kann berichten, dass Tom im Training und auf dem Spielfeld sehr ehrgeizig

◂ Sebastian Vollmer von den New England Patriots im Gespräch mit einem Offiziellen während des 49. Super Bowl (XLIX), ausgetragen am 1. Februar 2015. Die Patriots konnten die Partie gegen die Seattle Seahawks mit 28:24 für sich entscheiden – und Sebastian Vollmer hatte seinen Titel!

Sebastian Vollmer, am 10. Juli 1984 in Düsseldorf geboren, ist zweimaliger Super-Bowl-Champion. Der Offensive Tackle spielte vor seiner NFL-Karriere für die Düsseldorf Panther und das Collegeteam Houston Cougars, hinzu kommen Einsätze für die deutsche Nationalmannschaft. Sein Team in der NFL: die New England Patriots. Dort spielte er von 2009 bis 2016, sein wohl bekanntester Teamkamerad ist Superstar Tom Brady gewesen. Sebastian Vollmer ist der erfolgreichste deutsche Spieler in der Geschichte der NFL, seine beiden Super-Bowl-Triumphe datieren aus den Jahren 2014 und 2016.

Man investiert das ganze Jahr so viel – alles für das eine Ziel

ist und immer besser werden will. Er ist ein toller Mensch, einer meiner besten Freunde und hat mich meine gesamte Karriere über begleitet. Er ist auch für dich da, wenn du mal kein gutes Spiel gemacht hast. Dann versucht er dich aufzubauen, um beim nächsten Spiel wieder alles rauszuholen. Dass er ein echter Freund für mich ist, zeigt auch, dass er sich die Zeit genommen hat, das Vorwort für mein Buch »German Champion – Die Geschichte meiner NFL-Karriere« zu schreiben, obwohl er mit den Patriots gerade im Trainingslager war. Das war ihm sehr wichtig. Aber auch mit den Jungs aus der Offensive Line, mit denen du täglich zusammen trainierst, dich gegenseitig pushst und an deine Grenzen gehst, habe ich viel erlebt und das verbindet natürlich ebenso.

Bill Belichick konnte hingegen schon mal sauer werden, wenn man ein schlechtes Spiel gemacht hat. Am nächsten Tag wird dann das komplette Spiel analysiert und jeder Fehler durchgekaut. Aber wenn man persönlich einen Fehler gemacht hat, dann ist man vor allem sauer auf sich selbst und macht sich Druck. Da ist jeder auch selbstkritisch.

Und irgendwann erreicht man dann, wenn man noch das nötige Glück neben all der Arbeit hat, den Super Bowl. Erstaunlicherweise ist die Stimmung vor dem Spiel der Spiele nahezu identisch zu den restlichen Spielen der Saison. Klar, man steht ein bisschen mehr unter Anspannung und man ist etwas nervöser. Aber man versucht vor einem Spiel eine gewisse Routine zu entwickeln und diese möglichst gleichzuhalten. Die Niederlage im Februar 2012 war natürlich sehr bitter. Wenn du über die komplette Saison so viel Arbeit reinsteckst, um da hinzukommen und am Ende nichts vorzuweisen hast, dann ist das sehr enttäuschend. Das muss man erst mal verdauen. Das genaue Gegenteil ist dann der Triumph, wenn man den Super Bowl gewonnen hat. Ein Gefühl, das ich zweimal erleben durfte. Im Februar 2015 und zwei Jahre später, auch wenn ich beim zweiten Erfolg wegen einer Verletzung nicht mithelfen konnte, die Vince-Lombardi-Trophäe zu gewinnen.

Dass dieser Hype um den American Football nun langsam auch nach Deutschland überschwappt, freut mich sehr. Vor 20 Jahren hat sich in Deutschland noch niemand für diesen Sport interessiert. Heute hast du als Fan oder auch als Spieler die Chance wirklich überall Informationen zu bekommen, sei es durchs Fernsehen, Internet, Zeitungen oder Bücher. Schon allein, dass dieses Buch hier geschrieben wird und viele Leute auch mein Buch lesen, zeigt mir, dass das in eine tolle Richtung geht. Aber nicht nur für die NFL, auch für die GFL, die German Football League, ist das fantastisch. Es ist ein Wahnsinns-Ding, dass dieser Sport, der mir so viel gegeben hat, so viele begeistert und ich hoffe, dass auch andere ähnliche tolle Erfahrungen dadurch erleben.

Euer Sebastian Vollmer

Impressum

Herausgeber: riva-Verlag, Münchner Verlagsgruppe, Nymphenburger Str. 86, D-80636 München

Autor: Markus Schulz, Remscheid

Realisation: Gerhard Brauer, Klaus Winter, TPD Medien GmbH, München, tpd.de

Umschlaggestaltung: Pamela Machleidt, München

Druck: Florjancic Tisk d.o.o., Slowenien

Printed in the EU

ISBN: 978-3-7423-1042-2

Weitere Informationen zum Verlag finden Sie unter riva-verlag.de
Beachten Sie auch unsere weiteren Verlage unter www.m-vg.de

Bildnachweis:

Umschlag: Imago Images; Seite 4: Lorie Shaull, picture alliance/newscom; Mr. Usaji; Keith Allison; Seite 6–7: Jim Larrison; picture alliance/ZUMA Press, Keith Allison; Seite 8–12: picture alliance/abaca; Seite 13–14: picture alliance/ZUMA Press; Seite: 15: picture alliance/newscom; Seite 16–17: picture alliance/newscom; Seite 18–19: picture alliance/abaca; Seite 20–23: picture alliance/AP Photo; Seite 24–25: picture alliance/Newscom; Keith Allison; Seite 26–27: picture alliance/ZUMA Press; Tammy Anthony Baker; Seite 29: picture alliance/AP Photo; Seite 30–31: Keith Alisson; picture alliance/AP Photo; Seite 32–33: picture alliance/AP Photo; Seite 34–35: Keith Allison; Gage Skidmore; picture alliance /AP Photo; Seite 36–37: Keith Allison; Seite 38–39: picture alliance/ZUMA Press; picture alliance/newscom; Seite 40–41: google/tpd.de; Seite 43: picture alliance/AP Photo; Seite 44–45: Keith Alisson; Seite 46–47: Erik Drost; Seite 48–49: picture alliance/newscom; Keith Alisson (2x); Seite 50–51: Keith Allison; picture alliance/AP Photo; Seite 52–53; Jeffrey Beall; dpa-Sportreport; Seite 54–55: dpa; Jeffrey Beall; picture alliance/AP Photo; Seite 56–57: picture alliance/AP Photo; Erik Drost; Seite 58–59: picture alliance/newscom; Kraft sports productions; Seite 60–61: Keith Allison; Anthony Quintano; picture alliance/AP Images; Seite 62–63: picture alliance/AP Photo; Keith Allison; Seite 64–65: Keith Allison; Seite 66–67: picture alliance/AP Photo; picture alliance/AP Photo; Seite 68–69: picture alliance/AP Images; Benedictine University Library; picture alliance/AP Photo; Seite 70–71: upwiththemooses; Joe Bielawa; Mike Morbeck (2x); Seite 72–73: Keith Allison; picture alliance/AP Photo; Seite 74–75: Lorie Shaull; picture alliance/AP Photo; Seite 76–77: Keith Allison (3x); Seite 78–79: Keith Allison (3x); Erik Drost; Seite 80–81: Keith Allison; picture alliance/AP Photo; Seite 82–83: picture alliance/AP Photo; Keith Allison; picture-alliance/newscom; Seite 84–85: picture alliance/AP Photo; Erik Drost; Daniel Hartwig; Seite 86–87: picture alliance/AP Photo; Tom Pumphret; Seite 88–89: picture alliance/ZUMAPRESS.com; Keith Allison (2x); Seite 90–91: Keith Allison; picture alliance/AP Photo; Seite 92–93: picture-alliance/newscom; Seite 94–95: picture alliance/AP Images; picture alliance/AP Images; Seite 96–97: picture alliance/AP Photo; picture alliance/AP Images; Seite: 98–99: picture alliance/AP Photo (2x); Seite 100–101: picture alliance/AP Images; dpa-Sportreport; Seite 102–103: dpa-Sportreport; picture alliance/abaca; Seite 104–105: picture-alliance/newscom; Seite 106–107: picture alliance/Everett Collection; Erik Drost; Seite 108–109: epa-Bildfunk; picture alliance/AP Images; Seite 110–111: picture alliance/AP Images (2x); Seite 112–113: Tommy Gilligan/West Point Public Affairs; picture alliance/AP Images; Seite 114–115: picture alliance/AP Photo; picture alliance/ZUMA Press; Seite 116–117: picture alliance/ZUMA Press; dpa; Seite 118–119: dpa–Sportreport; picture alliance/ZUMA Press Seite; 120: picture alliance/AP Images; Seite 122–123: picture alliance/ZUMA Press; Seite 124–125: Drew Tarvin; picture alliance/AP Photo (2x); Seite 126: picture alliance/ZUMA Press (2x); picture alliance/newscom; Seite 127: picture alliance/newscom; Seite 128–129: Keith Allison; Seite 130–131: picture alliance/AP Images; Florian Volk; Kyle Engman; Seite 132–133: tpd.de; Seite 134–135: picture alliance/newscom; picture alliance/AP Photo; Seite 137: dpa; Seite 141: Keith Allison; Seite 142–143: picture alliance/newscom (2x); Seite 144–147: Keith Allison; Seite 149: Craig Hawkins; picture alliance/AP Photo; Keith Allison (2x); Seite 150: picture alliance/Everett Collection; Seite 152–153: The sporting news archives; Seite 154–155: picture alliance/newscom; Seite 156–157: Erik Drost; Seite 159: dpa